U0829839

普通话与职业口语训练

主　编　万　能
副主编　王　蓉　杨　谦
　　　　易　华　王　玲

天津大学出版社
TIANJIN UNIVERSITY PRESS

图书在版编目(CIP)数据

普通话与职业口语训练 / 万能主编 ; 王蓉等副主编
. -- 天津 : 天津大学出版社, 2024.8
ISBN 978-7-5618-7721-0

Ⅰ.①普… Ⅱ.①万… ②王… Ⅲ.①普通话－口语
－教材 Ⅳ.①H193.2

中国国家版本馆CIP数据核字(2024)第095289号

出版发行 天津大学出版社
地 址 天津市卫津路92号天津大学内（邮编:300072）
电 话 发行部：022-27403647
网 址 www.tjupress.com.cn
印 刷 天津泰宇印务有限公司
经 销 全国各地新华书店
开 本 787 mm×1092 mm 1/16
印 张 17.5
字 数 426千
版 次 2024年8月第1版
印 次 2024年8月第1次
定 价 45.00元

《普通话与职业口语训练》编委会

主　编	万　能	岳阳县职业中等专业学校
副主编	王　蓉	岳阳县教师进修学校
	杨　谦	岳阳县教育体育局
	易　华	临湘市职业中专
	王　玲	沈阳市旅游学校
编　委	陈　凡	湖南省语言文字测试中心
	彭秀春	岳阳县城关镇中心学校
	陶灵芝	岳阳县明德小学
	吴德隆	沈阳市旅游学校
	方　芳	岳阳县特殊教育学校
	何　瑛	岳阳县荣家湾镇城中幼儿园

序

八月的洞庭虽已进入孟秋，但炙热的高温仍让人感觉十分燥热。所幸的是，万能老师寄来的一摞散发墨香的书稿，给这个酷暑天气送来了丝丝清凉。

我与万能老师认识是在岳阳市组织的一次教学能力竞赛上。二十多岁的她，以其创新的设计、精彩的演绎和优美的语言，打动了我们所有的评委。从此，我们经常相会于省市各种语文研讨活动中。去年她告诉我准备编写一本普通话与职业口语训练的教材，不想还真就完成了。

读完书稿，印象最深的是三个方面。

把握社会发展脉搏，具有时代感。《国家中长期语言文字事业改革和发展规划纲要（2012—2020年）》开宗明义："语言文字是人类最重要的交际工具和信息载体，是文化的基础要素和鲜明标志，是促进历史发展和社会进步的重要力量。"作为一个国家和民族的文化根基，语言文字含蕴了一个国家和民族的历史底蕴和价值取向。作为中华优秀文化的传承者，学好母语，领悟汉字的博大精深，是一个人未来发展的立身必备。因此，为了进一步推广普通话，促进语言文字工作，国家出台了一系列政策法规。2023年国家语委修订印发的《普通话水平测试规程》更是从制度上为其树立了标杆。万能老师主编的新版《普通话与职业口语训练》在这一背景下付梓出版，应时应景，具有时代感。

呈现语言发展精彩，具有审美感。人类情感的表达方式多种多样，但语言文字是既直观又最佳的表达方式。中国语言文字作为中国文化传承和发展的载体，从古至今，它已经熔铸在中华文明和子孙后代的血液和生命中。它含蕴了中国人的思维方式、道德理念、审美情趣，这套独特的符号系统沉淀了厚重的中华民族的历史文化、人文精神内涵，也浓缩了中国人的人生体验、世界观、人生观和价值观，因此它被联合国指定为六大官方使用的语言之一，从而成为一种世界性语言。

语言文字总是随着历史的进程不断在演变，在时代的变迁与发展中引入源头活水，在文化的交流与碰撞中释放勃勃生机。特别是在当下智能化社会，无论是艺术语言还是生活语言，都彰显着丰富的具有现代社会特征的语言魅力和生活百态。作为一本普通话学习和训练的教材，理应呈现语言发展的故事，绽放语言发展的精彩。《普通话与职业口语训练》正是在社会发展的雄浑旋律和明快节奏中，植入了当今社会许多“新元素”、“新材料”、“新案例”，从而在语音美、语调美、用词美、文采美、语意美、姿态美的巡礼中，引导学生发现并体验中国语言文字之美。

贴近学生发展未来，具有实用感。普通话是现代汉语的标准语，是我国的国家通用语言。随着社会经济的快速发展和人际交往的日益频繁，普通话已经成为人们日常生活和工作中的重要交流工具，普通话教学对于提高学生的语言表达能力、促进地域交流、适应多元化的工作环境、提升职业技能和综合素质、增强就业竞争力具有重要意义。

我们有幸生活在一个资讯发达的现代社会，但又十分不幸地迷失在碎片化的网络文化中。虽然职业院校开设普通话课程由来已久，但在网络文化背景下，如何在枯燥而单调的声母和韵母、元音和辅音、声调和语调等抽象概念中培养学生“拥有灵活地驾驭普通话的本领”本身就是一项具有挑战性的课题。《普通话与职业口语训练》内容上将普通话学习与口语表达技能训练融为一体，理论讲解深入浅出，案例应用丰富实用；形式上，在模块化、项目导向的体例结构下，营造了一种普通话学习与口语表达技能训练的真实场景和语境，从而更能唤起学生兴趣，更能促进学生发展。同时，教材编写还邀请国家级和省级普通话水平测试员录制朗读音频，为读者示范正确规范的读音、语调、停顿等普通话水平测试中的朗读应用范例，对于普通话教学而言，具有实用感。

教学实践是检验一本教材的标准。我相信，有此书作者等一大批语言工作者的执着耕耘，我们的学生都能会说字正腔圆、抑扬顿挫的中国话，都会做一名仰望星空、情系苍生的中国人。同时我也相信，这本教材会在教学实践中不断创新、不断完善，趋于经典。

张建

2024 年 8 月

张建：汉语言文学教授，湖南省教学名师，曾任教育部教育类教学指导委员会委员，湖南省高职语文专业委员会主任委员，曾获湖南省教学成果奖一等奖、国家级教学成果奖二等奖、湖南省优秀教材成果奖及全国首届教材建设先进个人。

前　言

普通话是中华儿女重要的文化基因，也是民族文化的重要载体。《中华人民共和国宪法》规定“国家推广全国通用的普通话”，习近平总书记在党的二十大报告中强调“加大国家通用语言文字推广力度”。在国家的高度重视和大力推广下，我国人民的普通话水平有了极大的提高。近年来，越来越多的职业院校意识到学习普通话的重要性，充分认识到口语交际能力关系到学生的学习、工作、生活，因而纷纷开设普通话课程，并将普通话水平测试成绩与毕业直接挂钩，以促进学生语言应用这一核心能力的培养。

本教材是在《普通话水平测试实施纲要(2021年版)》正式发布实施的背景下编写的，全书分为普通话训练与口语训练两大部分，以普通话水平测试内容为基本训练内容，紧密结合学生学习和生活实际，选取了对口语要求比较高的、有专业代表性的几种特定情境开展口语训练，十分注重普通话学习训练的序列化、模块化，努力打造具有浅显、实用、创新特色的教材，这是本教材的编写原则，也是本课程的教学原则。

浅显是指本教材和课程教学的针对性。针对职业院校培养应用型人才的需要，在理论知识的选择和讲授上，力避艰深、枯燥，力求简明通畅、深入浅出。

实用是指本教材的实践性和可操作性。本教材从普通话的学习要求、基本技巧、常见问题及解决策略等方面进行编写，选取专业覆盖面较广、使用频率较高的技能作为口语训练点，将训练作为课堂教学的主线，同时提供大量朗读训练材料，配以音视频等辅助教学资源，旨在有效解决学生实际困难，取得良好效果。

创新是指在编写体例上大胆尝试和创新。一是突破传统教材“篇、章、节”的编写体例，以模块、项目构建基本框架，明确训练目标，以落实教材的可操作性；二是根据学生实际情况，对朗读作品、轻声词表等进行归类和标注，以降低学习难度；三是内容选材用例和训练设计贴近学生实际，以满足社会交往的需要。

本书由万能担任主编，王蓉、杨谦、易华、王玲担任副主编，陈凡、彭秀春、陶灵芝、吴德隆、方芳、何瑛担任编委。其中，普通话水平测试概说和普通话语音训练等部分由万能编写；普通话朗读短文训练、艺术情境口语训练中的朗诵部分由王蓉编写；普通话命题说话训练由陶灵芝和万能共同编写；艺术情境口语训练中的演讲部分由杨谦编写；职业情境口语训练中自我介绍部分由万能编写，幼师口语由何瑛编写，导游语言由王玲、吴德隆和万能共同编写；附录部分由易华、方芳、万能共同编写；全书由万能统稿。

另外，教材配套的示范音频由陈凡、彭秀春共同录制，教学课件、教学短视频由万能完成。

本书是以实践为基础进行的一次大胆尝试和探索，虽然本书的编写者和录音者基本都是国家级和省级普通话水平测试员，在普通话教学、培训和测试工作中积累了大量的经验，但毕竟编写教材经验不足，编写时间仓促，我们敬请语言学界专家学者指教，期待来自教学一线的各位同人的批评和建议。

此次教材编写，我们博采众家之长，参考了大量同类教材，也参阅、选摘了诸多书籍、杂志和网络的相关文章，未能一一注明，在此谨向支持本书编写的所有专家、老师以及所选材料的原编著者们表示衷心的感谢！

编　者

2024 年 5 月

目　　录

普通话水平测试概说 …… 1
模块 1　普通话语音训练 …… 12
项目 1.1　普通话声母发音训练 …… 13
项目 1.2　普通话韵母发音训练 …… 28
项目 1.3　普通话声调发音训练 …… 42
项目 1.4　普通话语流音变训练 …… 45
模块 2　普通话朗读短文训练 …… 57
项目 2.1　朗读短文的基本要求及练习建议 …… 58
项目 2.2　朗读短文技巧训练 …… 59
项目 2.3　朗读中常见问题及应对策略 …… 66
项目 2.4　朗读短文范例解析 …… 74
模块 3　普通话命题说话训练 …… 79
项目 3.1　命题说话基本要求及话题思路启发 …… 80
项目 3.2　命题说话中常见问题及应对策略 …… 86
项目 3.3　命题说话话题准备及范例解析 …… 89
模块 4　艺术情境口语训练 …… 97
项目 4.1　朗诵 …… 98
任务 4.1.1　朗诵的语言表达技巧 …… 98
任务 4.1.2　古诗文的朗诵 …… 104
任务 4.1.3　散文的朗诵 …… 107
任务 4.1.4　现代诗歌的朗诵 …… 111
项目 4.2　演讲 …… 114
模块 5　职业情境口语训练 …… 122
项目 5.1　自我介绍 …… 123
项目 5.2　幼师口语 …… 128
项目 5.3　导游语言 …… 133
附录 …… 137
附录 1　普通话水平测试用普通话词语表 …… 138
附录 2　普通话水平测试用必读轻声词表 …… 211
附录 3　普通话水平测试用儿化词语表 …… 214
附录 4　普通话水平测试用朗读作品 50 篇 …… 218
参考文献 …… 269

普通话水平测试概说

一、普通话水平测试的性质、方法和等级标准

普通话水平测试(putonghua shuiping ceshi,缩写为PSC)是根据需要对应试人运用普通话所达到的标准程度的检测和评定,属于标准参照性考试。

为了便于操作和突出口头检测的特点,普通话水平测试以口试方式进行。

普通话水平划分为三个级别,每个级别划分为两等。具体标准如下。

一级甲等:97分及其以上。朗读和自由交谈时,语音标准,词语、语法正确无误,语调自然,表达流畅。

一级乙等:92分及其以上但不足97分。朗读和自由交谈时,语音标准,词语、语法正确无误,语调自然,表达流畅;偶然有字音、字调失误。

二级甲等:87分及其以上但不足92分。朗读和自由交谈时,声韵调发音基本标准,语调自然,表达流畅;少数难点音(平翘舌音、前后鼻尾音、边鼻音等)有时出现失误;词语、语法极少有误。

二级乙等:80分及其以上但不足87分。朗读和自由交谈时,个别调值不准,声韵母发音有不到位现象;难点音(平翘舌音、前后鼻尾音、边鼻音、fu-hu、z-zh-j、送气不送气、i-ü不分,保留浊塞音和浊塞擦音、丢介音、复韵母单音化等)失误较多;方言语调不明显;有使用方言词、方言语法的情况。

三级甲等:70分及其以上但不足80分。朗读和自由交谈时,声韵母发音失误较多,难点音超出常见范围,声调调值多不准;方言语调较明显;词语、语法有失误。

三级乙等:60分及其以上但不足70分。朗读和自由交谈时,声韵母发音失误较多,方言特征突出;方言语调明显;词语、语法失误较多;外地人听其谈话有听不懂的情况。

二、普通话水平测试内容及评分标准

普通话水平测试试卷包括四个组成部分,满分为100分。

(一)读单音节字词(100个音节,不含轻声、儿化音节,限时3.5分钟,共10分)

1. 目的

测查应试人声母、韵母、声调读音的标准程度。

2. 要求

(1)100个音节中,每个声母出现次数一般不少于3次,每个韵母出现次数一般不少于2次,4个声调出现次数大致均衡。

(2)音节的排列要避免同一测试要素连续出现。

3. 评分

(1)语音错误,每个音节扣 0.1 分。

(2)语音缺陷,每个音节扣 0.05 分。

(3)超时 1 分钟以内,扣 0.5 分;超时 1 分钟以上(含 1 分钟),扣 1 分。

(二)读多音节词语(100 个音节,限时 2.5 分钟,共 20 分)

1. 目的

测查应试人声母、韵母、声调和变调、轻声、儿化读音的标准程度。

2. 要求

(1)声母、韵母、声调出现的次数与读单音节字词的要求相同。

(2)上声与上声相连的词语不少于 3 个,上声与非上声相连的词语不少于 4 个,轻声不少于 3 个,儿化不少于 4 个(应为不同的儿化韵母)。

(3)词语的排列要避免同一测试要素连续出现。

3. 评分

(1)语音错误,每个音节扣 0.2 分。

(2)语音缺陷,每个音节扣 0.1 分。

(3)超时 1 分钟以内,扣 0.5 分;超时 1 分钟以上(含 1 分钟),扣 1 分。

(三)朗读短文(1 篇,400 个音节,限时 4 分钟,共 30 分)

1. 目的

测查应试人使用普通话朗读书面作品的水平。在测查声母、韵母、声调读音标准程度的同时,重点测查连读音变、停连、语调以及流畅程度。

2. 要求

(1)短文从普通话水平测试用朗读作品中选取。

(2)评分以朗读作品的前 400 个音节(不含标点符号和括注的音节)为限。

3. 评分

(1)每错 1 个音节,扣 0.1 分;漏读或增读 1 个音节,扣 0.1 分。

(2)声母或韵母的系统性语音缺陷,视程度扣 0.5 分、1 分。

(3)语调偏误,视程度扣 0.5 分、1 分、2 分。

(4)停连不当,视程度扣 0.5 分、1 分、2 分。

(5)朗读不流畅(包括回读),视程度扣 0.5 分、1 分、2 分。

(6)超时扣 1 分。

(四)命题说话(限时 3 分钟,共 40 分)

1. 目的

测查应试人在无文字凭借的情况下说普通话的水平,重点测查语音标准程度、词汇语法规范程度和自然流畅程度。

2. 要求

(1)说话话题从普通话水平测试用话题中选取,由应试人从给定的两个话题中选定一个话题，连续说一段话。

（2）应试人单向说话。如发现应试人有明显背稿、离题、说话难以继续等表现时，主试人应及时提示或引导。

3. 评分

（1）语音标准程度，共 25 分，分 6 档。

一档：语音标准，或极少有失误。扣 0 分、1 分、2 分。

二档：语音错误在 10 次以下，有方音但不明显。扣 3 分、4 分。

三档：语音错误在 10 次以下，但方音比较明显；或语音错误在 10~15 次之间，有方音但不明显。扣 5 分、6 分。

四档：语音错误在 10~15 次之间，方音比较明显。扣 7 分、8 分。

五档：语音错误超过 15 次，方音明显。扣 9 分、10 分、11 分。

六档：语音错误多，方音重。扣 12 分、13 分、14 分。

（2）词汇语法规范程度，共 10 分，分 3 档。

一档：词汇、语法规范。扣 0 分。

二档：词汇、语法偶有不规范的情况。扣 0.5 分、1 分。

三档：词汇、语法屡有不规范的情况。扣 2 分、3 分。

（3）自然流畅程度，共 5 分，分 3 档。

一档：语言自然流畅。扣 0 分。

二档：语言基本流畅，口语化较差，有背稿子的表现。扣 0.5 分、1 分。

三档：语言不连贯，语调生硬。扣 2 分、3 分。

说话不足 3 分钟，酌情扣分：缺时 1 分钟以内（含 1 分钟），扣 1 分、2 分、3 分；缺时 1 分钟以上，扣 4 分、5 分、6 分；说话不满 30 秒（含 30 秒），本测试项成绩计为 0 分。

三、计算机辅助普通话测试操作流程

计算机辅助普通话水平测试是指利用计算机语音识别系统，部分代替人工评测，对普通话水平测试中应试人朗读的 1~3 题的语音标准程度进行辨识的评测工作。考生采用上机模式参加测试。机辅测试过程由候测（信息采集）、正式测试两个主要环节组成。应试人在参加测试的过程中须注意以下步骤和细节。

（一）信息采集

应试人在测试当天需携带身份证、准考证，进行信息采集。

1. 第一步：身份信息验证

将身份证贴到终端设备相应位置上进行身份信息验证，如图 0.1 所示。

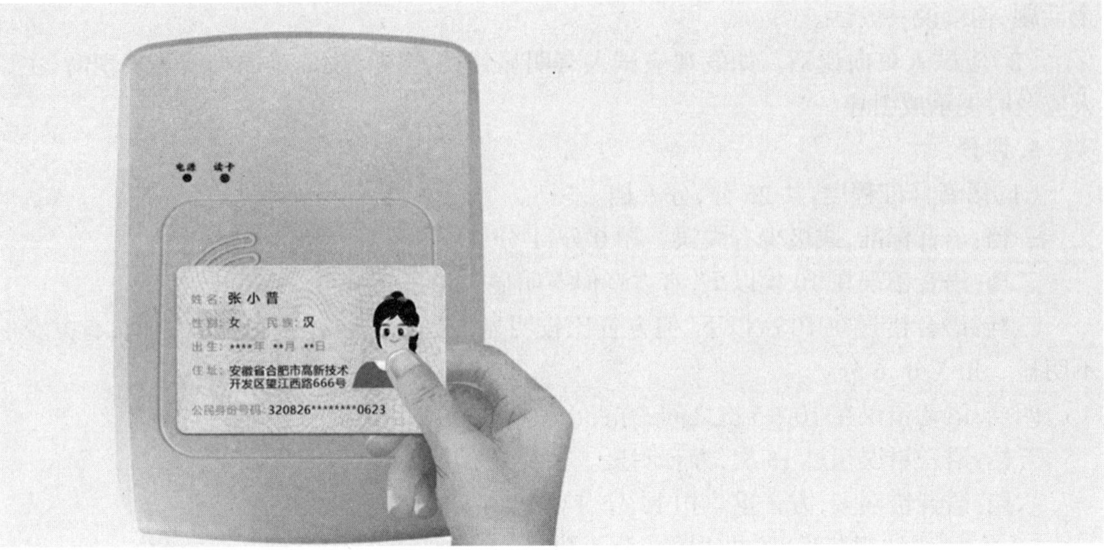

图 0.1　请考生将身份证贴到终端设备相应的位置上

2. 第二步：照片采集

应试人在管理人员指定位置采集照片，如图 0.2 所示。

图 0.2　请考生坐到老师指定的位置上采集照片

3. 第三步：系统抽签

系统随机自动分配机器号给应试人，应试人须记住自己的考试机号，如图 0.3 所示。

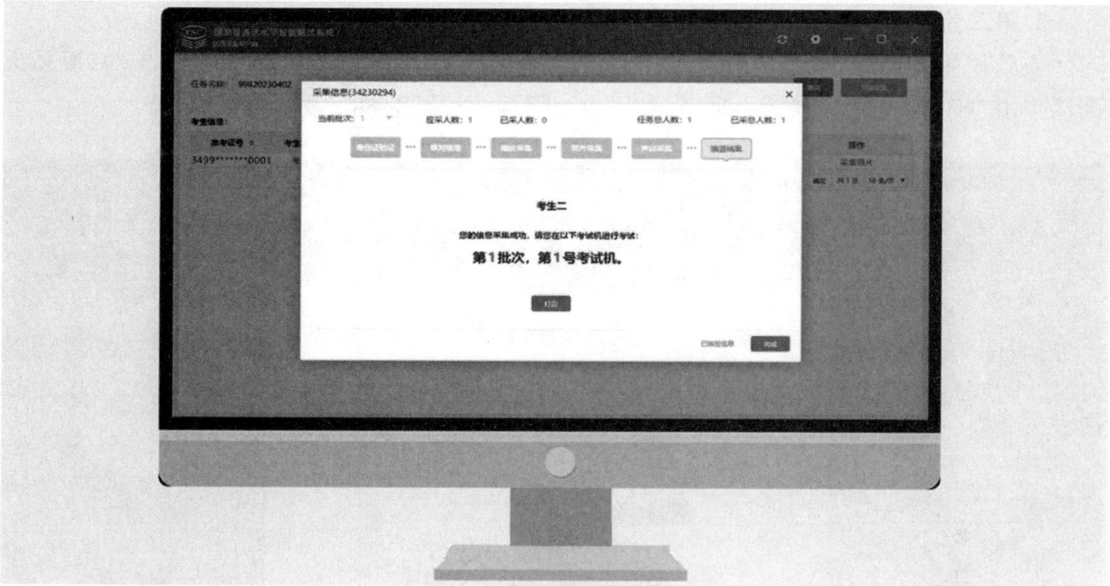

图 0.3　系统随机分配座位号

(二)正式测试

1. 第一步:人脸验证登录

应试人进入对应的测试机房后,坐好并正对摄像头,系统将通过人脸识别的方式进行登录,如图 0.4 所示。如果您参加测试的站点采用指纹验证则会在采集信息时采集您的指纹,那么您进入测试室时将需要进行指纹验证。

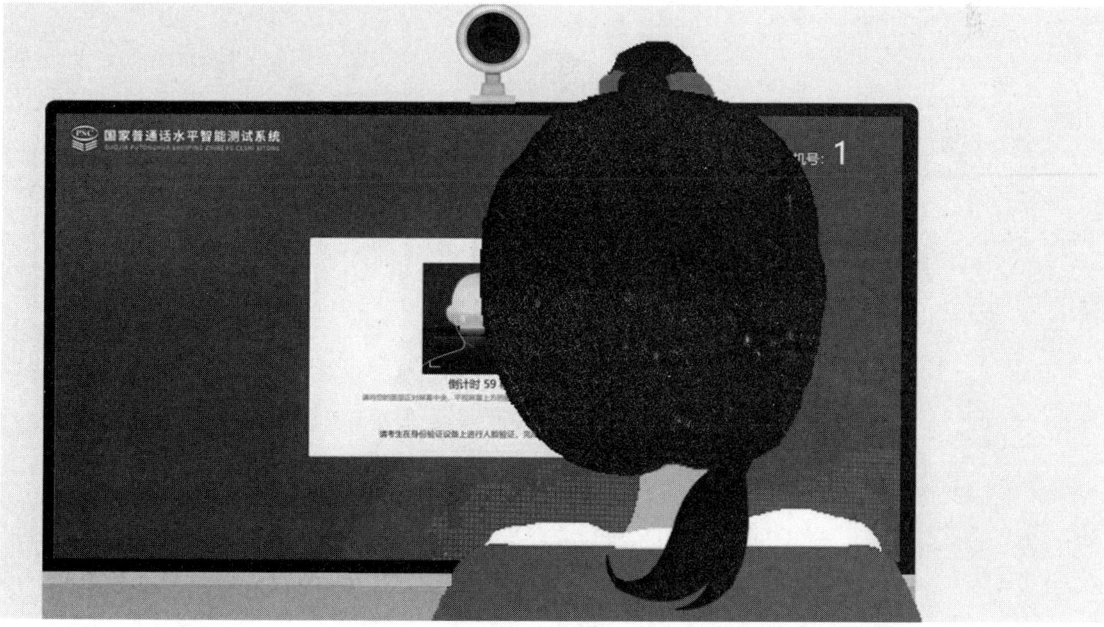

图 0.4　系统将通过人脸识别的方式进行登录

2. 第二步:核对信息

人脸识别验证通过后,电脑界面上会显示应试人的个人信息,应试人认真核对,确认无误后点击“确定”按钮进入下一环节,如图 0.5 所示。如果信息错误,请告知老师。

图 0.5　信息正确,请点击“确定”按钮

3. 第三步:佩戴耳机

按照屏幕上的提示戴上耳机,并将麦克风调整到距嘴边 2~3 厘米的位置,等待考场指令准备试音,如图 0.6 所示。

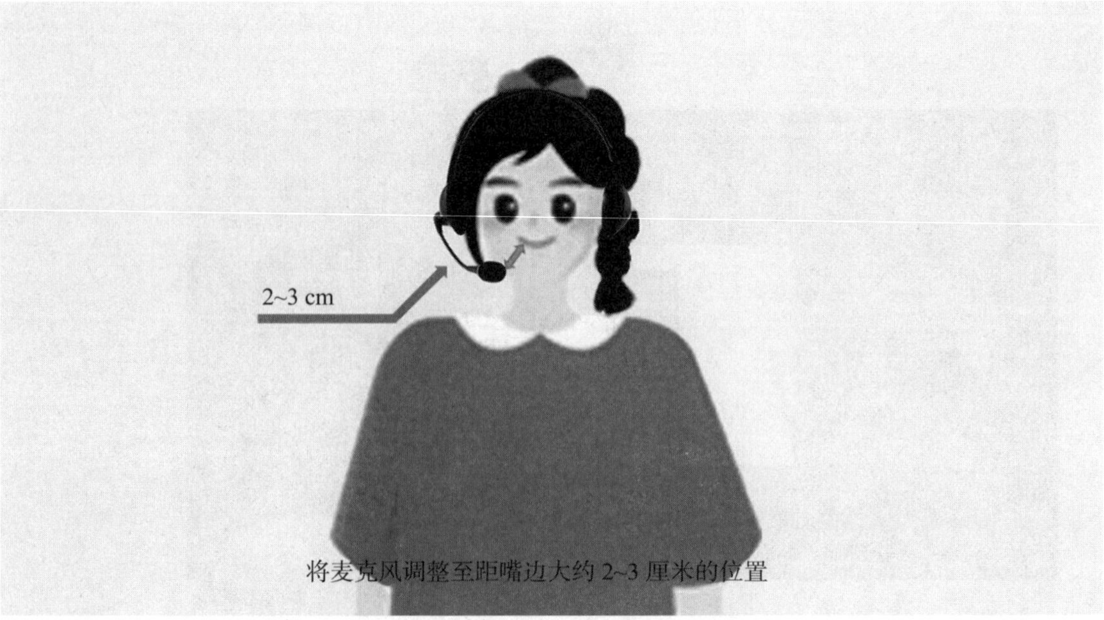

图 0.6　准备试音

4. 第四步:试音

进入试音页面后,应试人会听到系统的提示语"现在开始试音",听到提示音"嘟"声后朗读文本框中的个人信息,如图 0.7 所示。提示语结束后,以适中的音量和语速朗读文本框中的试音文字。

若试音失败,页面会弹出提示框,请点击"确认"按钮重新试音。若试音成功,页面会弹出提示框"试音成功,请等待考场指令!"。

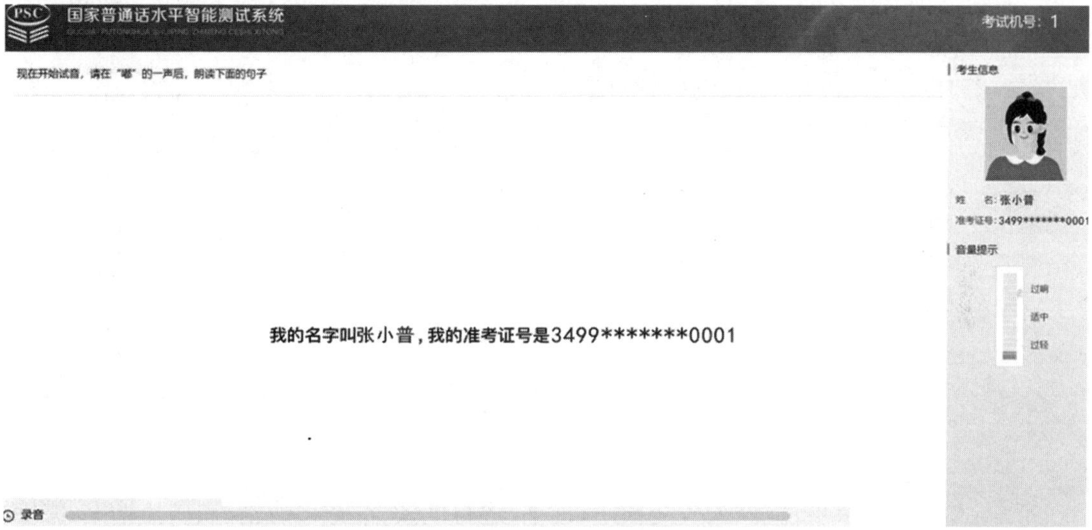

图 0.7　请在听到"嘟"的一声后朗读文本框中的个人信息

5. 第五步:正式测试

(1)第一题界面:请从左至右横向朗读,不要错行、漏行。第一题朗读结束后,点击屏幕右下方的"下一题"按钮,如图 0.8 所示。

图 0.8　第一题

（2）第二题界面：请从左至右横向朗读，不要错行、漏行。第二题朗读结束后，点击屏幕右下方的“下一题”按钮，如图0.9所示。

图 0.9　第二题

第一、二题注意事项：应试人务必横向、逐字、逐行朗读，注意语音清晰，防止增字、漏字。

（3）第三题界面：朗读作品时要注意将鼠标滚动到最下面，出现“……”表示朗读内容结束，点击屏幕右下方的“下一题”按钮，如图0.10所示。注意朗读时保持音量稳定，音量大小与试音音量一致，音量过小会导致评测失败。

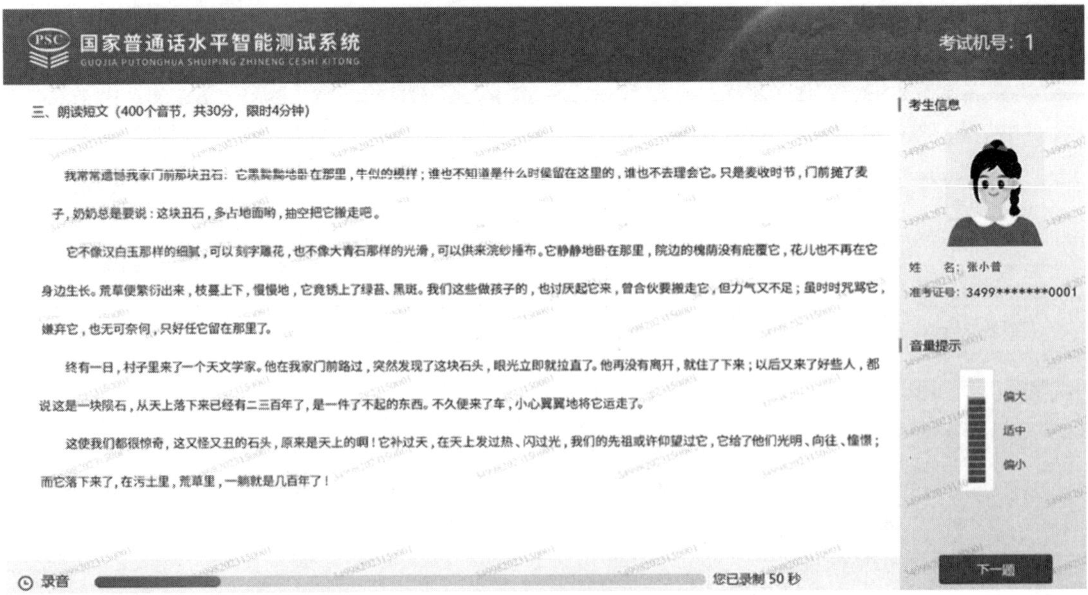

图 0.10　第三题

（4）第四题界面：显示两个话题供您选择，请您在 10 秒内点击选择的说话题目，如图 0.11 所示。如果超过 10 秒未点击，将默认第一个话题。

图 0.11　第四题

确认题目后，应试人有 30 秒的准备时间，听到“嘟”的一声后，开始答题，如图 0.12 所示。答题时请先读出你所选择的题目。本题必须说满 3 分钟，应试人按主屏下方的时间进度条把握时间。说满 3 分钟后，系统会自动提交试卷。

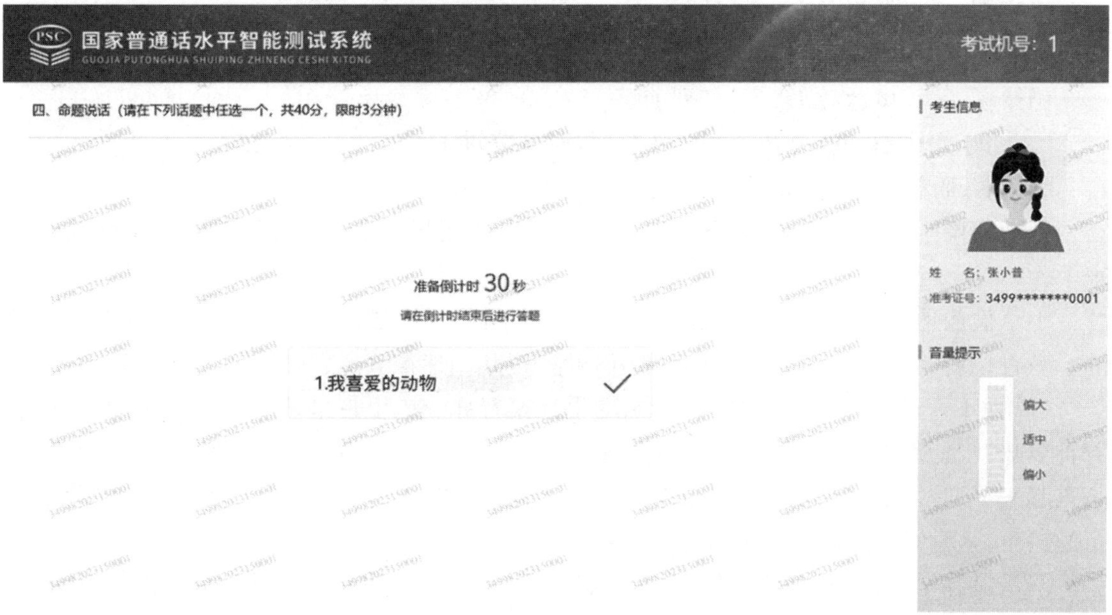

图 0.12　听到“嘟”的一声后开始答题

四、样卷

（一）读单音节字词（100 个音节，共 10 分，限时 3.5 分钟）

郝	缺	瓷	酸	捺	虞	坑	概	选	仕
耳	滕	苍	粉	遍	垮	谈	热	品	熊
掳	赛	虫	擀	房	拐	凑	铡	永	踞
黑	弱	修	鼎	袭	端	准	腭	龚	抿
群	搜	船	笔	渍	蛀	绫	诏	奎	绢
拈	甩	碟	郡	皇	嫩	翁	帛	家	犊
略	雅	票	乳	颇	外	嗓	臻	雪	迸
沏	魂	幂	脑	宽	甜	寡	鬓	窦	姬
坐	柔	秒	杯	冷	安	腿	尊	凡	柯
存	瞥	水	酿	爽	眸	药	产	绛	迟

（二）读多音节词语（100 个音节，共 20 分，限时 2.5 分钟）

把握	风格	越野	森林	飞快
春节	子孙	扭转	音像	昆仑
老伴儿	花生	诺言	旅游	奔跑
恰当	摧残	整理	空中	石榴
地铁	下旬	圆场	欢呼	绝活儿
审美	赞扬	穷苦	露馅儿	关怀
矮小	包袱	温差	窘迫	发财
组装	拳头	日程	玩耍	深思
儿女	荧光屏	创制	模特儿	曲调
仍然	奥运会	名列前茅		

（三）朗读短文（400 个音节，共 30 分，限时 4 分钟）

盼望着，盼望着，东风来了，春天的脚步近了。

一切都像刚睡醒的样子，欣欣然张开了眼。山朗润起来了，水涨起来了，太阳的脸红起来了。

小草偷偷地从土里钻出来，嫩嫩的，绿绿的。园子里，田野里，瞧去，一大片一大片满是的。坐着，躺着，打两个滚，踢几脚球，赛几趟跑，捉几回迷藏。风轻悄悄的，草软绵绵的。

“吹面不寒杨柳风”，不错的，像母亲的手抚摸着你。风里带来些新翻的泥土的气息，混着青草味儿，还有各种花的香，都在微微润湿的空气里酝酿。鸟儿将巢安在繁花绿叶当中，高兴起来了，呼朋引伴地卖弄清脆的喉咙，唱出宛转的曲子，跟轻风流水应和着。牛背上牧童的短笛，这时候也成天嘹亮地响着。

雨是最寻常的，一下就是三两天。可别恼。看，像牛毛，像花针，像细丝，密密地斜织着，人家屋顶上全笼着一层薄烟。树叶儿却绿得发亮，小草儿也青得逼你的眼。傍晚时候，上灯了，一点点黄晕的光，烘托出一片安静而和平的夜。在乡下，小路上，石桥边，有撑起伞慢慢走着的人；地里还有工作的农民，披着蓑，戴着笠。他们的房屋，稀稀疏疏的，在雨里静默着。

天上风筝渐渐多了，地上孩子也多了。城里乡下，家家户户，老老小小，//赶趟儿似的，一个个都出来了。舒活舒活筋骨，抖擞抖擞精神，各做各的一份儿事去。"一年之计在于春"，刚起头儿，有的是工夫，有的是希望。

春天像刚落地的娃娃，从头到脚都是新的，它生长着。

春天像小姑娘，花枝招展的，笑着，走着。

春天像健壮的青年，有铁一般的胳膊和腰脚，领着我们上前去。

节选自朱自清《春》

（四）命题说话（请在下列话题中任选一个，共 40 分，限时 3 分钟）

1. 我的一天

2. 我了解的十二生肖

模块 1　普通话语音训练

模块导读

普通话是以北京语音为标准音，以北方话为基础方言，以典范的现代白话文著作为语法规范的现代汉民族共同语。习近平总书记在党的二十大报告中强调："加大国家通用语言文字推广力度。"在国家的高度重视和大力推广下，我国人民的普通话水平整体有了极大的提高。

普通话是一门学科，也是一门科学，学习普通话是有法可循的。本模块从声母、韵母、声调的发音部位和发音方法出发，科学有效地讲解语音知识，重点强调难点音对比辨析，同时配以大量的训练材料，如词语、句段、绕口令、诗词等，以激发学生的兴趣，使之乐于练习。另外，因为每一位学习者都有一定的普通话基础，所以普通话学习实际是一个查漏补缺的过程，建议学习者在系统学习的基础上，找出自己的问题，有针对性地加以学习和训练，以收到事半功倍的学习效果。

模块目标

(1)掌握普通话声母、韵母、声调的发音方法。

(2)掌握普通话音变规律并熟练运用。

项目 1.1 普通话声母发音训练

训练目标

（1）能准确认读 21 个声母，掌握每个声母的发音方法。
（2）认识“发音器官示意图”，准确找到每个声母的发音部位。
（3）找出自己的声母难点音，分析发音要点并反复练习，做到发音准确。

知识内容

一、声母基础知识

（一）声母的分类

声母是音节开头的辅音，如音节“pǔtōnghuà”中的“p、t、h”就是辅音声母（有些音节开头没有辅音，称为零声母，如音节“ān”），它是语音准确的基础。声母发音时，气流在发音器官中受到一定的阻碍，由于受阻的部位和消除阻碍的方式不同，就产生了不同的声音。所谓“发音部位”就是发音时气流受到阻碍的地方，每一处阻碍均由口腔里两个部分接触或接近而形成。各发音部位如图 1.1 所示。

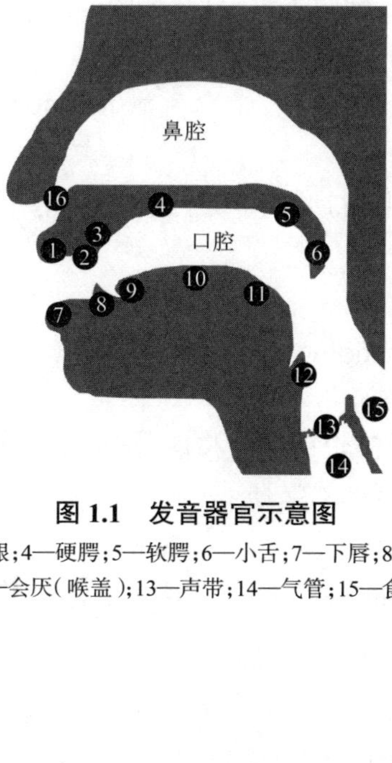

图 1.1 发音器官示意图

1—上唇；2—上齿；3—上齿龈；4—硬腭；5—软腭；6—小舌；7—下唇；8—下齿；9—舌尖；10—舌面；11—舌根；12—会厌（喉盖）；13—声带；14—气管；15—食道；16—鼻孔

普通话有 21 个声母，根据发音部位和发音方法，可以将 21 个声母排列成表 1.1。

表 1.1　普通话声母表

发音方法			发音部位						
			双唇	唇齿	舌尖中	舌根	舌面	舌尖前	舌尖后
塞音	清	不送气	b		d	g			
		送气	p		t	k			
塞擦音	清	不送气					j	z	zh
		送气					q	c	ch
擦音	清			f		h	x	s	sh
	浊								r
鼻音	浊		m		n				
边音	浊				l				

（二）声母的发音方法

1. 双唇音 b、p、m

b：（双唇不送气清塞音）双唇闭合，软腭上升，堵住鼻腔通路，蓄气后突然松开双唇，积蓄在口腔中的气流爆破而出声，气流较弱，声带不颤动。

波 bō　　拔 bá　　补 bǔ　　必 bì

颁布 bānbù　　包办 bāobàn　　北部 běibù　　布帛 bùbó

p：（双唇送气清塞音）双唇活动与 b 相同，只是在除阻时气流较强。

坡 pō　　爬 pá　　普 pǔ　　聘 pìn

批评 pīpíng　　排炮 páipào　　匹配 pǐpèi　　澎湃 péngpài

m：（双唇浊鼻音）双唇闭合，软腭下垂，打开鼻腔通路，气流从鼻腔透出成声。

摸 mō　　麻 má　　亩 mǔ　　命 mìng

弥漫 mímàn　　埋没 máimò　　美满 měimǎn　　明媚 míngmèi

2. 唇齿音 f

f：（唇齿清擦音）下唇接近上齿，形成窄缝，软腭上升，堵住鼻腔通路，气流从下唇和上齿之间摩擦而出，声带不颤动。

方 fāng　　佛 fó　　粉 fěn　　附 fù

吩咐 fēnfù　　防腐 fángfǔ　　反复 fǎnfù　　肺腑 fèifǔ

3. 舌尖中音 d、t、n、l

d：（舌尖中不送气清塞音）舌尖抵住上齿龈，形成阻塞，软腭上升，堵塞鼻腔通路，气流冲破阻塞爆破成声，气流较弱，声带不颤动。

多 duō　　达 dá　　底 dǐ　　顿 dùn

当代 dāngdài　　敌对 díduì　　捣蛋 dǎodàn　　动荡 dòngdàng

t:(舌尖中送气清塞音)舌尖活动与 d 相同,只是在除阻时透出的气流较强。

拖 tuō	谈 tán	体 tǐ	兔 tù
吞吐 tūntǔ	谈天 tántiān	厅堂 tīngtáng	跳台 tiàotái

n:(舌尖中浊鼻音)舌尖抵住上齿龈,形成阻塞,软腭下垂,打开鼻腔通路,气流从鼻腔透出成声,声带颤动。发音时口不能大开,上下唇稍离。

捏 niē	男 nán	努 nǔ	虐 nüè
能耐 néngnai	牛腩 niúnǎn	袅娜 niǎonuó	泥泞 nínìng

l:(舌尖中浊边音)舌尖抵住上齿龈(实际比 d、t、n 稍后),软腭上升,堵塞鼻腔通路,气流从舌前部两边通过发声,声带颤动。

拉 lā	梁 liáng	鲁 lǔ	律 lǜ
拉链 lāliàn	伶俐 línglì	冷落 lěngluò	流浪 liúlàng

4. 舌根音 g、k、h

g:(舌根不送气清塞音)舌面后部隆起抵住软腭形成阻塞,软腭上升,堵塞鼻腔通路,气流冲破阻塞爆破成声,气流较弱,声带不颤动。

刚 gāng	格 gé	滚 gǔn	贵 guì
高贵 gāoguì	公告 gōnggào	古怪 gǔguài	杠杆 gànggǎn

k:(舌根送气清塞音)舌面活动和口形与 g 相同,只是透出的气流较强。

刊 kān	扛 káng	捆 kǔn	库 kù
开阔 kāikuò	慷慨 kāngkǎi	坎坷 kǎnkě	旷课 kuàngkè

h:(舌根清擦音)舌面后部隆起接近软腭形成阻塞,软腭上升,堵塞鼻腔通路,气流从形成的窄缝中摩擦通过成声,声带不颤动。

憨 hān	活 huó	谎 huǎng	混 hùn
欢呼 huānhū	合伙 héhuǒ	缓和 huǎnhé	后悔 hòuhuǐ

5. 舌面音 j、q、x

j:(舌面不送气清塞擦音)舌面前部贴紧硬腭前部,舌尖下垂,软腭上升,堵塞鼻腔通路,然后舌面稍放松,气流微弱地从窄缝中透出成声,声带不颤动。

接 jiē	即 jí	脚 jiǎo	俊 jùn
基金 jījīn	急剧 jíjù	嘉奖 jiājiǎng	寂静 jìjìng

q:(舌面送气清塞擦音)舌面活动及口形与 j 相同,只是从窄缝中透出的气流较强。

切 qiē	骑 qí	犬 quǎn	趣 qù
秋千 qiūqiān	齐全 qíquán	乞求 qǐqiú	恰巧 qiàqiǎo

x:(舌面清擦音)舌面前部轻触硬腭,形成窄缝,软腭上升,堵塞鼻腔通路,气流从形成的窄缝中摩擦通过成声,声带不颤动。

瞎 xiā	习 xí	雪 xuě	序 xù
虚心 xūxīn	详细 xiángxì	选修 xuǎnxiū	现象 xiànxiàng

6. 舌尖前音 z、c、s

z：（舌尖前不送气清塞擦音）舌尖前伸，抵住上齿背，堵塞鼻腔通路，然后舌尖稍离开上齿背，气流挤出成声，声带不颤动。

资 zī	杂 zá	阻 zǔ	做 zuò
栽赃 zāizāng	走卒 zǒuzú	总则 zǒngzé	罪责 zuìzé

c：（舌尖前送气清塞擦音）舌尖活动情况与 z 相同，只是从窄缝中透出的气流较强。

餐 cān	雌 cí	忖 cǔn	醋 cù
参差 cēncī	残存 cáncún	从此 cóngcǐ	苍翠 cāngcuì

s：（舌尖前清擦音）舌尖前伸，与上齿背接近，形成窄缝，软腭上升，堵塞鼻腔通路，气流从窄缝中摩擦通过成声，声带不颤动。

司 sī	随 suí	嗓 sǎng	素 sù
缫丝 sāosī	僧俗 sēngsú	洒扫 sǎsǎo	色素 sèsù

7. 舌尖后音 zh、ch、sh、r

zh：（舌尖后不送气清塞擦音）舌尖上翘，抵住硬腭前部，软腭上升，堵塞鼻腔通路，然后舌尖稍稍离开硬腭前部，气流挤出，声带不颤动。

渣 zhā	直 zhí	主 zhǔ	赚 zhuàn
忠贞 zhōngzhēn	周折 zhōuzhé	主张 zhǔzhāng	壮志 zhuàngzhì

ch：（舌尖后送气清塞擦音）舌尖活动与 zh 相同，只是从窄缝中透出的气流较强。

插 chā	迟 chí	闯 chuǎng	触 chù
超产 chāochǎn	城池 chéngchí	铲除 chǎnchú	充斥 chōngchì

sh：（舌尖后清擦音）舌尖上翘，接近硬腭前部，形成窄缝，软腭上升，堵塞鼻腔通路，气流从窄缝中摩擦通过成声，声带不颤动。

沙 shā	蛇 shé	爽 shuǎng	树 shù
杀伤 shāshāng	熟睡 shúshuì	手术 shǒushù	膳食 shànshí

r：（舌尖后浊擦音）发音与 sh 大致相同，但要颤动声带。

嚷 rǎng	仍 réng	乳 rǔ	锐 ruì
仁人 rénrén	荣辱 róngrǔ	软弱 ruǎnruò	闰日 rùnrì

二、声母难点音辩证解析

（一）舌尖前音 z、c、s 与舌尖后音 zh、ch、sh

普通话中舌尖前音 z、c、s 和舌尖后音 zh、ch、sh 是许多人学习普通话的重难点，要学好这两组音，必须过好发音关和正音关。

所谓发音关，是指掌握 z、c、s 和 zh、ch、sh 的发音要领。要区分这两组音，重点在于找准其发音部位：z、c、s 又叫平舌音，发音时舌头前伸，抵住或接近上齿背，注意舌尖既不要放在上下牙齿之间，也不要翘起；zh、ch、sh 又叫翘舌音，发音时舌尖翘起，舌身后缩，抵住或接近硬腭前端，要特别注意，舌尖既不要抵住或接近上齿背，也不要往后卷。如果学习者不知道如何翘起舌尖，可尝试用咬指头的方法来学习，即把食指放到口中，在大约第一关节处用牙轻轻咬住，然后按舌尖后音的发音要领进行发音练习，注意不能让舌头碰到食指。

所谓正音关，是指记住普通话中哪些字读 z、c、s，哪些字读 zh、ch、sh。一般可用以下方法帮助辨别记忆。

（1）利用形声字偏旁类推：汉字中有大量形声字，凡声旁相同的字，声母或声母发音部位往往相同，我们记住 z、c、s 和 zh、ch、sh 的声旁代表字，就可以类推记住同偏旁的一大批字。如："宗（zōng）"的声母为 z，便可类推出"棕、踪、综、鬃"等字的声母都是 z；再如"朱（zhū）"的声母为 zh，则可类推出"诛、侏、跦、珠、茱、株、洙、铢"等字的声母均为 zh。

（2）利用普通话声韵配合规律分辨：根据《普通话声韵配合表》，可找到一些分辨 z、c、s 和 zh、ch、sh 的规律，如普通话中舌尖前音 z、c、s 不能与韵母 ua、uai、uang 相拼，所以"抓、刷、拽、帅、装、窗、双"等字的声母都应为舌尖后音；再如普通话中舌尖后音 sh 不与韵母 ong 相拼，所以"松、耸、送"等字的声母都应为舌尖前音 s。

（3）记少不记多：普通话中舌尖前音与舌尖后音声母的字共计 861 个，其中舌尖后音声母字 605 个，舌尖前音声母字 256 个。我们可以利用偏旁类推、声韵配合的方式记住 z、c、s 声母字，这样 zh、ch、sh 声母字自然就可辨析了。

（二）鼻音 n 与边音 l

在不少方言中，鼻音 n 与边音 l 完全或部分相混。要学好普通话的 n 与 l，首先要过好发音关，准确掌握它们的发音要领。二者的发音部位基本相同，最大的区别是 n 从鼻腔中发音，而 l 从口腔中发音。不会发鼻音声母 n 的学习者，可先将鼻音声母放在含前鼻音韵母的字后练习，如练习"新年、温暖"等词语可帮助更好地发出鼻音；而不会发边音 l 的学习者，前期训练则应尽量避免放在鼻音韵母字后练习，如"楼"在"阁楼、塔楼"中会比在"门楼"中更容易读准。

掌握了鼻音 n 与边音 l 的正确发音后，下一关就是正音关了。我们仍然可以采用以下方法帮助记忆。

（1）利用形声字偏旁类推：记住了"宁"的声母是 n，便可类推记住"拧、咛、狞、泞"等一批字的声母都是 n；同理，记住了"利"的声母是 l，则可类推记住"梨、犁、俐、痢、莉"等一批字的声母都是 l。

（2）利用普通话声韵配合规律分辨：从《普通话声韵配合表》中，我们可以找到一些分辨 n 和 l 的规律，如普通话中 n 不与韵母"ia、ou"相拼（除耨（nòu）字外），因此"俩、娄、楼、搂、漏、陋"等字的声母都是边音 l；再如 l 不与韵母 en 相拼，因此"嫩"的声母是鼻音 n。

（3）记少不记多：《现代汉语常用字表》收录声母 n、l 的字共计 355 个，其中 n 声母字 81 个，l 声母字 274 个，学习者可先记忆 n 声母字。

（三）唇齿音 f 与舌根音 h

普通话中唇齿音 f 与舌根音 h 的发音部位完全不同，是分得很清楚的，可是在一些方言里，二者却总是相混，尤其是当 h 与 u 开头的韵母相拼时，更容易将 h 发成 f，如将"开花"读成"开发"。

学好普通话中的 f 与 h,先要过好发音关,准确掌握 f 与 h 的发音要领。f 与 h 都是清擦音,二者发音方法相同,最大的不同是发音部位。发 f 时,下唇抬起接近上门齿,发 h 时,舌头后缩,舌根抬起接近软腭,下唇应远离上门齿,处于开口的状态。

如何记住普通话哪些字读 f,哪些字读 h 呢,可采用以下办法。

(1)利用形声字偏旁类推:记住了"付"的声母是 f,便可类推记住"符、府、腐、俯、腑、附、咐"等一批字的声母都是 f;同理,记住了"胡"的声母是 h,则可类推记住"湖、葫、糊、蝴"等一批字的声母都是 h。

(2)利用普通话声韵配合规律分辨:从《普通话声韵配合表》中,我们可以找到一些分辨 f 和 h 的规律,如普通话中 f 不与韵母"ai、ong"相拼;f 与 o 相拼只有一个"佛"字;f 与合口呼韵母相拼时,只限于单韵母 u,f 不与 u 开头的复韵母相拼。

三、声母类推字表

(一)zh、ch、sh 和 z、c、s 偏旁类推表

1. zh 声母

渣——zhā 渣、喳(鸟叫声)、楂(山~)。

乍——zhá 炸(~油条),zhǎ 拃、砟、鲊,zhà 乍、炸(爆~)、诈、榨,zhǎi 窄。

占——zhān 占(~卜)、沾、粘(~贴)、毡,zhàn 占(~据)、站、战,zhēn 砧。

章——zhāng 章、彰、樟、蟑,zhàng 障、嶂、瘴。

长——zhāng 张,zhǎng 长(生~)、涨(~潮),zhàng 帐、账、胀、涨(头昏脑~)。

丈——zhàng 丈、仗、杖。

召——zhāo 招、昭,zhǎo 沼,zhào 召、照、诏。

折——zhē 折(~腾),zhé 折(~磨)、哲、蜇,zhè 浙。

者——zhě 者,zhū 猪、诸,zhǔ 煮,zhù 著、翥。

真——zhēn 真,zhěn 缜,zhèn 镇。

珍——zhēn 珍,zhěn 诊、疹。

贞——zhēn 贞、侦、帧、祯、桢。

振——zhèn 振、赈、震。

争——zhēng 争、挣(~扎)、睁、铮、筝、峥、狰,zhèng 挣(~脱)、诤。

正——zhēng 正(~月)、征、症(~结)、怔,zhěng 整,zhèng 正(~负)、证、症(~状)。

支——zhī 支、枝、肢。

知——zhī 知、蜘(~蛛),zhì 智。

只——zhī 只(~身)、织,zhí 职,zhǐ 只(~有),zhì 帜。

执——zhí 执,zhì 挚、贽,zhé 蛰。

直——zhí 直、值、植、殖,zhì 置。

止——zhǐ 止、址、趾、芷。

至——zhí 侄,zhì 至、致、窒、蛭、郅。

志——zhì 志、痣。

中——zhōng 中(~央)、忠、钟、盅，zhǒng 种(~子)、肿，zhòng 中(打~)、种(~植)、仲。

朱——zhū 朱、诛、侏、蛛、珠、茱、株、洙、铢。

主——zhǔ 主、拄，zhù 住、注、柱、驻、蛀。

专——zhuān 专、砖，zhuǎn 转(~身)，zhuàn 转(~动)、传(~记)。

啄——zhuō 涿，zhuó 啄、诼、琢(精雕细~)。

2. z 声母

匝——zā 匝，zá 砸。

哉——zāi 哉、栽，zǎi 载(记~)，zài 载(装~)。

赞——zǎn 攒、噆，zàn 赞、瓒。

澡——zǎo 澡、藻，zào 噪、燥、躁。

责——zé 责、啧、箦，zhài 债。

则——zé 则。

曾——zēng 曾(姓)、憎、增、缯，zèng 赠。

子——zī 孜，zǐ 子、耔、仔(~细)。

兹——zī 兹、滋、孳。

资——zī 资、咨、姿，zì 恣。

宗——zōng 宗、棕、综、踪、鬃，zòng 粽。

奏——zòu 奏、揍。

祖——zū 租，zǔ 祖、诅、阻、组、俎。

卒——zú 卒，zuì 醉。

尊——zūn 尊、遵、樽、鳟。

作——zuō 作，zuó 昨，zuò 作、祚、酢、胙、怍、阼、柞。

坐——zuò 坐、座、唑。

3. ch 声母

叉——chā 叉(鱼~)、杈(一种农具)，chǎ 叉(~着腿)、衩(裤~)，chà 叉(劈~)、杈(树~)、衩(衣~)，chāi 钗。

谗——chān 搀，chán 谗、馋。

产——chǎn 产、铲。

昌——chāng 昌、娼、猖、菖、鲳，chàng 唱、倡。

场——cháng 场(~院)、肠，chǎng 场(会~)，chàng 畅。

抄——chāo 抄、吵(~~)、钞，chǎo 吵(~架)、炒。

朝——cháo 朝(~前)、潮、嘲。

辰——chén 辰、晨、宸，chún 唇。

成——chéng 成、城、诚、盛(~饭)。

呈——chéng 呈、程，chěng 逞。

池——chí 池、驰、弛。

斥——chì 斥，chāi 拆，chè 坼。

筹——chóu 筹、踌、畴、俦。

绸——chóu 绸、稠、惆。

出——chū 出，chǔ 础，chù 绌、黜。

厨——chú 厨、橱、蹰。

垂——chuí 垂、陲、锤、捶。

春——chūn 春、椿，chǔn 蠢。

啜——chuò 啜、辍。

4. c 声母

才——cái 才、财、材。

采——cǎi 采(~茶)、彩、睬、踩，cài 菜(~地)、采。

蔡——cā 擦、嚓，cài 蔡。

仓——cāng 仓、苍、舱、沧、伧。

曹——cáo 曹、槽、嘈。

此——cī 疵、呲，cí 雌，cǐ 此，zī 龇、髭。

搓——cī 差(参~)，cuō 搓、磋。

慈——cí 慈、糍、磁。

从——cōng 苁、枞，cóng 从(服~)、丛。

粹——cù 猝，cuì 淬、萃、悴、粹、翠、啐、瘁。

醋——cù 醋，cuò 措、错。

崔——cuī 催、摧，cuǐ 璀。

寸——cūn 村，cǔn 忖，cùn 寸。

5. sh 声母

少——shā 沙、砂、莎、纱、痧、裟、鲨，shǎo 少(~数)，shào 少(~年)。

山——shān 山，shàn 汕、疝、讪。

珊——shān 删、珊、姗、栅(~极)。

扇——shān 扇(动词)、煽，shàn 扇(~子)、骟。

善——shàn 善、缮、鳝、膳。

尚——shǎng 赏，shàng 尚，shang 裳。

召——sháo 韶、苕，shào 邵、绍、劭、召(姓)。

捎——shāo 捎、梢、稍(~微)、艄、筲、鞘(鞭~)，shào 哨、稍(~息)。

舍——shē 猞，shě 舍(~身)，shè 舍(宿~)。

申——shēn 申、伸、呻、绅、砷，shén 神，shěn 审、婶。

生——shēng 生、牲、笙、甥，shèng 胜。

师——shī 师、狮，shāi 筛。

式——shì 式、试、拭、弑、轼。

诗——shī 诗，shí 时、莳，shì 侍、恃。

受——shòu 受、授、绶。

抒——shū 抒、舒、纾。

叔——shū 叔、淑、菽。

孰——shú 孰、熟、塾。

暑——shǔ 暑、署、薯、曙。

刷——shuā 刷（~牙），shuà 刷（~白），shuàn 涮。

摔——shuāi 摔，shuài 率（~领）、蟀。

6. s 声母

散——sā 撒（~手），sǎ 撒（~种），sǎn 散（~文），sàn 散（~步）。

思——sāi 腮、鳃，sī 思、偲。

桑——sāng 桑，sǎng 嗓、搡。

叟——sǎo 嫂，sōu 搜、艘、嗖、馊、溲、飕，sǒu 叟。

斯——sī 斯、厮、撕、嘶。

司——sī 司，sì 饲、伺（窥~）、嗣。

四——sì 四、泗、驷。

松——sōng 松、淞、忪，sòng 颂。

素——sù 素、嗉、愫。

唆——suān 酸，suō 唆、梭。

遂——suí 遂（半身不~），suì 遂（~心）、隧、邃。

孙——sūn 孙、狲、荪。

锁——suǒ 唢、琐、锁。

（二）n 和 l 偏旁类推表

1. n 声母

那——nǎ 哪，nà 那、娜（人名），nuó 挪、娜（婀~）。

乃——nǎi 乃、氖、奶。

奈——nài 奈，nà 捺。

南——nán 南、喃、楠。

脑——nǎo 脑、恼。

内——nèi 内，nè 讷，nà 呐、衲、钠、纳。

尼——ní 尼、怩、泥（~巴）、呢（~子），nì 泥（拘~），ne 呢（语气词）。

倪——ní 倪、霓、鲵。

念——niǎn 捻，niàn 念、埝。

捏——niē 捏，niè 涅。

聂——niè 聂、蹑。

宁——níng 宁（安~）、拧（~毛巾）、咛、狞，nǐng 拧（~螺丝），nìng 宁（~可）、泞。

纽——niū 妞，niǔ 扭、纽、钮。

农——nóng 农、浓、脓。

奴——nú 奴、孥、驽，nǔ 努、弩，nù 怒。

诺——nuò 诺、锘，nì 匿。

懦——nuò 懦、糯。

虐——nüè 虐、疟。

2. l 声母

剌——lā 喇，lá 揦，lǎ 喇，là 剌、辣，lài 赖、癞、籁，lǎn 懒。

腊——là 腊、蜡，liè 猎。

兰——lán 兰、拦、栏，làn 烂。

蓝——lán 蓝、篮，làn 滥。

览——lǎn 览、揽、缆、榄。

劳——lāo 捞，láo 劳、痨，lào 涝。

老——lǎo 老、姥。

乐——lè 乐，lì 砾。

雷——léi 雷、擂、镭，lěi 蕾，lèi 擂。

累——léi 累（~赘），lěi 累（积~），lèi 累（劳~），luó 骡、螺。

垒——lěi 垒。

里——lí 狸、厘，lǐ 里、理、鲤、俚、锂，liàng 量。

利——lí 梨、犁，lì 利、俐、痢、莉。

离——lí 离、篱、漓。

立——lì 立、粒、笠，lā 拉、啦。

厉——lì 厉、励。

力——lì 力、荔、历、沥，liè 劣，lè 勒（~索），lēi 勒（~紧），肋 lèi。

连——lián 连、莲，liàn 链。

廉——lián 廉、濂、镰。

脸——liǎn 敛、脸，liàn 殓。

炼——liàn 练、炼。

恋——liàn 恋，luán 孪、鸾、滦。

良——liáng 良、粮，láng 郎、廊、狼、琅、榔、螂，lǎng 朗，làng 浪。

梁——liáng 梁、粱。

凉——liáng 凉，liàng 谅、晾，lüè 掠。

两——liǎng 两、俩（伎~），liàng 辆，liǎ 俩（两个）。

列——liē 咧，liě 咧，liè 列、裂、烈，lì 例。

林——lín 林、淋、琳、霖，lán 婪。

粦——lín 嶙、磷、鳞、麟。

令——līn 拎，líng 伶、玲、铃、羚、聆、蛉、零、龄，lǐng 岭、领，lìng 令，lěng 冷，lián 怜，lín 邻。

菱——líng 菱、凌、陵，léng 棱。

留——liū 溜，liú 留、馏、榴、瘤，liù 遛。

流——liú 流、琉、硫。

柳——liǔ 柳，liáo 聊。

龙——lóng 龙、咙、聋、笼(~子)，lǒng 陇、垄、拢、笼(~罩)。

隆——lōng 隆，lóng 隆、窿、癃。

娄——lōu 搂、瞜，lóu 娄、喽、楼，lǒu 搂、篓，lòu 镂，lǚ 缕、屡。

卢——lú 卢、泸、颅、轳。

庐——lú 庐、芦、炉。

鲁——lū 撸，lǔ 鲁、橹，lù 氇。

录——lù 录、禄、碌，lǜ 绿、氯。

鹿——lù 鹿、辘。

路——lù 路、鹭、露。

仑——lūn 抡，lún 仑、伦、沦、轮，lùn 论。

罗——luō 啰，luó 罗、逻、萝、锣、箩，luo 啰(放在句末，表示肯定语气)。

洛——luò 洛、落、络、骆，lào 烙、酪，lüè 略，là 落。

吕——lǚ 吕、侣、铝。

虑——lǜ 虑、滤。

(三)f 和 h 偏旁类推字表

1. f 声母

夫——fū 夫、肤、麸，fú 芙、扶。

甫——fū 敷，fǔ 甫、辅，fù 傅、缚。

孚——fū 孵，fú 孚、俘、浮。

福——fú 幅、福、辐、蝠，fù 副、富。

付——fú 符，fǔ 府、俯、腑、腐，fù 付、附、驸、咐。

弗——fú 弗、拂，fó 佛，fèi 沸、费、狒。

伏——fú 伏、茯、袱。

父——fǔ 斧、釜，fù 父。

复——fù 复、腹、覆、馥。

发——fā 发，fèi 废。

乏——fá 乏，fàn 泛。

伐——fá 伐、阀、筏。

凡——fān 帆，fán 凡、矾、钒。

番——fān 番、翻、蕃、藩。

反——fǎn 反、返，fàn 饭、贩、畈。

方——fāng 方、芳、坊（牌~），fáng 防、妨、房、肪、坊（油~），fǎng 仿、访、纺、舫，fàng 放。

非——fēi 非、菲、啡、扉、霏、绯，fěi 诽、匪、榧、斐、蜚、翡，fèi 痱。

分——fēn 分、芬、吩、纷，fén 汾，fěn 粉，fèn 份、忿。

风——fēng 风、枫、疯，fěng 讽。

蜂——fēng 蜂、峰、烽、锋，féng 逢，fèng 缝。

2. h 声母

忽——hū 忽、惚、唿。

乎——hū 乎、呼、滹。

胡——hú 胡、湖、葫、糊、蝴、猢、瑚，hù 糊。

狐——hú 狐、弧。

虎——hǔ 虎、唬、琥。

户——hù 户、沪、护、戽、扈。

化——huā 花、哗（~啦），huá 华（中~）、哗（喧~）、铧，huà 化、桦、华（姓），huò 货。

怀——huái 怀，huài 坏，huán 还、环。

涣——huàn 涣、换、唤、焕、痪。

荒——huāng 荒、慌，huǎng 谎。

黄——huáng 黄、璜、簧、癀、潢、磺、蟥。

皇——huáng 皇、凰、惶、徨、蝗、煌、湟。

晃——huǎng 晃（~眼）、恍、幌，huàng 晃（摇~）。

灰——huī 灰、恢、诙。

挥——huī 挥、辉、晖，hūn 荤，hún 浑，hùn 诨。

回——huí 回、茴、蛔，huái 徊。

悔——huǐ 悔，huì 诲、晦。

会——huì 会、绘、烩。

惠——huì 惠、蕙。

昏——hūn 昏、阍、婚。

混——hún 混（~蛋）、馄，hùn 混（~淆）。

活——huó 活，huà 话。

火——huǒ 火、伙、钬。

或——huò 或、惑。

禾——hé 禾、和（~平），hè 和，hú 和，huó 和（~面），huò 和（~稀泥）。

洪——hōng 烘、哄（~抢），hóng 洪，hǒng 哄（~骗），hòng 哄（起~）。

红——hóng 红、虹。

技能训练

示范音频

一、舌尖前音 z、c、s 与舌尖后音 zh、ch、sh 对比练习

(一)词语训练

1. 单音节词语

z—zh	增——征	足——竹	宰——窄	暂——战
	资——知	则——哲	怎——枕	造——照
c—ch	粗——出	惨——产	测——撤	凑——臭
	错——辍	崔——吹	篡——串	村——春
s—sh	搜——收	酸——栓	扫——少	色——社
	缩——说	桑——商	洒——傻	四——事

2. 双音节词语

z—zh	栽花——摘花	资助——支柱	阻力——主力	暂时——战时
	资源——支援	姿势——知识	宗旨——终止	增光——争光
c—ch	擦车——叉车	木材——木柴	小草——小炒	鱼刺——鱼翅
	擦手——插手	祠堂——池塘	乱草——乱吵	粗布——初步
s—sh	三哥——山歌	私人——诗人	散光——闪光	碎石——睡实
	森林——身临	死记——史记	塑身——束身	五岁——午睡

(二)句段训练

服务员：您好，欢迎光临！
客　人：我想要一个双人间。
服务员：请问您是否预约过？
客　人：是的，四天以前我打电话预约过。
服务员：请问怎么称呼您？
客　人：孙继超。
服务员：啊，查到了。我给您办一下手续，请稍等。

(三)绕口令训练

知道不知道

认识从实践始，实践出真知。知道就是知道，不知道就是不知道。不要知道说不知道，也不要不知道说知道。老老实实，实事求是，一定要做到不折不扣地真知道。

朱叔锄竹笋

朱家一株竹，竹笋初长出，朱叔处处锄，锄出笋来煮，锄完不再出，朱叔没笋煮，竹株干又枯。

四和十

四是四，十是十，十四是十四，四十是四十。不要把四十说成十四，也不要把十四说成四十。

（四）古诗词训练

示儿

陆游

死去元知万事空，但悲不见九州同。

王师北定中原日，家祭无忘告乃翁。

泊秦淮

杜牧

烟笼寒水月笼沙，夜泊秦淮近酒家。

商女不知亡国恨，隔江犹唱后庭花。

从军行

王昌龄

青海长云暗雪山，孤城遥望玉门关。

黄沙百战穿金甲，不破楼兰终不还。

示范音频

二、鼻音 n 与边音 l 对比练习

（一）词语训练

1. 单音节词语

妞——溜	男——蓝	暖——卵	怒——路
娘——良	凝——灵	你——里	诺——落

2. 双音节词语

浓重——隆重	牛黄——硫黄	无奈——无赖	留念——留恋
年夜——连夜	男女——褴褛	女客——旅客	鸟雀——了却

（二）句段训练

有个养鸟的人从来不用笼子，他说：“我不能用牢笼束缚我心爱的鸟儿的自由。”然而，他剪掉了鸟的翅羽。

那些从名利场上下来的伤病员，多半都是内伤，多半都是被糖衣炮弹击中的。而内伤，多半都是致命的。

西湖的波太明了，秦淮河的水又太暗了。可爱的，我将什么来比拟你呢？我怎么比拟得出呢？大约潭是很深的，故能蕴蓄着这样奇异的绿，仿佛蔚蓝的天融了一块在里面似的，这才这般的鲜润啊。

（三）绕口令训练

老龙和老农

老龙恼怒闹老农，老农恼怒闹老龙。农恼龙怒农更恼，龙恼农怒龙怕农。

牛郎恋刘娘

牛郎年年恋刘娘，刘娘连连念牛郎。牛郎恋刘娘，刘娘念牛郎。郎恋娘来娘念郎。

刘小柳和牛小妞

路东住着刘小柳，路南住着牛小妞。刘小柳拿着大皮球，牛小妞抱着大石榴。刘小柳把大皮球送给牛小妞，牛小妞把大石榴送给刘小柳。牛小妞脸儿乐得像红皮球，刘小柳笑得像开花的大石榴。

（四）古诗词训练

凉州词

王翰

葡萄美酒夜光杯，欲饮琵琶马上催。
醉卧沙场君莫笑，古来征战几人回？

出塞

王昌龄

秦时明月汉时关，万里长征人未还。
但使龙城飞将在，不教胡马度阴山。

凉州词

王之涣

黄河远上白云间，一片孤城万仞山。
羌笛何须怨杨柳，春风不度玉门关。

三、唇齿音 f 与舌根音 h 对比练习

示范音频

（一）词语训练

1. 单音节词语

发——花	拂——湖	粉——很	贩——汗
非——黑	乏——华	腐——虎	父——护

2. 双音节词语

公费——工会	老房——老黄	附注——互助	放荡——晃荡
翻腾——欢腾	防风——黄蜂	斧背——虎背	犯病——患病

（二）句段训练

它不像汉白玉那样的细腻，可以刻字雕花，也不像大青石那样的光滑，可以供来浣纱捶布。它静静地卧在那里，院边的槐荫没有庇覆它，花儿也不再在它身边生长。荒草便繁衍出来，枝蔓上下，慢慢地，它竟锈上了绿苔、黑斑。我们这些做孩子的，也讨厌起它来，曾合伙要搬走它，但力气又不足；虽时时咒骂它，嫌弃它，也无可奈何，只好任它留在那里了。

（三）绕口令训练

华华和红红

华华有两朵黄花，红红有两朵红花，华华要红花，红红要黄花。华华送给红红一朵黄花，红红送给华华一朵红花。

买混纺

南京商场买混纺，红混纺，黄混纺，粉黄混纺，粉红混纺，红黄混纺，黄红混纺，样样混纺销路广。

黑化肥灰化肥

黑化肥发灰会挥发，灰化肥挥发会发黑。

（四）古诗词训练

乡村四月

翁卷

绿遍山原白满川，子规声里雨如烟。
乡村四月闲人少，才了蚕桑又插田。

鸟鸣涧

王维

人闲桂花落，夜静春山空。
月出惊山鸟，时鸣春涧中。

雨过山村

王建

雨里鸡鸣一两家，竹溪村路板桥斜。
妇姑相唤浴蚕去，闲看中庭栀子花。

项目 1.2　普通话韵母发音训练

训练目标

（1）能准确认读 39 个韵母，掌握每个韵母的发音方法。

（2）认识“舌面元音舌位唇形图”，理解舌位和唇形的概念。

（3）找出自己的韵母难点音，分析发音要点并反复练习，做到准确发音。

知识内容

一、韵母基础知识

（一）韵母的分类

韵母是音节中声母后面的部分（零声母音节实际上是韵母自成音节），它是决定语音响亮、舒展的关键。普通话共有韵母 39 个。如按开头元音的口形可将韵母分为开口呼、齐齿呼、合口呼、撮口呼四类（简称“四呼”）；如按韵母的内部结构则可分为单韵母、复韵母、鼻韵母三类。详见表 1.2。

表 1.2　普通话韵母总表

按结构	按韵头			
	开口呼	齐齿呼	合口呼	撮口呼
单韵母	-i（前）、-i（后）	i	u	ü
	a			
	o			
	e			
	ê			
	er			
复韵母		ia	ua	
			uo	
		ie		üe
	ai		uai	
	ei		uei	
	ao	iao		
	ou	iou		
鼻韵母	an	ian	uan	üan
	en	in	uen	ün
	ang	iang	uang	
	eng	ing	ueng	
	ong	iong		

（二）韵母的发音方法

1. 单韵母

普通话的单韵母共有 10 个，其中 7 个舌面元音，2 个舌尖元音，1 个卷舌元音，都是由单个元音构成。发单元音时口形始终不变，舌位也不移动，因此可从舌位的前后、高低和唇形的圆展来分析单元音的发音，具体如图 1.2 所示。

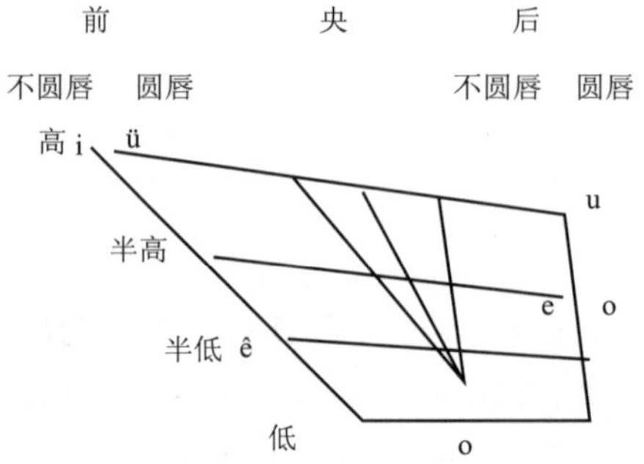

图 1.2　舌面元音舌位唇形图

1)舌面单韵母

ɑ(舌面央低不圆唇元音)发音时，口大开，舌尖微离下齿背，舌面中部(偏后)微微隆起，舌位最低。

八 bā	麻 má	打 dǎ	辣 là
发达 fādá	蛤蟆 háma	打岔 dǎchà	大厦 dàshà

o(舌面后半高圆唇元音)口微开，上下唇收敛，略呈圆形，舌身后缩，舌面后部隆起，舌位半高。

坡 pō	佛 fó	抹 mǒ	破 pò
泼墨 pōmò	磨破 mópò	勃勃 bóbó	默默 mòmò

e(舌面后半高不圆唇元音)口半闭，唇不圆，嘴角向左右微展，舌身后缩，舌面后部稍隆起，舌位半高。

车 chē	德 dé	渴 kě	仄 zè
苛刻 kēkè	合格 hégé	割舍 gēshě	特赦 tèshè

ê(舌面后半低不圆唇元音)口半开，唇不圆，舌面的隆起点在前，舌尖抵住下齿背，舌位半低。

歇 xiē	节 jié	雪 xuě	略 lüè
贴切 tiēqiè	决绝 juéjué	姐姐 jiějie	业界 yèjiè

i(舌面前高不圆唇元音)唇开呈扁平状，上下门齿接近，舌尖下垂抵住下齿背，舌面的隆起点在前，舌位高。

梯 tī	梨 lí	你 nǐ	地 dì
栖息 qīxī	敌意 díyì	立体 lìtǐ	吉利 jílì

u(舌面后高圆唇元音)口闭拢，上下唇收敛呈圆形，向前突出如噘嘴。舌面后部隆起，舌位高。

书 shū	图 tú	鼓 gǔ	布 bù
突出 tūchū	毒素 dúsù	土木 tǔmù	速度 sùdù

ü(舌面前高圆唇元音)舌位与 i 相同，舌尖下垂抵住下齿背，舌面隆起点在前，两唇拢

圆，略向前突。

居 jū　　徐 xú　　女 nǚ　　绿 lǜ

区域 qūyù　　渔具 yújù　　栩栩 xǔxǔ　　聚居 jùjū

2）舌尖单韵母

-i（前）（舌尖前高不圆唇元音）舌尖前伸，对着上齿背，与其保持一定距离，不发生摩擦。

撕 sī　　词 cí　　子 zǐ　　四 sì

私自 sīzì　　字词 zìcí　　此次 cǐcì　　赐死 cìsǐ

-i（后）（舌尖后高不圆唇元音）舌尖翘起，对着硬腭前端，与其保持一定距离，不发生摩擦。

吃 chī　　直 zhí　　齿 chǐ　　是 shì

支持 zhīchí　　咫尺 zhǐchǐ　　只是 zhǐshì　　事实 shìshí

3）卷舌单韵母

er（卷舌央中不圆唇元音）口腔自然打开，舌位不前不后不高不低，舌面中央部分微微隆起，舌身向后略缩，舌尖向后卷，接近硬腭前部。

儿 ér　　而 ér　　耳 ěr　　二 èr

儿女 érnǚ　　而且 érqiě　　耳环 ěrhuán　　二胡 èrhú

2. 复韵母

复韵母由两个或三个元音复合而成，通常由一个元音迅速向另一个元音的发音状况过渡，因而舌位的前后、高低和唇形的圆展会发生连续的变化，这个过程叫作动程。发音时要认真体会舌位、唇形的变化，也要注意区分各音素在复韵母中的实际音值与单元音的不同。

1）前响复韵母

前响复韵母由两个元音构成，无韵头，有韵腹和韵尾。发音时元音舌位都是由低向高滑动，开头的元音音素响亮清晰，收尾的元音音素轻短模糊。

ai 发音由前元音 a 开始，舌位向 i 的方向滑动升高，至接近 i 时止，动程较宽，发音时，舌尖抵住下齿背，舌面前部逐渐隆起。

猜 cāi　　来 lái　　改 gǎi　　带 dài

开采 kāicǎi　　择菜 zháicài　　彩排 cǎipái　　爱戴 àidài

ei 发音由前元音 e 开始，舌位向 i 的方向滑动升高，至接近 i 时止，动程较窄，发音时，舌尖抵住下齿背，舌面前部逐渐隆起。

碑 bēi　　肥 féi　　美 měi　　配 pèi

黑煤 hēiméi　　违背 wéibèi　　肥美 féiměi　　贝类 bèilèi

ao 发音由后元音 a 开始，舌位向 u 的方向滑动升高，唇形逐渐收敛、拢圆，到接近 u 时止，动程宽，舌头后缩，舌面后部隆起。

超 chāo　　陶 táo　　考 kǎo　　盗 dào

招考 zhāokǎo　　逃跑 táopǎo　　祷告 dǎogào　　绕道 ràodào

ou 发音从略带圆唇的央元音 o 开始，舌位向 u 的方向滑动，到接近 u 时止，动程窄。

收 shōu	楼 lóu	否 fǒu	厚 hòu
偷偷 tōutōu	猴头 hóutóu	丑陋 chǒulòu	漏斗 lòudǒu

2)后响复韵母

后响复韵母由两个元音构成,有韵头和韵腹,没有韵尾。发音时,舌位都是由高向低滑动的,收尾的元音音素响亮清晰,处于韵头位置的元音,发音比较短促,不太响亮。

ia 发音由 i 开始,舌位渐降到央低元音 a 时止,动程宽。

加 jiā	峡 xiá	哑 yǎ	洽 qià
加压 jiāyā	假牙 jiǎyá	下架 xiàjià	恰恰 qiàqià

ie 发音由 i 开始,舌位渐降到接近 ê 时止,动程窄。

接 jiē	别 bié	野 yě	切 qiè
贴切 tiēqiè	爷爷 yéye	铁屑 tiěxiè	趔趄 lièqie

ua 发音由 u 开始,舌位渐降到央低元音 a 时止,动程宽。唇形由最圆逐渐展开到不圆。

夸 kuā	娃 wá	爪 zhuǎ	化 huà
刮花 guāhuā	娃娃 wáwa	耍滑 shuǎhuá	画画 huàhuà

uo 发音由 u 开始,舌位向下滑到 o 时止,动程很窄,但有动程,口由合而稍开,注意区别单元音 o。

多 duō	国 guó	火 huǒ	卧 wò
捉摸 zhuōmō	着落 zhuóluò	火锅 huǒguō	落座 luòzuò

üe 发音由 ü 开始,舌位渐降到接近 ê 时止,动程较窄。

缺 quē	决 jué	雪 xuě	略 lüè
约略 yuēlüè	决裂 juéliè	喜悦 xǐyuè	血液 xuèyè

3)中响复韵母

中响复韵母由三个元音组成,韵头、韵腹、韵尾完整。发音时舌位由高向低滑动,再从低向高滑动。开头的元音轻短,中间的元音响亮清晰,收尾的元音模糊。

iao 发音由 i 开始,舌头后缩,舌位降低至后元音 a,再逐渐上升到接近 u 时停止,唇形逐渐拢圆。发音过程中,舌位先降后升,由前到后,曲折幅度大,曲折角度不大。

标 biāo	描 miáo	角 jiǎo	跳 tiào
逍遥 xiāoyáo	调料 tiáoliào	秒表 miǎobiǎo	吊桥 diàoqiáo

iou 发音由 i 开始,舌位降至央元音 o,再向 u 的方向滑动,到接近 u 时止,发音过程中,舌位先降后升,由前到后,呈小曲折形状,幅度不大,但曲折角度大。

优 yōu	牛 niú	酒 jiǔ	秀 xiù
悠久 yōujiǔ	求救 qiújiù	有酒 yǒujiǔ	舅舅 jiùjiu

uai 发音由 u 开始,舌位向前滑行至前低不圆唇元音 a,再向 i 的方向滑动升高,至接近 i 时止,舌位先降后升,由后到前,曲折幅度大,曲折角度不大。

摔 shuāi	怀 huái	拐 guǎi	坏 huài
乖乖 guāiguāi	怀揣 huáichuāi	徘徊 páihuái	外快 wàikuài

uei 发音由 u 开始，舌位向前向下滑行至前半高不圆唇元音 e，再向 i 的方向滑动升高，至接近 i 时止，舌位先降后升，由后到前，呈小曲折形状，幅度不大，但曲折角度大。

亏 kuī	垂 chuí	水 shuǐ	贵 guì
归队 guīduì	回味 huíwèi	尾随 wěisuí	荟萃 huìcuì

3. 鼻韵母

鼻韵母由元音和鼻辅音韵尾构成。发音时，由元音逐渐向鼻辅音过渡，鼻音色彩逐渐增加，舌位和唇形逐渐变化，元音和鼻辅音应读成一个整体。普通话中的鼻辅音只有-n 和-ng 两个，发音关键在于归音到位：-n 归音时，舌尖抵上齿龈，将声音归入鼻腔；-ng 归音时，舌尖下垂，舌根隆起，接触软腭，将声音归入鼻腔。

1）前鼻音韵母

发前鼻音时，整个动作注意力在舌面前部和口腔前部。从外形上看，前鼻韵母发音时，上下门齿是闭拢的。

an 发音由前元音 a 开始，舌尖抵下齿背，软腭上升，关闭鼻腔通路，然后舌尖离开下齿背，抵住上齿龈，同时软腭下垂，封闭口腔通路，打开鼻腔通路，发前鼻音-n。

贪 tān	然 rán	砍 kǎn	赞 zàn
干旱 gānhàn	难堪 nánkān	散漫 sǎnmàn	湛蓝 zhànlán

en 发音由央元音 e 开始，舌尖接触下齿背，软腭上升，关闭鼻腔通路，随即舌尖前伸抵住上齿龈，同时软腭下垂，封闭口腔通路，打开鼻腔通路，发前鼻音-n。

森 sēn	坟 fén	肯 kěn	恨 hèn
深圳 shēnzhèn	门诊 ménzhěn	粉尘 fěnchén	振奋 zhènfèn

in 发音由 i 开始，舌尖下垂抵下齿背，然后猛然上翘抵上齿龈，同时软腭下垂，封闭口腔通路，打开鼻腔通路，发前鼻音-n。发 in 时，上下齿始终合拢，口形不动，舌头不后移。

金 jīn	银 yín	敏 mǐn	殡 bìn
薪金 xīnjīn	贫民 pínmín	凛凛 lǐnlǐn	尽心 jìnxīn

ün 发音由 ü 开始，舌尖动作如 in，只是唇形由 ü 的圆唇逐步展开到前鼻音-n。

晕 yūn	寻 xún	允 yǔn	训 xùn
军训 jūnxùn	均匀 jūnyún	芸芸 yúnyún	驯服 xùnfú

ian 在 an 前增加一段由舌位 i 开始的发音动程，但 a 的实际发音舌位稍提高变成 ê。

烟 yān	咸 xián	检 jiǎn	练 liàn
天仙 tiānxiān	绵延 miányán	浅显 qiǎnxiǎn	见面 jiànmiàn

uan 在 an 前增加一段由舌位 u 开始的发音动程，动程幅度大，曲折角度不大。

端 duān	环 huán	晚 wǎn	算 suàn
酸软 suānruǎn	传唤 chuánhuàn	软缎 ruǎnduàn	万贯 wànguàn

üan 发音由 ü 开始，舌位向 a 滑动，降到 ê 开始升高，直到舌尖抵住上齿龈，发出前鼻音-n。

冤 yuān	悬 xuán	卷 juǎn	劝 quàn

涓涓 juānjuān	全权 quánquán	全选 quánxuǎn	劝谏 quànjiàn

uen 由 u 开始发音，向央元音 e 滑动，然后舌位升高，直到舌尖抵住上齿龈，发出前鼻音-n。

村 cūn	臀 tún	吻 wěn	顺 shùn
谆谆 zhūnzhūn	温存 wēncún	春笋 chūnsǔn	混沌 hùndùn

2）后鼻音韵母

发后鼻音时，整个动作注意力在舌根和口腔后部。从外形上看，后鼻韵母发音时，最后口形微开，上下门齿稍离开一点。

ang 发音由后 a 开始，口大开，舌尖离开下齿背，舌头后缩，软腭上升，关闭鼻腔通路，然后舌根上升，软腭下降，封闭口腔通路，打开鼻腔通路，发后鼻音-ng。

帮 bāng	房 fáng	赏 shǎng	让 ràng
商场 shāngchǎng	盲肠 mángcháng	脏腑 zàngfǔ	放荡 fàngdàng

eng 发音由央元音 e 开始，口形微开，舌尖离开下齿背，舌头后缩，软腭上升，关闭鼻腔通路，然后舌根上升，软腭下降，封闭口腔通路，打开鼻腔通路，发后鼻音-ng。

灯 dēng	冯 féng	捧 pěng	证 zhèng
声称 shēngchēng	承蒙 chéngméng	逞能 chěngnéng	更正 gēngzhèng

ing 发音由 i 开始，发完后舌尖立即向后直移，不要降低，这时舌根微升，软腭下降，封闭口腔通路，打开鼻腔通路，发后鼻音-ng。

丁 dīng	形 xíng	井 jǐng	硬 yìng
倾听 qīngtīng	零星 língxīng	秉性 bǐngxìng	命令 mìnglìng

ong 发音由 u（稍低）开始，舌尖离开下齿背，舌头后缩，软腭上升，关闭鼻腔通路，然后舌根微升，软腭下降，封闭口腔通路，打开鼻腔通路，发后鼻音-ng。

东 dōng	农 nóng	哄 hǒng	共 gòng
中东 zhōngdōng	红肿 hóngzhǒng	恐龙 kǒnglóng	动容 dòngróng

iang 在 ang 前增加一段由舌位 i 开始的发音动程。

枪 qiāng	羊 yáng	讲 jiǎng	样 yàng
相像 xiāngxiàng	粮饷 liángxiǎng	响亮 xiǎngliàng	向阳 xiàngyáng

uang 在 ang 前增加一段由舌位 u 开始的发音动程。

光 guāng	王 wáng	谎 huǎng	创 chuàng
双方 shuāngfāng	狂妄 kuángwàng	网状 wǎngzhuàng	状况 zhuàngkuàng

ueng 在 eng 前增加一段由舌位 u 开始的发音动程。ueng 只能自成音节，不能与任何辅音字母相拼。

翁 wēng	蓊 wěng	瓮 wèng
嗡嗡 wēngwēng	蓊郁 wěngyù	蕹菜 wèngcài

iong 在 ong 前增加一段由舌位 i 开始的发音动程。

拥 yōng	熊 xióng	炯 jiǒng	用 yòng

汹涌 xiōngyǒng　　熊熊 xióngxióng　　炯炯 jiǒngjiǒng　　佣金 yòngjīn

二、韵母难点音辨证解析

（一）前鼻音 an、en、in 与后鼻音 ang、eng、ing

普通话中前鼻音韵尾-n 和后鼻音韵尾-ng 归音位置完全不一样，分得很清楚，可是很多方言中却不能分辨这两组音，因此前后鼻音成了学习韵母的难点。实际上普通话里的前后鼻韵母绝大多数都是成对的，其中 an—ang、en—eng、in—ing 是最基础的三对，也是很多方言区，尤其是南方方言区最容易出现错误的三组音。

要学好这几组音，首先要过好发音关，准确掌握这几组音的发音要领，对此，我们前面已有详细描述，需要强调的是，发前鼻音 an、en、in 时，口腔中的收尾动作是舌尖抵住上齿龈，大致相当于声母 n 的位置；而发后鼻音 ang、eng、ing 时，口腔中的收尾动作是舌根后缩、上抬，韵尾的阻塞部位大致相当于声母 g 的发音位置。另外，发前鼻音 an、en、in 时，开口度小，上下门齿是闭拢的；发后鼻音 ang、eng、ing 时，开口度相对要大一些，上下门齿稍微离开一些。

掌握了前后鼻韵母的正确发音后，下一关就是正音关了，即记住普通话哪些字读前鼻音，哪些字读后鼻音。一般可用以下方法帮助辨别记忆。

（1）利用形声字偏旁类推：以 en—eng、in—ing 为例，记住了“辰”的韵母是前鼻音，便可以类推记住“晨、宸、娠、震、振、赈”等一批字的韵母均为前鼻韵母；记住了“正”的韵母是后鼻音，便可类推记住“征、整、证、症、政、怔”等一批字的韵母都是后鼻韵母。同样，记住了“今”的韵母是前鼻音，便可类推记住“矜、衿、妗、衾、琴、芩、吟”等一批字的韵母均为前鼻韵母；记住了“青”的韵母是后鼻音，便可类推记住“菁、睛、精、靖、静、清、蜻、情、晴、氰、请”等一批字的韵母都是后鼻韵母。

（2）利用普通话声韵配合规律分辨：根据《普通话声韵配合表》，可找到一些分辨前后鼻韵的规律，如 d、t、n、l 一般不与 en 相拼（“嫩、扽”除外）；d、t、n 一般不与 in 相拼（“您”除外）；s 与 en 相拼只有一个“森”字，与 eng 相拼只有“僧、鬙”，r 与 eng 相拼只有“仍、扔、礽”，其余均为 ren。

（3）记少不记多：《现代汉语常用字表》收录韵母为 en、eng、in、ing 的字共计 434 个，其中，韵母为 en、in 的字 171 个，韵母为 eng、ing 的字 263 个。我们可以利用偏旁类推、声韵配合的方式记住 en、in 声母字，这样 eng、ing 声母字自然就可辨析了。

三、韵母类推字表

（一）an 和 ang 偏旁类推字表

1. an 韵母

安—— ān 安、桉、鞍、氨，àn 案、按。

庵——ān 庵、鹌，ǎn 俺。

暗——ān 谙，àn 暗、黯。

般——bān 般、搬、瘢，pán 磐。

扮——bān 颁，bàn 扮，pàn 盼。

半——bàn 半、伴、拌、绊，pàn 叛、畔、判。

参——cān 参，cǎn 惨，sān 叁。

搀——chān 搀，chán 谗、馋。

单——dān 单（~独）、郸、殚，dǎn 掸，dàn 弹（子~）、惮，tán 弹（~琴），chán 蝉、禅、婵、单（~于），chǎn 阐，shàn 单（姓）。

旦——dān 担（~当），dǎn 胆，dàn 旦、但、担（~子），tǎn 坦、袒。

淡——dàn 淡、氮、啖，tán 谈、痰，tǎn 毯。

番——fān 番、翻、蕃，pān 潘，pán 蟠。

凡——fān 帆，fán 凡、矾。

反——fǎn 反、返，fàn 饭、贩、畈，bān 扳，bǎn 板、坂、版、舨。

甘——gān 甘、疳、柑、泔，hān 酣、蚶，hán 邯。

干——gān 干（~湿）、竿、杆，gǎn 赶，gàn 干（~劲），àn 岸，hān 鼾，hǎn 罕，hàn 旱、焊、捍、悍、汗，kān 刊。

敢——gǎn 橄，hān 憨，kàn 瞰。

感——gǎn 感，hǎn 喊，hàn 撼。

函——hán 函、涵、菡。

砍——kǎn 砍、坎、欿。

兰——lán 兰、拦、栏，làn 烂。

蓝——lán 蓝、褴，làn 滥。

阑——lán 阑、澜、斓、谰。

览——lǎn 览、揽、榄、缆。

瞒——mán 瞒，mǎn 满、螨。

曼——mán 馒、蔓（~菁）、鳗（~鲡）、谩（欺~），màn 曼、慢、漫、谩（~骂）、蔓（~草）、幔（“蔓”又念 wàn“藤蔓”）。

难——nán 难，nàn 难（~民），tān 滩、摊、瘫。

南——nán 南、楠、喃，nǎn 腩、蝻。

攀——pān 攀，pàn 襻。

冉——rán 髯、蚺，rǎn 冉、苒。

然——rán 然、燃。

山——shān 山、舢，shàn 汕、讪、疝，càn 灿。

扇——shān 煽，shàn 扇、骟。

善——shàn 善、膳、缮、蟮、鳝。

膻——shān 膻，shàn 擅、嬗，chàn 颤（~动），zhàn 颤（~栗），tán 檀。

珊——shān 珊、跚、删、姗。

覃——tán 覃、(~姓)、潭、谭、燂("覃姓"又读 qín)。

炭——tàn 炭、碳。

赞——zǎn 攒、趱,zàn 赞、瓒、濽。

占——zhān 占(~卜)、沾、粘、毡,zhàn 占(~领)、站、战。

詹——zhān 詹、谵、瞻,shàn 赡。

斩——zhǎn 斩、崭,zǎn 暂、錾,cán 惭。

展——zhǎn 展、辗、搌。

2. ang 韵母

邦——bāng 邦、帮、梆,bǎng 绑。

仓——cāng 仓、苍、舱、沧。

昌——chāng 菖、猖、娼、鲳,chàng 唱、倡。

长——chāng 伥,cháng 长(~短),chàng 怅。

场——cháng 肠、场(~院),chǎng 场(~地),chàng 畅,dàng 荡,shāng 殇、觞,tāng 汤,tàng 烫。

当——dāng 裆、铛,dǎng 挡,dàng 档。

方——fāng 方、芳、坊(牌~),fáng 防、妨、房、肪、坊(油~),fǎng 仿、访、纺、舫,fàng 放,páng 彷。

冈——gāng 冈、纲、钢、刚,gǎng 岗。

缸——gāng 缸、肛、扛(力能~鼎),gàng 杠,káng 扛(~枪)。

康——kāng 康、糠、慷。

亢——kāng 闶(~阆),kàng 亢(~奋)、炕、抗、伉,āng 肮,háng 杭、航、亢(引~高歌)。

狼——lāng 啷(~当),láng 狼、廊、榔、螂、琅、锒,lǎng 朗、烺,làng 浪、莨。

忙——máng 忙、芒、氓、盲、茫、铓。

莽——mǎng 莽、蟒、漭。

囊——náng 囊、馕,nǎng 攮,nàng 齉。

旁——pāng 滂、膀(~肿),páng 旁、膀(~胱)、磅(~礴)、螃、鳑,bǎng 榜、膀(肩~),bàng 镑、谤、镑、磅(~秤)。

嚷——rāng 嚷(~~),ráng 瓤,rǎng 嚷(叫~)、壤、攘。

桑——sāng 桑,sǎng 嗓、搡、磉。

尚——shǎng 赏,shàng 尚、绱,shang 裳,cháng 常、嫦,chǎng 敞,dǎng 党,táng 堂、螳、棠、膛,tǎng 淌、倘、躺,tàng 趟,zhǎng 掌。

上——shàng 上,ràng 让。

汤——tāng 汤,tàng 烫,dàng 荡。

唐——táng 唐、塘、搪、糖。

赃——zāng 赃、脏(肮~),zàng 脏(内~)。

章——zhāng 章、彰、樟、蟑,zhàng 障、瘴、嶂、幛。

丈——zhàng 丈、杖、仗。

(二)en 和 eng 偏旁类推字表

1. en 韵母

贲——bēn 贲，pēn 喷(~泉)，pèn 喷(~香)，fèn 愤。

本——běn 本、苯，bèn 笨。

参——cēn 参(~差)，shēn 参(人~)，shèn 渗。

辰——chén 辰、宸、晨，zhèn 振、震。

分——fēn 分(~析)、芬、吩、纷、氛、酚，fén 汾、棼，fěn 粉，fèn 分(水~)、份、忿，pén 盆。

艮——gēn 根、跟，gén 哏，gèn 艮(八卦之一)、茛，kěn 垦、恳，hén 痕，hěn 很、狠，hèn 恨。

肯——kěn 肯、啃。

门——mēn 闷(~热)，mén 门、扪、们(图~江)，mèn 闷(~~不乐)、焖，men 们(我~)。

壬——rén 壬、任(姓)，rěn 荏，rèn 任(~务)、饪、妊、衽。

刃——rěn 忍，rèn 刃、仞、纫、韧、轫。

申——shēn 申、伸、呻、绅、砷，shén 神，shěn 审、婶。

甚——shèn 甚、葚(桑~)，rèn 葚(桑~儿)，zhēn 斟。

珍——zhēn 珍，zhěn 诊、疹，chèn 趁。

真——zhēn 真，zhěn 缜，zhèn 镇，chēn 嗔，shèn 慎。

贞——zhēn 贞、侦、祯、桢、帧。

枕——zhěn 枕，zhèn 鸩，chén 忱，shěn 沈。

2. eng 韵母

曾——céng 曾(~经)、嶒，cèng 蹭，sēng 僧，zēng 曾(姓)、憎、增、缯，zèng 赠。

乘——chéng 乘(~法)，shèng 乘(史~)、剩、嵊。

呈——chéng 呈、程、酲，chěng 逞。

成——chéng 成、诚、城、盛(~东西)，shèng 盛(~会)。

丞——chéng 丞，zhēng 蒸，zhěng 拯。

登——dēng 登、灯、蹬，dèng 凳、澄(~清)、磴、镫、瞪，chéng 澄(~澈)。

风——fēng 风、枫、疯，fěng 讽。

奉——fèng 奉、俸，pěng 捧。

更——gēng 更(~正)，gěng 埂、绠、哽、梗、鲠，gèng 更(~加)。

庚——gēng 庚、赓。

亨——hēng 亨、哼，pēng 烹。

塄——léng 塄，lèng 愣、楞。

蒙——mēng 蒙(~骗)，méng 蒙(~蔽)、濛、檬、曚、曚、朦、艨，měng 蒙(~古)、蠓。

孟——měng 勐、猛、锰、蜢、艋，mèng 孟。

朋——péng 朋、棚、硼、鹏，bēng 崩、绷(~带)，běng 绷(~着脸)，bèng 蹦。

峰——fēng 峰、烽、锋、蜂，féng 逢、缝（~衣），fèng 缝（门~）。

彭——péng 彭、澎、膨。

生——shēng 生、牲、甥、笙，shèng 胜。

誊——téng 誊、腾、滕、藤。

正——zhēng 正（~月）、征、怔、症（~结），zhěng 整，zhèng 正（~负）、证、政、症，chéng 惩。

争——zhēng 争、挣（~扎）、峥、狰、睁、铮、筝，zhèng 诤、挣（~脱）。

（三）in 和 ing 偏旁类推字表

1. in 韵母

心——xīn 心、芯（灯~），xìn 芯（~子），qìn 沁。

今——jīn 今、衿、矜，jìn 妗，qīn 衾，qín 琴、芩，yín 吟。

斤——jīn 斤，jìn 近、靳，qín 芹，xīn 忻、昕、欣、新、薪。

民——mín 民、岷、珉、缗，mǐn 抿、泯。

因——yīn 因、洇、茵、姻、氤、铟。

阴——yīn 阴、荫（树~），yìn 荫（~凉）。

尽——jǐn 尽（~管），jìn 尽（~力）、浕、烬。

辛——xīn 辛、莘（~庄（地名））、锌。

林——lín 林、淋、琳、霖。

凛——lǐn 凛、廪、檩、澟。

侵——qīn 侵，qǐn 寝，qìn 浸。

宾——bīn 宾、傧、滨、缤、槟（~子）、镔，bìn 摈、殡、鬓，pín 嫔。

堇——jǐn 堇、谨、馑、瑾、槿，qín 勤，yín 鄞。

禽——qín 禽、擒、噙。

禁——jīn 禁（~受）、襟，jìn 禁（~止）、噤。

嶙——lín 嶙、粼、潾、遴、璘、辚、磷、鳞、麟。

2. ing 韵母

丁——dīng 丁、仃、疔、盯、钉（~子）酊（碘~），dǐng 顶、酊（酩~），dìng 订、钉（~扣子），tīng 厅、汀。

并——bǐng 饼、屏（~除），bìng 并、摒，píng 瓶、屏（~风）。

宁——níng 宁（安~）、拧（~绳子）、咛、狞、柠，nǐng 拧（~螺丝钉），nìng 宁（~可）、泞。

丙——bǐng 丙、炳、柄，bìng 病。

平——píng 平、评、苹、坪、枰、萍。

令——líng 伶、泠、苓、玲、瓴、铃、鸰、聆、蛉、翎、零、龄，lǐng 令（一~纸）、岭、领，lìng 令（命~）（“拎 līn、邻 lín”念前鼻音）。

名——míng 名、茗、铭，mǐng 酩。

廷——tíng 廷、庭、蜓、霆，tǐng 挺、梃、铤、艇。

形——xíng 形、刑、邢、型，jīng 荆。

京——jīng 京、惊、鲸，qián 黥。

定——dìng 定、锭、碇、腚。

英——yīng 英、媖、瑛、锳。

茎——jīng 茎、泾、经，jǐng 颈、刭，jìng 劲（~敌）、径、胫、痉，qīng 轻、氢（“劲”又念 jìn“干劲”）。

青——qīng 青、清、蜻、鲭，qíng 情、晴、氰，qǐng 请，jīng 菁、睛、精，jìng 靖、静。

冥——míng 冥、溟、暝、瞑、螟。

亭——tíng 亭、停、渟、葶、婷。

凌——líng 凌、陵、菱、绫。

竟——jìng 竟、境、镜。

营——yīng 莺，yíng 荧、莹、滢、萤、营、萦。

婴——yīng 婴、樱、嘤、缨、鹦、罂。

敬——jǐng 儆、警，jìng 敬，qíng 擎。

景——jǐng 景、憬，yǐng 影。

技能训练

示范音频

前后鼻韵母对比练习

1. 词语训练

1）单音节词语

an—ang	班——帮	担——当	蓝——狼	番——方
	饭——放	战——仗	产——厂	三——桑
en—eng	笨——蹦	盆——棚	门——盟	分——蜂
	根——耕	痕——横	森——僧	真——蒸
in—ing	彬——兵	贫——瓶	民——名	您——宁
	凛——岭	今——京	寝——请	信——姓

2）双音节词语

an—ang	黯然——盎然	板子——膀子	鳗鱼——忙于	饭店——放电
	烂漫——浪漫	赞颂——葬送	弹词——搪瓷	反问——访问
en—eng	陈旧——成就	深思——生丝	申明——声明	审视——省事
	亲生——轻声	市镇——市政	分化——风化	门面——蒙面
in—ing	信服——幸福	亲近——清净	金鱼——鲸鱼	红心——红星
	频繁——平凡	人民——人名	临时——零食	近况——境况

2. 句段训练

陈　芹：曾静在家吗？

曾　静：哟，是陈芹啊，快进来。

陈　芹：曾静，告诉你一个好消息，咱们班要出去春游啦！

曾　静：真的呀？我太高兴了！去哪儿春游啊？

陈　芹：看把你乐的，一说到春游你就来精神。听程老师说，咱们班要到长峰岭去春游。那里靠近清江，树林茂密，绿草青青，景色十分迷人。

曾　静：啊，我已经沉浸在幸福之中了！

3. 绕口令训练

潘判官与庞判官

黄山有座城隍庙，城隍庙里俩判官，左边是潘判官，右边是庞判官。不知是潘判官管庞判官，还是庞判官管潘判官。

陈和程

陈是陈，程是程，姓陈不能说成姓程，姓程也不能说成姓陈。禾旁是程，耳东是陈，程陈不分，就会认错人。

东洞庭　西洞庭

东洞庭，西洞庭，洞庭山上一根藤，青青藤条挂金铃。风吹藤动金铃响，风停藤定铃不鸣。

4. 古诗词训练

渡汉江

宋之问

岭外音书断，经冬复历春。
近乡情更怯，不敢问来人。

天净沙·秋思

马致远

枯藤老树昏鸦，小桥流水人家，古道西风瘦马。
夕阳西下，断肠人在天涯。

长相思

纳兰性德

山一程，水一程，身向榆关那畔行，夜深千帐灯。
风一更，雪一更，聒碎乡心梦不成，故园无此声。

项目 1.3　普通话声调发音训练

训练目标

（1）了解普通话声调的性质和作用，辨析声调调值对语调的影响，重视声调的学习。
（2）掌握普通话四个声调的调值和调类。
（3）找出自己的声调难点，分析发音要点并反复练习，达到准确发音。

知识内容

一、声调的性质和作用

汉语的音节，由声母、韵母、声调三个部分构成。声调就是音节中具有区别意义的音高变化。如“买 mǎi ”和“卖 mài”“中枢 zhōngshū”和“中暑 zhòngshǔ”，这些音节在口语中就是通过声调的变化来表示不同意义的。

二、声调的调值和调类

普通话声调可以从调值和调类两个方面来分析。

（一）调值

调值是指音节高低升降曲直变化的具体表现形式，是声调的实际读法，如图 1.3 所示，通常采用“五度标记法”描写声调的调值，即：将一条竖线分成四格五度，从下至上分别用数字 1~5 表示“低音、半低音、中音、半高音、高音”五度；在竖线左侧则用线条表示调值的高低、升降、曲折的变化，从左到右，表示调值的起止点，显示声调调值的基本形状。

普通话中阴平调值为 55，阳平调值为 35，上声调值为 214，去声调值为 51。

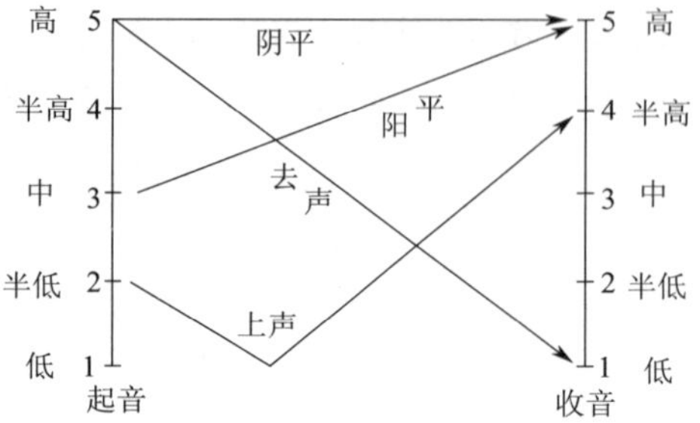

图 1.3　五度标记法

（二）调类

调类是声调的分类，是根据声调的基本调值归纳出来的。普通话有四种基本调值，就有四个调类，其名称分别为阴平、阳平、上声、去声，也可用序数表示为第一声、第二声、第三声、第四声，简称“四声”。具体见表 1.3。

表 1.3　普通话声调调值调类表

调值	调类	调号	调值说明	例字
55（高平）	阴平	—	起音高高一路平	风 fēng
35（中升）	阳平	/	由中到高人上升	调 tiáo
214（降升）	上声	V	低降然后再扬起	雨 yǔ
51（全降）	去声	\	高起猛降到底层	顺 shùn

三、声调的发音要领

普通话四种声调可以简单归结为一平、二升、三曲、四降。

1. 阴平

高平调，调值 55，发音时声带绷得最紧，高而平直，清晰响亮，始终保持 5 度发音，中间无明显升降变化。

搭 dā	坡 pō	遮 zhē	出 chū
灯光 dēngguāng	工伤 gōngshāng	书桌 shūzhuō	播音 bōyīn

2. 阳平

中升调，调值 35，发音时由中音滑升到高音，声带从不松不紧逐步绷紧，直至最紧。

达 dá	婆 pó	哲 zhé	除 chú
红旗 hóngqí	模型 móxíng	人才 réncái	石油 shíyóu

3. 上声

降升调，调值 214 或 2114，发音时声带略微紧张，然后立刻松弛下来并稍延长后迅速绷紧（没有绷到最紧）。其音长在四个音调最长，在读单音节词语，或者多音节词语和语句的末尾时，一定要注意将声调读完整。

打 dǎ	叵 pǒ	者 zhě	楚 chǔ
感想 gǎnxiǎng	选举 xuǎnjǔ	舞蹈 wǔdǎo	广场 guǎngchǎng

4. 去声

全降调，调值 51，发音时，声带从略微紧张开始，至完全松弛为止。其音长在四个音调中最短。

大 dà	破 pò	这 zhè	触 chù
岁月 suìyuè	浴室 yùshì	破例 pòlì	电话 diànhuà

技能训练

示范音频

声调对比练习

1. 词语训练

1）单音节词语

突——途——土——兔　威——为——伟——味

翻——凡——反——泛　知——直——纸——至

2）双音节词语

同调训练　青春　思乡　波涛　丰收　开关　包装　招生　帮凶

儿童　形成　隔离　联盟　黎明　弘扬　前途　竹林

彼此　品种　旅馆　感染　领导　雨伞　美好　选举

大厦　部队　宿舍　灌溉　内乱　利润　快乐　伴奏

异调训练　森林　非常　诙谐　观察　捐款　钢笔　阴影　欢喜

侵略　黑暗　希望　开放　国家　崇高　传说　航空

情感　拂晓　男女　寻找　明亮　童话　旋律　肥沃

普通　老乡　冶金　考生　主权　冷凝　谴责　保存

访问　广泛　窘迫　举例　诞生　乐章　簇新　立方

照明　未曾　拜年　历来　占领　背景　率领　剧本

3）四音节词语（单字调读，不连读）

四声同调	声东击西	糟糠之妻	卑躬屈膝	居安思危
	名存实亡	竭泽而渔	急于求成	文如其人
	岂有此理	永远友好	有板有眼	产品展览
	万籁俱寂	对症下药	背信弃义	面面俱到
四声顺序	光明磊落	千锤百炼	花红柳绿	兵强马壮
四声逆序	妙手回春	弄巧成拙	破釜沉舟	袖手旁观
四声交错	挥洒自如	言简意赅	海枯石烂	教学相长

2. 句段训练

享受幸福是需要学习的，当它即将来临的时刻需要提醒。人可以自然而然地学会感官的享乐，却无法天生地掌握幸福的韵律。灵魂的快意同器官的舒适像一对孪生兄弟，时而相傍相依，时而南辕北辙。

3. 绕口令训练

任命（阳平、去声）

任命是任命，人名是人名，任命人名不能错，错了人名，就下错了任命。

老史捞石（阴平、阳平、上声、去声）

老师老是叫老史去捞石，老史老是没有去捞石。老史老是骗老师。老师老是说老史不老实。

妈妈骑马（阴平、阳平、上声、去声）

妈妈骑马，马慢妈妈骂马；妞妞轰牛，牛拗妞妞拧牛；舅舅捉鸠，鸠飞舅舅揪鸠；姥姥喝酪，酪落姥姥捞酪。

4. 诗词训练

竹石

郑燮

咬定青山不放松，立根原在破岩中。
千磨万击还坚劲，任尔东西南北风。

劝学

颜真卿

三更灯火五更鸡，正是男儿读书时。
黑发不知勤学早，白首方悔读书迟。

金缕衣

无名氏

劝君莫惜金缕衣，劝君惜取少年时。
花开堪折直须折，莫待无花空折枝。

项目 1.4　普通话语流音变训练

训练目标

（1）了解普通话语流音变的含义及具体内容。

（2）熟练掌握上声的变调，“一”“不”的变调和语气词“啊”的音变规律，在实际语音环境中准确应用，并能在语流中正确运用。

（3）掌握轻声、儿化的发音要领，熟记轻声词，熟读儿化词。

（4）找出自己的音变难点，分析发音要点并反复练习，达到准确发音。

知识内容

在朗读和说话中，音节和音节之间有时会相互影响而导致音节发生语音变化，这种变化就叫语流音变。常见的语流音变有上声的变调、“一”“不”的变调、轻声、儿化和语气词“啊”的音变等。

一、声调变调

语流中的普通话因音节相互影响而产生音高变化，与单念时调值不同，这种变化叫作变调。

（一）上声的变调

普通话中上声的声调是214，它是一个降升调，在四个声调中音长最长，但只有在单念或者词末句尾时，上声才读原调，其他情况下上声都会发生变化，具体变调规律如下。

（1）上声在上声字（阴平、阳平、去声）前，变成半上，调值由214变成211。

上声+阴平　老师　首都　小说　普通　始终

上声+阳平　语言　小船　旅行　主持　改良

上声+去声　土地　晚饭　主见　感谢　老练

（2）上声在上声字前，变成阳平，调值由214变成35。

上声+上声　冷水　野草　水果　橄榄　友好

（3）上声在轻声字前，要看后面的轻声音节原来的声调：如果后面的轻声音节原来的声调不是上声，上声的调值由214变成21；如果后面的轻声音节原来的声调是上声，上声的调值由214变成35。

上声+原调为非上声的轻声　点心　脑袋　尾巴　枕头　打算

上声+原调为上声的轻声　晌午　老虎　打扫　手里　可以

4. 三个上声相连

（1）当词语的结构是单音节+双音节（“单双格”）时，开头的上声音节调值变为211，中音的上声音节调值变成35。

小组长　老首长　纸老虎　炒米粉　冷处理

（2）当词语的结构是双音节+单音节（“双单格”）时，开头和中间的上声音节调值都变成35。

展览馆　水彩笔　洗脸水　总统府　手写体

（二）“一”“不”的变调

1.“一”的音变规律

“一”的本调是阴平，调值为55，“一”在表示序数、单念、词末、句尾时都念本调。如“一、二、三”“第一”等。

（1）“一”在去声前变成阳平，调值为 35。

“一”+去声　一万　一片　一架　一个　一样

（2）“一”在非去声（阴平、阳平、上声）前变成去声，调值为 51。

“一”+阴平　一般　一些　一生　一瞥　一家

“一”+阳平　一同　一条　一年　一排　一如

“一”+上声　一笔　一起　一碗　一尺　一缕

（3）“一”夹在重叠词中间念轻声。

说一说　学一学　想一想　看一看　试一试

2.“不”的音变规律

“不”的本调是去声，调值为 51。“不”在单念、词末、句尾时都念本调。如“不”“偏不”等。

（1）“不”在去声前变成阳平，调值为 35。

“不”+去声　不对　不会　不便　不必　不测

（2）“不”在非去声（阴平、阳平、上声）前不变调，调值仍然为 51。

“不”+阴平　不多　不高　不知　不堪　不安

“不”+阳平　不成　不直　不然　不符　不如

“不”+上声　不少　不好　不朽　不齿　不巧

（3）“不”夹在词语中间读轻声。

差不多　行不行　去不去　用不着　挡不住

以上“一”“不”音变规律，可归纳为表 1.4。

表 1.4　“一”“不”的音变规律表

位置	一	不
单念、词末、句尾	阴平	去声
在阴平、阳平、上声前（非去声）	去声	去声
在去声前	阳平	阳平

二、轻声

（一）轻声的概念

普通话的每一个音节都有它自己独立的声调，可是在词语或句子中，有些音节会失去原有的声调而读成一个又轻又短的调子，这种现象就叫轻声。

轻声并不是四声之外的第五种声调，而是四声的一种特殊音变，其发音特点是：音长短，音高不固定，常常随着前一个音节的音高变化，大致情况如下。

在阴平后为半低调（2 度）　桌子　他的　哥哥　跟头　称呼

在阳平后为中调（3 度）　瓶子　红的　婆婆　石头　合同

在上声后为半高调（4度）	椅子	我的	姐姐	枕头	嘱咐
在去声后为低调（1度）	凳子	坏的	弟弟	木头	漂亮

（二）轻声的作用

1. 轻声有区别词义的作用

兄弟 xiōngdì（哥哥和弟弟）——兄弟 xiōngdi（弟弟）

东西 dōngxī（东、西方向）——东西 dōngxi（物件）

运气 yùnqì（武术、气功的一种练身方法）——运气 yùnqi（幸运）

2. 轻声有区别词性的作用

言语 yányǔ（名词，指所说的话）——言语 yányu（动词，开口、招呼）

大意 dàyì（名词，主要的意思）——大意 dàyi（形容词，疏忽、不注意）

地道 dìdào（名词，地下的通道）——地道 dìdao（形容词，真正的、纯粹的）

（三）轻声的音变规律

（1）普通话多数轻声同词汇、语法有密切联系，一般来说下列一些成分都应该读作轻声，即有规律的轻声词。

①语气助词“吗、呢、啊、吧”等。

是吗 shìma　　他呢 tāne　　看啊 kànna　　走吧 zǒuba

②助词“的、地、得、着、了、过”。

忙着 mángzhe　　来了 láile　　看过 kànguo　　我的 wǒde

勇敢地 yǒnggǎnde　　好得很 hǎodehěn

③名词的后缀“子、头”及表多数的“们”。

桌子 zhuōzi　　椅子 yǐzi　　木头 mùtou　　石头 shítou

你们 nǐmen　　朋友们 péngyoumen

④名词后的方位词。

墙上 qiángshang　　地下 dìxia　　河里 héli　　那边 nàbian

⑤表示趋向的动词。

出来 chūlai　　进去 jìnqu　　站起来 zhànqǐlai　　说下去 shuōxiàqu

⑥重叠式的名词、动词的第二个音节。

奶奶 nǎinai　　弟弟 dìdi　　听听 tīngting　　跳跳 tiàotiao

（2）某些常用的双音节词的第二个音节习惯上读轻声，即无规律的轻声词。

明白 míngbai　　暖和 nuǎnhuo　　萝卜 luóbo　　玻璃 bōli

知道 zhīdao　　事情 shìqing　　衣服 yīfu　　眼睛 yǎnjing

无语法规律可循的轻声词，需要我们一个一个积累记忆，尝试将相同特征的轻声词归并到一起，则能更有效地记忆，如：以“家”结尾的轻声词“人家、冤家、亲家、东家、婆家、娘家”；以“夫”结尾的轻声词“姐夫、大夫、丈夫、功夫、工夫”等。

三、儿化

（一）儿化的概念

普通话里，韵母 er 不能与声母相拼，只能自成音节，形成“儿、而、尔、耳、迩、饵、二、贰”等几个常用字，但它可以跟前面音节的韵母结合起来，使这个韵母变成一种具有特殊音色的卷舌韵母，这种现象就叫儿化。儿化后的韵母就叫儿化韵。

儿化韵的“儿”不是一个单独的音节，而是在一个音节的末尾附加的卷舌动作。如“小孩儿 xiǎohár”中的“孩”和 er 结合成一个音节，“小孩儿”虽然是三个字，却只有两个音节。因此，“儿”是指卷舌动作，“化”是指卷舌动作应自然地融化在前一个音节上。

（二）儿化的作用

儿化韵不是单纯的语音现象，它和词汇、语法、修辞都有关系。从词汇、语法方面说，儿化韵有区别词义、确定词性的作用。

画 huà（动词）——画儿 huàr（名词）　　活（形容词）huó——活儿 huór（名词）

盖 gài（动词）——盖儿 gàir（名词）　　尖 jiān（形容词）——尖儿 jiānr（名词）

眼 yǎn（眼睛）——眼儿 yǎnr（窟窿）　　信 xìn（书信）——信儿 xìnr（口信、消息）

头 tóu（脑袋）——头儿 tóur（领头的人、事情的开端）

从修辞方面看，儿化韵一般表示细小可爱和亲切喜爱的感情色彩。

门缝儿 ménfèngr　　细丝儿 xìsīr　　小鱼儿 xiǎoyúr　　鲜花儿 xiānhuār

（三）儿化的音变规律

（1）韵母末尾音素是元音 ɑ、o、e、ê 、u 的，儿化时原韵母不变，直接卷舌。

豆芽儿 dòuyár　　山坡儿 shānpōr　　这儿 zhèr　　台阶儿 táijiēr

水珠儿 shuǐzhūr　　干活儿 gànhóur　　小狗儿 xiǎogǒur

（2）韵母主要元音是 i、ü 的，儿化时在原韵母后面加 er。

小鸡儿 jīr → jiēr　　马驹儿 jūr → juēr　　毛驴儿 lǘr → lüér　　鱼儿 yúr → yuér

（3）韵母是-i（前）、-i（后）的，儿化时去掉韵母加 er。

树枝儿 zhīr → zhēr　　没事儿 shìr → shèr　　细丝儿 sīr → sēr　　鱼刺儿 cìr → cèr

（4）韵母的韵尾是-i、-n（in、ün 除外）的，儿化时丢掉韵尾，在主要元音上加卷舌动作。

小孩儿 háir → hár　　香味儿 wèir → wèr

拐弯儿 wānr → wār　　唱本儿 běnr → běr

（5）韵母的韵尾是-ng（ing 除外）的，儿化时丢掉韵尾，将主要元音鼻化“~”的同时加卷舌动作。

蛋黄儿 huángr → huár　　相框儿 kuàngr → kuàr

板凳儿 dèngr → dèr　　小虫儿 chóngr → chór

（6）韵母是 in、ün 的，儿化时丢掉韵尾加 er；韵母是 ing 的，儿化时丢掉韵尾加 er，再将主要元音鼻化“~”。

手印儿 yìnr → yièr　　花裙儿 qúnr → quér

电影儿 yǐngr → yiěr　　　　火星儿 xīngr → xiēr

四、语气词“啊”的音变

语气词“啊”是零声母音节。在语流中，用在词末句尾的“啊 a”常常会受它前面音节的末尾音素的影响而产生变化，这种读音变化是有一定的规律的。

（1）“啊”前音节末尾音素是 a、o（除韵母 ao、iao 外）、e、ê、i、ü 时，a 变读为 ya，“啊”写作“啊”或“呀”。

那是我的家啊（jiāya）！　　　　怎么不早说啊（shuōya）！

这是什么车啊（chēya）！　　　　你要好好写啊（xiěya）！

千万要注意啊（yìya）！　　　　好大一条鱼啊（yúya）！

（2）“啊”前音节末尾音素是 u（包括韵母 ao、iao）时，变读为 ua，“啊”写作“啊”或“哇”。

就是这本书啊（shūwa）！　　　　您在哪儿住啊（zhùwa）！

真是好笑啊（xiàowa）！　　　　一栋高楼啊（lóuwa）！

大家都来跳啊（tiàowa）！　　　　真是会取巧啊（qiǎowa）！

（3）“啊”前音节末尾音素是-n 时，变读为 na，“啊”写作“啊”或“哪”。

真是为难啊（nánna）！　　　　伟大的母亲啊（qīnna）！

看得真准啊（zhǔnna）！　　　　书包真沉啊（chénna）！

（4）“啊”前音节末尾音素是-ng 时，变读为 nga，“啊”仍写作“啊”。

请您帮忙啊（mángnga）！　　　　音乐真好听啊（tīngnga）！

需要公证啊（zhèngnga）！　　　　一点都没用啊（yòngnga）！

（5）“啊”前音节是-i（后）时，变读为 ra，“啊”仍写作“啊”。

这病真难治啊（zhìra）！　　　　这也叫诗啊（shīra）?

可不能太迟啊（chíra）！　　　　这里多好玩儿啊（wánrra）！

（6）“啊”前音节是-i（前）时，变读为[za]，“啊”仍写作“啊”。

原来你真不识字啊（zì[za]）！　　　　去过寒山寺啊（sì[za]）！

这是第几次啊（cì[za]）?　　　　注意花上刺啊（cì[za]）！

以上语气词“啊”的音变规律，可归纳为表 1.5。

表 1.5 “啊”的音变情况表

“啊”前面音节的韵母	“啊”前面音节末尾的音素	“啊”的音变	汉字写法
a ia ua o uo e ie üe	a o e ê	ya	呀
i ai uai ei uei ü	i ü	ya	呀
u ou iou ao iao	u	wa	哇
an ian uan üan en in uen ün	n	na	哪
ang iang uang eng ing ueng ong iong	ng	nga	啊

续表

“啊”前面音节的韵母	“啊”前面音节末尾的音素	“啊”的音变	汉字写法
-i　er	-i(后)er	ra	啊
-i	-i(前)	[za]	啊

技能训练

示范音频

一、声调变调训练

(一)词语训练

1. 上声的训练

双音节词语	指标	普通	老师	小说
	版图	美容	导游	好人
	炒菜	奶酪	法制	感谢
	手掌	采取	恼火	窈窕
三音节词语	选举法	蒙古语	展览馆	母女俩
	纸老虎	冷处理	老保守	小拇指
四音节词语	采访厂长	产品展览	满口讨好	板起脸孔
	整理讲稿	五匹好马	美好场景	准保可口

2.“一”“不”的训练

双音节词语	一家	一杯	一锅	一支
	一旁	一层	一丛	一头
	一起	一手	一眼	一点
	一律	一片	一致	一共
	不听	不甘	不高	不知
	不行	不求	不回	不急
	不想	不美	不悔	不可
	不愿	不忘	不适	不屑
三音节词语	走一走	瞧一瞧	尝一尝	放一放
	点不着	来不及	了不起	死不了
四音节词语	一板一眼	一草一木	一老一少	一丝一毫
	不偏不倚	不伦不类	不折不扣	不痛不痒

(二)句段训练

你厂产品很好,我想请柳组长给我打九把铁锁。

想一想，那一年的一月一日，我们一块儿去一楼演讲厅开了一次难忘的联欢会。

没有一片绿叶，没有一缕炊烟，没有一粒泥土，没有一丝花香，只有水的世界，云的海洋。一阵台风袭过，一只孤单的小鸟无家可归，落到被卷到洋里的木板上，乘流而下，姗姗而来，近了，近了！

（三）绕口令训练

鲁组长和李组长

五组有个小组长姓鲁，九组有个小组长姓李。鲁组长比李组长小，李组长比鲁组长老。比李组长小的鲁组长有个表姐比李组长老，比鲁组长老的李组长有个表姐比鲁组长小。请你想一想，是鲁组长老还是鲁组长的表姐老？是李组长小还是李组长的表姐小？

一个老僧

一个老僧一本经，一句一行念得清。不是老僧爱念经，不会念经当不了僧。

不怕不会

不怕不会，就怕不学，一回不会，再来一回，一天一回，不信不会。

（四）古诗词训练

出塞

王之涣

黄河远上白云间，一片孤城万仞山。
羌笛何须怨杨柳，春风不度玉门关。

咏柳

贺知章

碧玉妆成一树高，万条垂下绿丝绦。
不知细叶谁裁出，二月春风似剪刀。

大林寺桃花

白居易

人间四月芳菲尽，山寺桃花始盛开。
长恨春归无觅处，不知转入此中来。

示范音频

二、轻声的发音训练

（一）词语训练

单音节词语	烧吧	开了	村子	穿上
	绳子	馒头	朋友	留下
	水呢	你们	晓得	起来
	罐头	厚道	木匠	漂亮
三音节词语	真窝囊	胡萝卜	不在乎	别张罗
	打官司	长见识	不明白	闹别扭
四音节词语	心里舒坦	出去溜达	为人厚道	没有意思

打个比方　　怎么称呼　　凑合过吧　　不识抬举

(二)句段训练

对于电器我们一点儿也不熟悉,请你给我们介绍介绍,当当参谋,好吗?

困难喜欢交朋友,它总是挡在你面前,试试你的勇气和力量,如果你不躲开它,它就会给你越来越多的知识和胆量。朋友们,勇敢地去面对困难吧!

燕子去了,有再来的时候;杨柳枯了,有再青的时候;桃花谢了,有再开的时候。但是,聪明的你告诉我,我们的日子为什么一去不复返呢?——是有人偷了他们罢:那是谁?又藏在何处呢?是他们自己逃走了罢:现在又到了哪里呢?

(三)绕口令训练

姥姥和老姥姥

老姥姥问姥姥,姥姥老问老姥姥;麻妈妈问妈妈,妈妈老问麻妈妈。

练功夫

小时有工夫,不肯练功夫;大时没工夫,做事却马虎。我们正年少,要下工夫练功夫,练成好功夫,方能不失误。

日头、石头、舌头和手指头

天上有个日头,地下有块石头,嘴里有个舌头,手上有五个手指头。不管是天上的热日头、地下的硬石头、嘴里的软舌头、手上的手指头,还是热日头、硬石头、软舌头、手指头,反正都是练舌头。

(四)古诗词训练

约客

赵师秀

黄梅时节家家雨,青草池塘处处蛙。
有约不来过夜半,闲敲棋子落灯花。

清明

杜牧

清明时节雨纷纷,路上行人欲断魂。
借问酒家何处有,牧童遥指杏花村。

春夜喜雨

杜甫

好雨知时节,当春乃发生。
随风潜入夜,润物细无声。
野径云俱黑,江船火独明。
晓看红湿处,花重锦官城。

三、儿化的发音训练

示范音频

（一）词语训练

单音节词语	圈儿	庄儿	猴儿	门儿
	子儿	脸儿	这儿	把儿
双音节词语	花瓶儿	聊天儿	脚印儿	大伙儿
	玩儿命	找碴儿	份儿饭	抓阄儿
三音节词语	高跟儿鞋	萝卜丝儿	小两口儿	下巴颏儿
	花生仁儿	蓝墨水儿	赶时髦儿	豆腐脑儿
四音节词语	叔叔大婶儿	时装模特儿	满口京味儿	电话号码儿
	拼命加塞儿	什么玩意儿	想看电影儿	下碗面条儿

（二）句段训练

这街边儿一溜儿服装货摊儿，你不想去挑几件儿？说不定有你想买的带花边儿的背心儿。

院儿里，有俩老头儿正抽着烟卷儿聊天儿，旁边儿有几个小孩儿推着玩具三轮儿车正在玩儿。

菜摊儿上的菜可多了，有小葱儿、土豆儿、椿芽儿、豆角儿和豆腐干儿。

（三）绕口令训练

小耗子

小耗子，趴缸沿儿，拿小瓢，挖白面儿，倒香油，上不去罐儿，抓咸盐，打不开盖儿，想吃烙饼做不成，气得耗子吞干面儿。

练字音儿

进了门儿，倒杯水儿，喝了两口运运气儿，顺手儿拿起小唱本儿，唱一曲儿又一曲儿，练完了嗓子我练嘴皮儿，绕口令儿，练字音儿，还有单弦儿牌子曲儿，小快板儿，大鼓词儿，越说越唱我越带劲儿。

有个小孩儿叫小兰

有个小孩儿叫小兰，挑着水桶上庙台儿，摔了个跟头拣了一个钱儿。又打醋，又买盐，还买了一个小饭碗儿。小饭碗儿，真好玩儿，没有边儿，没有沿儿，中间儿有个小红点儿。

（四）古诗词训练

秋词

刘禹锡

自古逢秋悲寂寥，我言秋日胜春朝。

晴空一鹤排云上，便引诗情到碧霄。

秋思

张籍

洛阳城里见秋风，欲作家书意万重。

复恐匆匆说不尽，行人临发又开封。

枫桥夜泊

张继

月落乌啼霜满天，江枫渔火对愁眠。
姑苏城外寒山寺，夜半钟声到客船。

示范音频

四、语气词“啊”的音变训练

（一）词语训练

单音节词语	去啊	儿啊	笑啊	行啊
	做啊	他啊	好啊	冲啊
双音节词语	学习啊	波涛啊	真倔啊	幸福啊
	彼此啊	真悬啊	不成啊	好事啊
三音节词语	有感情啊	多自私啊	好老师啊	亲骨肉啊
	真倒霉啊	不该死啊	没有用啊	不简单啊
四音节词语	宏伟目标啊	上等陶瓷啊	可别太迟啊	有借有还啊
	为你着想啊	多加小心啊	英雄壮举啊	可得挺住啊

（二）句段训练

你看这些孩子啊，他们又是唱啊，又是跳啊，又是作诗啊，又是吟诵啊，又是画图画啊，又是剪纸啊，他们多幸福啊！

桂林的山真奇啊，一座座拔地而起，各不相连；桂林的山真秀啊，像翠绿的屏障，像新生的竹笋；桂林的山真险啊，危峰兀立，怪石嶙峋，好像一不小心就会栽倒下来。

清晨，当第一束阳光射进舷窗时，它便敞开美丽的歌喉，唱啊唱，嘤嘤有韵，宛如春水淙淙……是啊，我们有自己的祖国，小鸟也有它的归宿，人和动物都是一样啊，哪儿也不如故乡好！

（三）绕口令训练

鸡鸭猫狗

鸡啊、鸭啊、猫啊、狗啊，一块儿在院里叫啊！牛啊、羊啊、马啊、骡啊，一块儿在地里忙啊！狼啊、虎啊、鹿啊、豹啊，一块儿在山里跑啊！兔啊、鼠啊、虫啊、鸟啊，一块儿上窗台儿闹啊！

张果老

你是谁啊？我是张果老啊！你怎么不进来啊？我怕被狗咬啊！你兜儿里装的什么啊？装的大红枣啊！你怎么不吃啊？我怕牙会酸啊！胳肢窝里夹着什么啊？一件破棉袄啊！你怎么不穿啊？我怕虱子咬啊！怎么不叫你老伴儿给你捉捉啊？老伴儿早死了啊！你怎么不哭啊？盆儿啊，罐儿啊！我的亲老伴儿啊！

(四)古诗词训练

江雪

柳宗元

千山鸟飞绝,万径人踪灭。
孤舟蓑笠翁,独钓寒江雪。

别董大

高适

千里黄云白日曛,北风吹雁雪纷纷。
莫愁前路无知己,天下谁人不识君?

雪梅

卢钺

梅雪争春未肯降,骚人阁笔费评章。
梅须逊雪三分白,雪却输梅一段香。

模块2　普通话朗读短文训练

模块导读

所谓朗读，就是把文字语言转化为有声语言，并赋予一定情感色彩的基于文字作品的再创作。在日常生活中，我们常常会读课文、读讲稿、读报刊，以及读通知和会议的决议等等，这些都是朗读，是我们不可或缺的一项功夫。随着朗读活动的横向推广和纵深发展，大众朗读水平不断提高，"见字发声"的狭隘理解已逐步被摒弃，越来越多的人认识到朗读还是一种传情达意、言志传神的传播方式。通过朗读，我们不仅要领会主要内容，还要在情感上受到感染，艺术上得到熏陶。这就要求我们系统学习相关技巧和方法，循序渐进地训练，以切实提高我们朗读创作的水准。

本模块强调了训练内容的序列化、模块化，主要从朗读短文的要求、基本技巧、常见问题及解决策略、作品范例解析几个方面进行讲解和训练。学习者应整体把握学习方法、研练技巧，以恰如其分地表情达意为最终追求；通过有序有效的训练，提升朗读水平，感受恰到好处的朗读带给人的精神愉悦，进而更精细地锤炼有声语言表达技巧，爱上有声语言表达这门艺术。

模块目标

（1）树立正确的朗读观念。

（2）掌握基本的朗读技巧。

（3）通过训练，能较完整、自如地进行短文朗读。

项目 2.1　朗读短文的基本要求及练习建议

训练目标

（1）了解朗读作品训练的基本流程和要求。

（2）朗读练习的建议。

知识内容

一、朗读概说

《现代汉语词典》把朗读解释为“清晰响亮地把文章念出来”，简单明了、通俗易懂。这种解释更能体现普通话水平测试中朗读的特点，“清晰响亮”要求朗读者读音准确、规范、清晰，“念出来”就是通过“读”来传情达意。普通话水平测试中，我们在读音准确、规范、清晰的前提下，或可进一步追求深入领会基础之上的风格美、意境美、韵律美，以为今后朗诵水平的提升打下基础。

朗读短文测试是从《普通话水平测试用朗读作品》中抽取一篇。要求应试者用普通话准确清晰地读出，以检测应试者使用普通话朗读书面作品的水平。朗读短文是对应试者普通话运用能力的一种综合检测，除了测查朗读过程中声母、韵母、声调读音标准程度之外，重点还要检测语流音变、停连、语调以及朗读的流畅程度。

朗读测试从 50 篇短文中抽签选定，评分以朗读作品的前 400 个音节（作品中“//”前面的音节）为限。该项测试共 30 分，限时 4 分钟内完成。测试时主要从如下几方面来评判。

（1）语音的标准度，每错读、漏读或增读一个音节扣 0.1 分。（注意不要回读）

（2）声母或韵母的系统性语音缺陷，视程度扣 0.5 分，1 分。

（3）语调偏误，视程度扣 0.5 分，1 分，2 分。（注意词的轻重格式、轻声、音变、字调、句调等问题，勿唱念，勿机械地读）

（4）停连不当，视程度扣 0.5 分，1 分，2 分。

（5）朗读的流畅度。视程度扣 0.5 分，1 分，2 分。（不流畅包括语流生涩、磕绊以及回读等。建议语速适当，音量适中，适当注意朗读技巧）

（6）超时扣 1 分。

二、朗读基本要求

朗读是将书面语言转化为有声语言的一种再创作活动，是朗读者在理解作品的基础上，用自己的语言再塑形象，反映生活，说明道理，再现作者思想感情的再创作过程。在一般朗读活动中，决定朗读者水平、朗读效果的因素是多方面的，但最基本的要求是准确、流畅、有感情。从普通话水平测试朗读短文项设置的六个评分项来看，准确、流畅尤为重要。在此基础上，只要朗读者掌握并自如运用表达技巧，朗读就能气韵生动，格外吸引人。

朗读训练时，我们一般可以按照划分层次、概括主题、联系背景、明确目的、分清主次、把握基调这样的流程来进行准备工作。万不可拿到文章就开始读，以免疏漏细节、错误领会主题，无法将朗读者的情感脉络与作者的文脉恰切地贴合，进而影响表达。

三、朗读练习建议

好的朗读需要"声音、技巧和运用"的综合加成。我们可适当学习发声技巧，运用好气息和腔体共鸣，找到自己最舒适、最好听的音高区域，学习字正腔圆地吐字，还要掌握恰当的表达技巧，并将其综合运用到实践中去。除了苦练基本功之外，一定要多听、多分析、多模仿。建议学习者要经常给自己录音，多分析自己的声音及表达，只有找到问题，才有可能解决问题。

项目2.2　朗读短文技巧训练

训练目标

(1)朗读短文基本技巧的训练。

(2)朗读基本技巧训练。

知识内容

一、重音

朗读的内容大多是文学作品，它是由众多的词、短语连成的。这些词、短语在表露某种思想感情、达到某种具体目的的时候，不可能是同等重要的，总是有的重要些，有的次要些。那些重要的词或短语，甚至是音节，必然要通过声音的形式显示出它的重要性及重要程度，我们把这些最重要的词、短语、音节，或者是在朗读时需要强调或突出的词、短语、音节，叫重音。其特点主要是加以强调，可用弱中加强重读法、实中有虚轻读法、张弛快慢变化法、停连得当顿挫法或延长时间等方法来起到强调的作用。

重音可以分为词重音和句重音两类。

（一）词重音

1. 双音节

中·重格式	电视	水渠	伟大	推广	地震
重·中格式	顾虑	光荣	正确	善良	情况
重·次轻格式	战士	太阳	气质	父亲	抽屉
重·最轻格式	桌子	石头	钥匙	月亮	漂亮

2. 三音节

中·次轻·重格式	幼儿园	交响乐	交谊舞	教育法
中·重·轻格式	小伙子	胡萝卜	老人家	老先生

3. 四音节

中·次轻·中·重格式	语重心长	无可奈何	大显身手	目不转睛

（二）句重音

一句话中加以强调的词或短语，可分为如下几种。

1. 语法重音

语法重音是根据句子的语法结构而确定的重音。语法重音有一定规律性，在句中的位置比较固定。比如句中的谓语动词、修饰限制成分、数量短语、疑问代词、指示代词等，一般要重读。疑问代词大多要重读。

（1）在逃去如飞的日子里，在千门万户的世界里的我能做些什么呢？（作品 3 号）

（2）为什么这个地带会成为华夏文明最先进的地区？（作品 15 号）

（3）“怎么不珍惜呀？我每走一步，都想半天。”我不服气地说。（作品 28 号）

例（3）疑问代词加否定，是“我”不服气的情绪的着重体现。

下面例句中的“什么”“谁”不表示疑问，不重读。例（1）的重音在“没有”，其他三句中，常规重音在“什么”后面的部分，“令人快乐的事情”、“猎物”和“东西”。

（1）公众的情感也渐渐进入高潮。潮在涨。没有谁能控制住它。（作品 20 号）

（2）失败虽然不是什么令人快乐的事情，但也绝不应该因此气馁。（作品 4 号）

（3）突然，狗放慢脚步，蹑足前行，好像嗅到了前边有什么猎物。（作品 22 号）

（4）可是，事与愿违，投下去的第一年，一直到秋凉落叶，水面上也没有出现什么东西。（作品 25 号）

2. 强调重音

强调重音是为了某种特殊的表达需要而确定的重音，常根据具体的语境来确定。强调重音，没有确定的位置及规律，常由说话人根据具体的语境和表情达意的需要来确定。

“我知道你懂英语。”（别人不一定知道）

"我知道你懂英语。"（你瞒不住我）

"我知道你懂英语。"（别人懂不懂我不清楚）

"我知道你懂英语。" （你怎么说不懂呢）

"我知道你懂英语。" （我不知道你还懂俄语呢）

1）表示对比、呼应的词语一般加以强调

"我给你计算过，你三分之二的棋子是在前三分之一的时间内丢失的。"…… "后三分之二的时间，你又犯了相反的错误：对棋子过于珍惜，每走一步，都思前想后，患得患失，一个棋也不想失，结果一个一个都失去了。"（作品 28 号）

草屋被几级石梯托得高高的，屋下俯瞰着一湾河水，屋前顺山势辟出了一片空地，算是院落吧！（作品 29 号）

……但是实际上在浩瀚的宇宙面前，我仅像一粒尘埃。（作品 33 号）

画面上的这些人，有的不到一寸，有的甚至只有黄豆那么大。（作品 39 号）

2）表示比喻、夸张等的词语常常重读

最早出现的启明星……活像一盏悬挂在高空的明灯。（作品 13 号）

忽然，从附近一棵树上飞下一只黑胸脯的老麻雀，像一颗石子似的落到狗的跟前。（作品 22 号）

两面奇峰对峙着，满山峰都是奇形怪状的老松，年纪怕都有上千岁了，颜色竟那么浓，浓得好像要流下来似的。（作品 32 号）

到处都是绿，目之所及，那片淡而光润的绿色都在轻轻地颤动，仿佛要流入空中与心中似的。（作品 48 号）

3）揭示逻辑关系的关联词也常重读

他发现此类书籍很少，记述简略且多有相互矛盾之处，于是他立下雄心壮志，要走遍天下，亲自考察。（作品 43 号）

这个创造性的设计，不但节约了石料，减轻了桥身的重量，而且在河水暴涨的时候，还可以增加桥洞的过水量，减轻河水对桥身的冲击。（作品 47 号）

比如，散落在田间、路边及草丛中的塑料餐盒，一旦被牲畜吞食，就会危及健康甚至导致死亡。（作品 50 号）

二、停顿

停顿是朗读中语流的间歇。朗读时，在层次之间、段落之间、小层次之间、语句之间、短语之间甚至词之间，都可能出现声音的中断。语言中的停顿不单是人们生理上换气的需要，也是显示文章语意、表达感情的重要方法。

（一）结构停顿

结构停顿又称语法停顿，是指由句子间语法关系而确定的停顿。如句中主谓之间，述宾之间，修饰语与中心词之间，还有分句之间，句子之间，层次段落之间的停顿等。停顿的时间长短不一，一般来说，段间停顿要长一些，句间停顿要短一点，句子内部成分间则更短。标点符号是朗读中停连安排的重要参考，停顿时长大致是：顿号<逗号<分号、冒号<句号、问号、感叹号、破折号、省略号。

（1）去过故宫大修现场的人，就会发现/这里和外面工地的劳作景象/有个明显的区别：这里/没有起重机，建筑材料/都是以手推车的形式/送往工地，遇到人力无法运送的木料时，工人们会使用/百年不变的工具——滑轮组。（作品 5 号）

“发现”的是“这里和外面工地的劳作景象”的“区别”，“工人们”将使用的工具是“滑轮组”，“滑轮组”有个特点是“百年不变”。

（2）几千年来，劳动人民注意了/草木枯荣、候鸟去来等自然现象/同气候的关系，据以安排农事。（作品 6 号）

“劳动人民”注意的是“自然现象”和“气候”之间的关系，这些“自然现象”包括草木枯荣、候鸟去来等。

（3）一旦出现故障/或者异物侵限，高铁调度指挥中心监控终端的界面上/就会出现一个红色的框/将目标锁定，同时，监控系统/马上报警显示。（作品 7 号）

句子的主要意思是说，界面上出现的“框”将“锁定目标”，且“系统马上报警”。抓住主要语法关系，据此停顿，表达就不至于枝蔓不清了。

（二）强调停顿

强调停顿又称逻辑停顿或感情停顿，一般是在结构停顿的基础上，强调或加深某一句话、某一个词的意义而给予一定时间的停顿。

（1）星光/在我们的肉眼里虽然微小，然而/它使我们觉得/光明/无处不在。（作品 10 号）

“光明”前后均停，配合重音的处理，能塑造出“我”的幻想与朝气，重点表达“光明无处不在”的感受。

（2）在自然环境方面，这里是我国/温带季风气候带的南部，降雨、气温、土壤等条件都可以满足/旱作农业的需求。（作品 15 号）

“温带季风气候带”和“旱作农业”都借前停来传递主要信息。

（3）殊不知/在大自然面前，人类永远只是一个/天真幼稚的孩童，只是大自然机体上/普通的一部分，正像一株小草/只是她的普通一部分一样。（作品 19 号）

“天真幼稚的孩童”的强调，呼应了文章的主题——敬畏自然。

（4）忽然，从附近一棵树上/飞下一只黑胸脯的老麻雀，像一颗/石子似的/落到狗的跟前。（作品 22 号）

突出像“石子似的”老麻雀，强调出了老麻雀愿为小麻雀牺牲的巨大决心。

（5）正因为如此，我觉得宇宙的广袤/真实地摆在我的眼前，即便作为中华民族第一个飞天的人/我已经跑到/离地球表面四百公里的空间，可以称为/太空人了，但是实际上/在浩瀚的宇宙面前，我/仅像/一粒尘埃。（作品 33 号）

“仅像”前后的停顿，强调了“我”渺小如“一粒尘埃”，呼应前文，烘托主题。

（三）作品中难于处理停顿的句子

（1）阅读/不仅使他多识了草木虫鱼之名，而且可以上溯远古/下及未来，饱览存在的/与

非存在的/奇风异俗。(作品 9 号)

(2)从前/在家乡七八月的夜晚/在庭院里纳凉的时候,我最爱看天上/密密麻麻的繁星。(作品 10 号)

(3)而城市各处的真的灯火/也次第亮了起来,尤其是/围绕在海港周围山坡上的/那一片灯光,从半空/倒映在乌蓝的海面上,随着波浪,晃动着,闪烁着,像一串流动着的珍珠,和那一片片密布在苍穹里的星斗/互相辉映,煞是好看。(作品 13 号)

(4)在最早的/六大新石器文化分布形势图中/可以看到,中原/处于这些文化分布的/中央地带。(作品 15 号)

(5)风/猛烈地吹打着林阴路上的白桦树,麻雀/从巢里跌落下来,呆呆地伏在地上,孤立无援地/张开两只/羽毛还未丰满的小翅膀。(作品 22 号)

(6)我给你计算过,你三分之二的棋子/是在/前三分之一的时间内丢失的。(作品 28 号)

(7)大部分土楼/有两三百年甚至五六百年的历史,经受无数次地震撼动、暴雨侵蚀/以及炮火攻击/而安然无恙,显示了/传统建筑文化的魅力。(作品 30 号)

(8)在课外的时候,她教我们跳舞,我现在还记得/她把我/扮成女孩子表演跳舞的情景。(作品 34 号)

三、句调

句调是指语句的高低升降的变化。这种变化一般呈曲线状态,较少大起大落,常贯穿整句,句末比较明显。大致有四种类型:升调、降调、平调、曲调。

1. 升调

表示疑问、反问、号召、呼唤、惊讶等语气。语势先低后高,句末明显上扬。

例:当高速列车从眼前呼啸而过时,那种转瞬即逝的感觉让人们不得不发问:高速列车跑得那么快,司机能看清路吗?(作品 7 号)

同伴们都欣喜地说:“明天早晨准可以看见日出了。”(作品 32 号)

2. 降调

表示肯定、坚决、请求、感叹、沉重等感情。语势先高后低,句末明显下降。

例:我掩着面叹息,但是新来的日子的影儿又开始在叹息里闪过了。(作品 3 号)

在它看来,狗该是多么庞大的怪物啊!(作品 22 号)

3. 平调

多用于叙述、说明或表示迟疑、思索、冷淡、追忆等感情的句子里。语势平缓,无显著高低升降变化。

例:照北京的老规矩,春节差不多在腊月的初旬就开始了。(作品 1 号)

森林涵养水源,保持水土,防止水旱灾害的作用非常大。(作品 24 号)

4. 曲调

一般用于表达含蓄、讽刺、反语等比较复杂的感情。朗读时先降后升,或先升后降,加重、加高或拖长某些音节，形成曲折升降的变化。

例："你来当班长！——我？！"

"友邦人士"，从此可以不必"惊诧莫名"，只请放心来瓜分就是了。（鲁迅《"友邦惊诧"论》）

四、语速

语速是指朗读时语流的速度。语速由作品内容表达的需要和文体形式决定，它直接影响表达的效果。语速大致可以分为中速、快速、慢速三种。语速太快，会导致大脑皮层由兴奋转向抑制；语速太慢，导致听者注意力分散。所以，朗读要准确地表现各种不同的生活现象和人们各自的思想感情，就必须选择与之相适应的朗读速度。

此外，读得快时，吐字要清晰，不能为了快而含混不清，甚至"吃字"；读得慢时，要注意声音的明朗实在，不能因为慢而显疲沓、松垮。总之，在掌握朗读速度时要做到"快而不乱""慢而不拖"。

1. 中速

一般用于感情没有多大变化的地方，或用于一般的记叙、议论和说明的场合。水平测试中的50篇短文，绝大多数都适用于中速基调。在基调的基础上，任何一篇作品的速度都不可能一成不变，朗读时应根据作者的感情起伏、文脉的发展变化以及朗读者的表达目的来调整自己的速度。语速的变化是语气语调丰富多变非常重要的一个因素，是朗读取得成功的重要一环。

2. 快速

一般用来叙述急剧变化的事情，或者表达紧张、激动、惊恐、愤恨、欢快、兴奋的心情。

（1）浪潮越来越近，犹如千万匹白色战马齐头并进，浩浩荡荡地飞奔而来；那声音如同山崩地裂，好像大地都被震得颤动起来。（作品11号）

（2）我的狗慢慢向它靠近。忽然，从附近一棵树上飞下一只黑胸脯的老麻雀，像一颗石子似的落到狗的跟前。老麻雀全身倒竖着羽毛，惊恐万状，发出绝望、凄惨的叫声，接着向露出牙齿、大张着的狗嘴扑去。（作品22号）

（3）翠绿的颜色明亮地在我们的眼前闪耀，似乎每一片树叶上都有一个新的生命在颤动，这美丽的南国的树！（作品37号）

3. 慢速

大多用来叙述平静、庄重的情景或用来表示沉重、悲伤、哀悼、沮丧的心情，还可以起强调作用。

（1）无数的名工巧匠为我们留下了那么多宏伟的建筑，但却很少被列入史籍，扬名于后世。（作品5号）

（2）望着星天，我就会忘记一切，仿佛回到了母亲的怀里似的。（作品10号）

（3）我和孩子们一起嗅，似乎就闻见了风的味道，像块蒸得热气腾腾的桂花糕。（作品12号）

（4）在这幽美的夜色中，我踏着软绵绵的沙滩，沿着海边，慢慢地向前走去。（作品13号）

技能训练

示范音频

一、重音和停顿训练（用“.”和“/”做标注）

（1）风停了，雨住了，太阳出来了。

（2）为了看日出，我特地起个大早。

（3）西方的天空，还燃烧着一片橘红色的晚霞。

（4）每一次比赛胜过时间，我就快乐得不知道怎么形容。

（5）这就是我——一个共产党员的自白。

（6）骆驼长得高，羊长得矮。骆驼说：“长得高好。”羊说：“不对，长得矮才好呢。”

（7）阳光虽然为生命所必需，但是阳光中的紫外线却有扼杀原始生命的危险。

（8）人们都爱秋天，爱她的天高气爽，爱她的云淡日丽，爱她的香飘四野。

（9）竹叶烧了，还有竹枝；竹枝断了，还有竹鞭；竹鞭砍了，还有深埋在地下的竹根。

（10）如果胜利不属于这样的队伍，还会属于谁呢？

（11）为人进出的门紧锁着，为狗爬走的洞敞开着，一个声音高叫着：爬出来吧，给你自由！我渴望着自由，但也深深知道——

人的躯体哪能由狗的洞子爬出！我只能期待着，那一天——地下的烈火冲腾，把这活棺材和我一齐烧掉，我应该在烈火和热血中得到永生。

二、语速训练

（1）水手们的笑声更大了，孩子的脸红了。他脱了上衣，爬上桅杆去追猴子。不一会儿，他已经顺着绳子爬到第一根横木上了。就在孩子想去抓帽子的时候，猴子又往上爬了，爬得比孩子更快，更灵巧。“你逃不了！”孩子一边喊一边往上爬，猴子不时回过头来逗孩子，孩子气急了，不停地往上追，他们两个眼看就要爬到桅杆的顶端了……

（2）桑娜把马灯举得更近一些，不错，是西蒙。她头往后仰着，冰冷发青的脸上显出死的宁静，一只苍白僵硬的手，像要抓住什么东西似的，从稻草铺上垂下来。就在这死去的母亲旁边，睡着两个很小的孩子，都是卷头发，圆脸蛋，身上盖着旧衣服，蜷缩着身子，两个浅黄色的小脑袋紧紧地靠在一起。显然，母亲在临死的时候，拿自己的衣服盖在他们身上，还用旧头巾包住他们的小脚。

三、句调训练

（1）天快亮了，周总理走出人民大会堂。他又工作了整整一夜。

（2）狼忙打招呼说："好朋友！为了我们的友情，帮帮忙吧！"

（3）小猴子叫起来："糟啦，糟啦！月亮掉在井里啦！"

（4）"同志们！为了党的事业，为了最后的胜利，冲呀！"

（5）雨越下越大。往窗外望去，树哇，房子呀，都看不清了。

（6）花喜鹊拍拍翅膀，说："骄傲的孔雀，湖里的那只鸟就是你自己的影子呀！你骄傲得连自己也看不起了！"

四、篇章综合训练

与风相遇

吕国荣

在风中，人和一棵草有什么不同？从地里长出来的草，无论多大的风也吹不到它的根。而人并不比草更强大，尘土般滚动时，所有的语言也失去从容。

一棵光秃秃的树，在风中坚持，等待可能飘回来的叶子。在同样的风中，一棵无叶的树，比佛化的菩提树显得更为空灵。

漫漫长夜，哪位先哲点燃的第一盏油灯，照亮了尘世。怎样的风吹皱了他的脸，他不死的灵魂？

如无声的阳光，漫过空荡荡的天空和孤独的大地，隔着风声，我们看见一批批背影，穿过无边的黑夜，渐渐远去。

风，多么抽象，好像是从身边悄悄溜走的时光，不声不响地把我们的生命展开。当我们回头时，只能捡拾一把碎片。

项目 2.3　朗读中常见问题及应对策略

训练目标

（1）分析朗读中存在的常见问题。

（2）对比分析，尝试找到解决的方法。

（3）通过技能训练，初步建立朗读基本模式。

知识内容

一、朗读中的常见问题

在朗读作品的呈现过程中，朗读者因语音基础、方言影响以及对语言文字的敏感程度等诸多方面的原因，常常会呈现出不同的样态。综合来看，存在的问题主要有以下几方面：一是音准，二是流畅度，三是语调。

（1）音准问题一般是指因受方言或发音习惯影响，导致语音标准度出现偏误。如平翘舌不分、前后鼻音难辨以及轻声、儿化的发音不规范等。

（2）朗读作品时想要语言流畅，就要熟悉作品，不能读得结结巴巴，不能习惯性回读、不恰当停连或者出现字化、词化现象。

（3）语调偏误多指在方言影响下出现的如字调、句调、重音、节拍群、停连、语速等多方面不和谐的综合体现，还有因追求效果不当而出现的表演性做作语调等。

二、应对策略

（一）克服方音，避免语音失误

朗读短文测试项中语音规范程度所占的分值很多，每篇作品前400个音节的声韵调都纳入了检测范围，学习者要把训练的重点放在语音规范程度上，最大限度避免语音失误。

在进行朗读训练之前，我们应该在模块一的语音训练部分打下扎实基础。学习者首先应着重找出自己声、韵、调容易犯错的重点难点，反复训练，循序渐进，攻克难点，使出错频次逐渐减少。之后再进行系统的朗读短文训练。短文练读时，首先，我们要根据自己的方言与普通话的差异，将容易读错的难点部分标出准确的拼音，然后反复练习读准音节的声韵调。其次，我们要掌握好语流音变，如轻声、儿化以及语气词“啊”的音变等，每个块面都可以拿出来单独训练。再次，我们要注意多音字和异读字词的读音。多音字在不同的语言环境中意义不同，读音也不一样，一定要注意加以区分。那些存在异读现象的词要按照1985年发布的《普通话异读词审音表》中的统读音来读。最后，我们还要注意音译的人名、地名的读音，要按照普通话的声韵调来读，还要读连贯。

（二）流畅朗读，避免口误、回读和停连不当

在朗读中，学习者除了要语音规范、吐字清晰、忠实于作品原貌，不添字、漏字、改字、颠倒，还要读得连贯流畅。朗读不流畅，指的是因结结巴巴、回读过多或一字一字蹦读（字化、词化）等原因造成的语流生涩、不连贯。回读是造成朗读不流畅的重要原因之一，我们要注意避免。朗读短文项是不允许回过去重读的，在进行朗读训练时就一定要养成不回读的习惯。

停连指的是在朗读中声音的停歇和连接，它是有声语言表情达意的重要方法之一，在朗读时要合理安排停连，避免出现停连不当。朗读短文中的停连不当主要表现为：由于不恰当的停顿或连读造成了割裂词语、肢解句子、产生歧义等现象。

（三）提升语感，减少语调偏误

语调是人们在语流中用抑扬顿挫来表情达意的所有语音形式的总和。语调涉及的方面很多，如字调、句调、重音、节拍群、停连、语速等。

语调是普通话学习的一个难点，因为它体现在非音质的音高、音长、音强等因素上，人们在学习普通话时往往缺乏对非音质成分的敏感，很难发现语调上的问题，加之受方言语调的影响，极易形成语调偏误，朗读短文中的语调偏误主要表现为：声调调值和调型有系统性缺陷；语流音变不自然；重音不当；词的轻重音格式不对；句调不自然；语调的轻重、快慢（语速过快过慢）、高低、停连的处理和变化同普通话语调有差异。学习者在进行朗读训练时要注意避免这些问题，平时多听多模仿，积极提升自己的语感，从正向上靠拢，以减少语调偏误。

（四）声随情发，传递音声之美

在一般意义上说，朗读只是把文字语言变为有声语言，不读错、不读乱、不增删改动也就可以了，至于是不是悦耳动听，有没有感情，能不能读出言外之意，大都不作为硬性规定或必然要求，日常生活和学习中的朗读大抵如此。当然，随着朗读逐渐受到重视并越发普及，人们对朗读的要求不断提高，从朗读中获得美感的期待也日益强烈起来，每一位有志于朗读的人对此都会认真对待，并希望尽自己的一份力量为朗读注入更多的美感因素，使朗读发挥更大的作用。

作为朗读的本意，根据《说文解字》的解释，大概同“诵”“咏”“吟”等相类。其属性无疑有一定的艺术成分，朗读既使自己也使别人产生愉悦，应该是题中应有之义了。

朗读时的有声语言，如果仅仅起着把文字变为字音简单地念字出声的作用，既无朗读者对作者太多感情的再现，又无朗读者自己对作品的态度、感情的流露及融入，那这种所谓的朗读必然是干瘪、苍白的。因此，态度感情是朗读根基的核心，是朗读再创作的精华，是朗读有声语言的生命，是朗读技巧的灵魂。

基于对作品深入的、精细的分析理解和具体感受，态度分寸的千差万别，才能使朗读中的有声语言千变万化，深刻感人。

技能训练

一、做练习，录音辨听，分析存在的问题

【训练材料】

（一）记忆生僻字

这类字词因为不太常用，所以很容易读错。学习者应把作品 50 篇中不认识的字词特别标记，集中起来，逐一去记。

（1）……加工制作木构件使用的工具有锛（bēn）、凿、斧、锯、刨等等。（作品 5 号）

（2）最能体现大修难度的便是瓦作中“苫（shàn）背”的环节。（作品5号）

（3）从肇（zhào）庆市驱车半小时左右，便到了东郊风景名胜鼎湖山。（作品8号）

（4）任凭夏季烈日曝（pù）晒，冬季寒风扫荡，它的温度变化却比较小。/但是阳光中的紫外线却有扼（è）杀原始生命的危险。（作品14号）

（5）那唐槐，老干粗大，虬（qiú）枝盘屈，一簇簇柔条，绿叶如盖。/以造型奇特见长的，有的偃（yǎn）如老妪负水，有的挺如壮士托天，不一而足。（作品18号）

（6）可是，在自然看来，人类上下翻飞的这片巨大空间，不过是咫尺之间而已，及如同鲲鹏看待斥鷃（yàn）一般，只是蓬蒿之间罢了。（作品19号）

（7）……全在乎设计者和匠师们生平多阅历，胸中有丘壑（hè），才能使游览者攀登的时候忘却苏州城市，只觉得身在山间。（作品31号）

（8）在画卷中最先露出的是山根底那座明朝建筑岱宗坊，慢慢地便现出王母池、斗母宫、经石峪（yù）。（作品32号）

（9）太深的流连便成了一种羁绊（bàn），绊住的不仅有双脚，还有未来。（作品35号）

（10）这幅画长五百二十八厘米，高二十四点八厘米，画的是北宋都城汴（biàn）梁热闹的场面。（作品39号）

（11）这时我同时还看了母亲针线笸箩（pǒ·luo）里常放着的那几本《聊斋志异》，聊斋故事是短篇的，可以随时拿起放下，又是文言的，这对于我的作文课很有帮助……（作品42号）

（12）正踟蹰（chíchú）的时候，带头的一头牛，在离我们不远的地方停下来，抬起头看看，稍迟疑一下，就自动走下田去。（作品46号）

（13）其中一种称为二噁（è）英的化合物，毒性最大。（作品50号）

（二）留意多音字

在测试过程中，稍不留神就会把多音字的一个音读成了另一个音，应该在平时多留意，多积累。

（1）这是用花生、胶枣、榛子、栗子等干果与蜜饯掺和（cānhuo）成的。（作品1号）

（2）傍晚时候，上灯了，一点点黄晕（yùn）的光，烘托出一片安静而和平的夜。（作品2号）

（3）过去的日子如轻烟，被微风吹散（sàn）了，如薄（bó）雾，被初阳蒸融了……（作品3号）

（4）但不要紧，可以调（diào）换方向进行研究。（作品4号）

（5）《周宫》与《春秋左传》记载（zǎi）周王朝与诸侯都设有掌管营造的机构。（作品5号）

（6）到处呈现一片衰草连天的景象，准备迎接风雪载途（zài）的寒冬。（作品6号）

（7）因为（wèi）/ 而后一个世界却为（wéi）读书人所独有。/ 而阅读能力的拥有或丧失却体现为（wéi）精神的不平等。/更为（wéi）重要的是……（作品9号）

（8）午后一点左右，从远处传来隆隆的响声，好像闷（mèn）雷滚动。（作品11号）

(9)阳光虽为(wéi)生命所必需,/因而又为(wèi)原始生命提供了天然的“屏障”。(作品14号)

(10)年轻的护士为(wèi)母亲扎(zhā)了两针也没有扎进血(xuè)管里,眼见针眼处鼓起青包。(作品17号)

(11)晋祠在古木的荫(yìn)护下,显得分外幽静、典雅。(作品18号)

(12)开花的季节已过,荷花朵朵已变为莲蓬累累(léi)。/莲子(zǐ)的颜色正在由青转紫,/我禁(jīn)不住想:“因”已转化为“果”。(作品21号)

(13)作者着(zhuó)手创作,必然对于人生先有所见,先有所感。(作品26号)

(14)几次交锋,基本上都是不到十分钟我就败下阵来。我不禁(jīn)有些泄气。(作品28号)

(15)棋盘上空荡荡的,只剩下老帅、士和一车(jū)两卒在孤军奋战。(作品28号)

(16)拒马河趁人们看不清它的容貌时豁(huō)开了嗓门儿韵味十足地唱呢!(作品29号)

(17)池沼或河道的边沿很少砌齐整的石岸,总是高低屈曲(qū)任其自然。(作品31号)

(18)在画卷中最先露出的是山根底那座明朝建筑岱宗坊(fāng),慢慢地便现出王母池、斗母宫、经石峪。(作品32号)

(19)……我果然看到了大片蔚蓝色的海水,浩瀚的海洋骄傲地披露(lù)着广阔壮观的全貌,我还看到了黄绿相间(jiàn)的陆地,连绵的山脉纵横其间……(作品33号)

(20)有些人家,还在门前的场(chǎng)地上种几株花,芍药,凤仙,鸡冠花,大丽菊,它们依着时令,顺序开放,朴素中带着几分华丽,显出一派独特的农家风光。(作品36号)

(21)因为人很多,眼看就要碰上对面来的一乘(shèng)轿子。(作品39号)

(22)每一间的横槛(jiàn)上,都有五彩的画,画着人物、花草、风景,几千幅画没有哪两幅是相同的。(作品41号)

(23)踢球跑、垫球跑、夹(jiā)球跑……这些对普通人而言和杂技差不多的项目是女排队员们必须熟练掌握的基本技能。(作品49号)

(24)“走下领奖台,一切从零开始”十一个大字,和国旗遥遥相望,姑娘们训练之余偶尔一瞥(piē)就能看到。(作品49号)

(25)在画卷中最先露(lòu)出的是山根底那座明朝建筑岱宗坊,/画卷继续展开,绿阴森森的柏洞露(lòu)面不太久……/却又像是在零零乱乱翻着一卷(juàn)历史稿本。(作品32号)

(三)区分形近字

在测试中经常有人把一些字读混成形似字,有时是因为紧张,有时是因为粗心。在平时的训练准备过程中,我们应该有意识地去区分此类形似字,注意比较字形和发音的不同。

(1)这是用花生、胶枣、榛子、栗子等干果与蜜饯掺和成的。(作品1号)

饯(jiàn)——栈(zhàn)

(2)深蓝色的天空里悬着无数半明半昧的星。(作品 10 号)

昧(mèi)——味(wèi)

(3)船开了,一个朋友拨着船,缓缓地流到河中间去。(作品 37 号)

拨(bō)——拔(bá)

(4)姑娘们训练之余偶尔一瞥就能看到。(作品 49 号)

瞥(piē)——撇(piě)

(四)找出轻声词

方言区的人较难形成普通话轻声词的语感,容易忽略一些常见的轻声词。轻声词有一定的规律可循,但也有不少需要我们去记,基础差的学习者最好把作品 50 篇中所有带轻声词的句子集中起来,加强练习。

(五)读好儿化词

儿化是不少人朗读的难点,首先要掌握儿化发音的规律,找准舌位,反复练习。在作品 50 篇中,儿化词的出现有一定频率,出现较多的是作品 1 号《北京的春节》和作品 2 号《春》。我们一定要在学习语音基础时掌握好儿化音的发音规律并能准确饱满地读出来。如若不能准确发好儿化音,朗读作品中的儿化词就要谨慎使用了,以免更大程度地影响语音面貌。

50 篇作品中有一些"儿"字读本音,注意不要混淆!

(1)鸟儿将巢安在繁华绿叶当中(作品 2 号)

(2)新来的日子的影儿又开始在叹息里闪过了(作品 3 号)

(3)它用身体掩护着自己的幼儿/我崇敬那只小小的英勇的鸟儿(作品 22 号)

(4)当花儿落了的时候,藤上便结出了青的、红的瓜(作品 36 号)

(六)读准语流中的变调。

(1)天一(yì)擦黑儿,鞭炮响起来,便有了年的味道。(作品 1 号)

(2)农历八月十八是一(yì)年一(yí)度的观潮日。/午后一(yī)点左右,从远处传来隆隆的响声,好像闷雷滚动。(作品 11 号)

(3)另一(yì)方面,又能分析外界事物及其变化,形成无数的"意念",一一(yīyī)配以语音……(作品 27 号)

(4)失败虽然不(bú)是什么令人快乐的事情,但也绝不(bù)应该因此气馁。(作品 4 号)

(5)是一棵大树,有数不(bu)清的丫枝……(作品 37 号)

(6)圣母殿前的左扭柏(zuóniú　bǎi),拔地而起,直冲云霄……(作品 18 号)

"左扭柏",依据词语结构的"双单"格式,"左扭"二字变调读阳平,"柏"字词尾不变调。

(7)同伴们都欣喜地说:"明天早晨准可以(zhǔn　kéyǐ)看见日出了。"(作品 32 号)

"准可以",单双格,"准"变调读半上,"可"变调读阳平。

(说明:此处标注的是实际发音。)

二、重难点的模仿练习

示范音频

【训练材料】

（一）长难句段

1. 语音难点较为集中

我去爬山那天，正赶上个难得的好天，万里长空，云彩丝儿都不见。素常烟雾腾腾的山头，显得眉目分明。同伴们都欣喜地说：“明天早晨准可以看见日出了。”我也是抱着这种想头，爬上山去。

一路从山脚往上爬，细看山景，我觉得挂在眼前的不是五岳独尊的泰山，却像一幅规模惊人的青绿山水画，从下面倒展开来。在画卷中最先露出的是山根底那座明朝建筑岱宗坊，慢慢地便现出王母池、斗母宫、经石峪。山是一层比一层深，一叠比一叠奇，层层叠叠，不知还会有多深多奇。万山丛中，时而点染着极其工细的人物。王母池旁的吕祖殿里有不少尊明塑，塑着吕洞宾等一些人，姿态神情是那样有生气，你看了，不禁会脱口赞叹说：“活啦。”（作品 32 号《泰山极顶》）

上文中除了声韵调的难点之外，带点的字词也是很容易出错的，学习者一定要准确练读。

2. 长句较多，语法关系复杂

专家告诉我，目前，我国时速三百公里以上的高铁线路不设置信号机，高速列车不用看信号行车，而是通过列控系统自动识别前进方向。其工作流程为，由铁路专用的全球数字移动通信系统来实现数据传输，控制中心实时接收无线电波信号，由计算机自动排列出每趟列车的最佳运行速度和最小行车间隔距离，实现实时追踪控制，确保高速列车间隔合理地安全运行。（作品 7 号《当今“千里眼”》）

处理长句子的时候记得要找到重点，非重点的词句要让步，这样能较准确地找对重音，重音对了，表达的意思也就对了。这种有些专业性的说明文，读的时候可以尝试抓住各部分的主干词句，弄懂主要意思后，再尝试理解修饰、限制的部分，就不至于表达的时候顾此失彼、张冠李戴。

3. 专业词语较多，晦涩拗口

水是一种良好的溶剂。海洋中含有许多生命所必需的无机盐，如氯化钠、氯化钾、碳酸盐、磷酸盐，还有溶解氧，原始生命可以毫不费力地从中吸取它所需要的元素。

水具有很高的热容量，加之海洋浩大，任凭夏季烈日曝晒，冬季寒风扫荡，它的温度变化却比较小。因此，巨大的海洋就像是天然的“温箱”。是孕育原始生命的温床。（作品 14 号《海洋与生命》）

（二）语调较难把握的段篇

1. 词汇、语法表达偏口语化，注意句调勿方言化

孩子们准备过年，第一件大事就是买杂拌儿，这是用花生、胶枣、榛子、栗子等干果与蜜饯掺和成的，孩子们喜欢吃这些零七八碎儿，第二件大事是买爆竹，特别是男孩子们。恐怕第三件事才是买各种玩意儿——风筝、空竹、口琴等。

孩子们欢喜，大人们也忙乱。他们必须预备过年吃的、喝的、穿的、用的，好在新年时显出万象更新的气象。

腊月二十三过小年，差不多就是过春节的"彩排"。天一擦黑儿，鞭炮响起来，便有了过年的味道。这一天，是要吃糖的，街上早有好多卖麦芽糖与江米糖的，糖形或为长方块或为瓜形，又甜又黏，小孩子们最喜欢。过了二十三，大家更忙。必须大扫除一次，还要把肉、鸡、鱼、青菜、年糕什么的都预备充足——店铺多数正月初一到初五关门，到正月初六才开张。

（作品1号《北京的春节》）

2. 对话较多，角色感强，不要拿腔拿调扮演角色

我不服气，摆棋再下。几次交锋，基本上都是不到十分钟我就败下阵来。我不禁有些泄气。父亲对我说："你初学下棋，输是正常的。但是你要知道输在什么地方；否则，你就是再下上十年，也还是输。"

"我知道，输在棋艺上。我技术上不如你，没经验。"

"这只是次要因素，不是最重要的。"

"那最重要的是什么？"我奇怪地问。

"最重要的是你的心态不对。你不珍惜你的棋子。"

"怎么不珍惜呀？我每走一步，都想半天。"我不服气地说。

"那是后来，开始你是这样吗？我给你计算过，你三分之二的棋子是在前三分之一的时间内丢失的。这期间你走棋不假思索，拿起来就走，失了也不觉得可惜。因为你觉得棋子很多，失一两个不算什么。"

我看看父亲，不好意思地低下头。"后三分之二的时间，你又犯了相反的错误：对棋子过于珍惜，每走一步，都思前想后，患得患失，一个棋也不想失，//结果一个一个都失去了。

（作品28号《人生如下棋》）

（三）读出感情，获得美感

1. 说明文，除了文字美，还可以读出逻辑美

苏州园林里都有假山和池沼。

假山的堆叠，可以说是一项艺术而不仅是技术。或者是重峦叠嶂，或者是几座小山配合着竹子花木，全在乎设计者和匠师们生平多阅历，胸中有丘壑，才能使游览者攀登的时候忘却苏州城市，只觉得身在山间。

至于池沼，大多引用活水。有些园林池沼宽敞，就把池沼作为全园的中心，其他景物配合着布置。水面假如成河道模样，往往安排桥梁。假如安排两座以上的桥梁，那就一座一个样，决不雷同。

（作品31号《苏州园林》）

2. 散文呈现出的精神美、意境美

如今在海上，每晚和繁星相对，我把它们认得很熟了。我躺在舱面上，仰望天空。深蓝色的天空里悬着无数半明半昧的星。船在动,星也在动,它们是这样低,真是摇摇欲坠呢!渐渐地我的眼睛模糊了,我好像看见无数萤火虫在我的周围飞舞。海上的夜是柔和的,是静寂的,是梦幻的。我望着许多认识的星,我仿佛看见它们在对我眨眼,我仿佛听见它们在小声说话。这时我忘记了一切。在星的怀抱中我微笑着,我沉睡着。我觉得自己是一个小孩子,现在睡在母亲的怀里了。

有一夜,那个在哥伦波上船的英国人指给我看天上的巨人。他用手指着:那四颗明亮的星是头,下面的几颗是身子,这几颗是手,那几颗是腿和脚,还有三颗星算是腰带。……

(作品 10 号《繁星》)

项目 2.4　朗读短文范例解析

训练目标

(1)明确朗读练习的基本流程。

(2)借用范文,学习朗读技巧的具体运用。

(3)通过技能训练,举一反三,巩固朗读基本模式。

知识内容

一、朗读练习的基本流程

在朗读练习中,不少人习惯拿到作品就开始读,结果会出现卡壳,蹦字儿,没有整体感,读完根本不知道读了什么内容,或者整个甚至多个作品呈现同一语气、节奏和范式等多种问题。朗读是基于原作的二次创作,读前的准备工作必不可少。有声语言创作是一个由内而外的过程,我们需要从稿件出发,充分理解原作以及作者的思想感情、写作背景和目的,进一步联系当下的朗读目的,把自己的理解通过声音传达给听众。一般来说,我们可以先划分层次、概括主题,再联系背景、明确目的,最后找到重点、确定朗读的基调。朗读的基调即文章总的感情色彩和分量,以及朗读时的态度倾向,体现对文稿认识、感受的整体结果。

二、《春》朗读文本分析

以测试中朗读作品 2 号《春》为例,我们一起来看看朗读训练的备稿步骤。

第一步看层次。这篇文章节选自朱自清先生的《春》,文章按照"盼春"、"绘春"、"颂春”的顺序行文。节选的短文删掉了“绘春”中的“春花图”和最后的“颂春”部分，在此，为较完整呈现文脉和朗诵时的内在逻辑，把最后一部分补全。

第一层（第 1 段），作者连用两个“盼望着”，强化了对春天的期盼。接着用动词“来”和“近”，将作者殷切喜悦的心情淋漓尽致地表达出来。起笔即为全文定下了活泼、轻快的感情基调。

第二层（第 2~7 段），“山朗润起来了，水涨起来了，太阳的脸红起来了。”作者从大处着笔，勾勒一个总的轮廓，为下文细致描绘张本。朗读时语势可渐扬渐强，粗略勾画出春回大地，万物复苏的整体轮廓。

紧接着，作者很自然地从春草、春风写到春雨，进而写到迎春的人们。在这里，作者展现了一个欣欣向荣、多姿多彩的春天。田野里是一大片一大片嫩绿的小草，草地上是享受春意的人们；如母亲抚慰般的杨柳风里，酝酿着土香、草香、花香；鸟儿清脆的鸣音，牧童嘹亮的笛声，随轻风一起暖暖拂过；细密如烟的雨雾中，草、树爆发出无限的生命力；黄晕的灯光，悠闲的行人，劳作的农民……这是一副满溢着勃勃活力与生命灵气的春景图。

第三层（第 8~10 段），颂春，表明主旨。作者用三个独自成段的比喻句讴歌春天，盛赞春天的新鲜、美丽，具有无穷的力量。大自然如此丰厚，生命如此美好，世间万物都值得我们认真去感受、去爱。传递出作者蓬勃向上、奋发创新的真挚情感。

作者不光用这诗情画意的图画让我们目不暇接，还凭借高妙的文学功底让文章读起来如精妙的音乐般清隽绕梁。文中的语言，修辞丰富生动，长短错落有致，骈散搭配巧妙，还大量使用了叠词，这样严整又不拘泥，和谐又富变化，节奏明快，朗朗上口，读来回味无穷。

第二步联系背景。这往往是最耗时耗力的一步，因为背景挖得越深，越能确定好基调，把握好朗读的目的。

《春》大概写于 1933 年间，是作者应约为中学生撰写的语文教材。1932 年 8 月，作者漫游欧洲回国不久，与陈竹隐女士结为美满夫妻，而后喜得贵子，同时又出任清华大学中国文学系主任，不能不说生活中的顺境与幸事对《春》的抒情基调产生了影响。同时，作为教材理应从培养青年向上出发，作者行文采用了积极、乐观的感情基调。

第三步明确目的。我们在朗读表达的时候，除作者的写作目的外，也需要综合考量当下的时代背景、听众的身份及朗读时的情境，进而恰切地确定表达目的——对美好生活的追求，对自由境界的向往。人们也应该踏着春天的步伐，去创造美好幸福的生活。

根据表达目的，我们能很快发现原文最后三段是朗读表达的**重点**，作者连用三个比喻句纵情赞美春天，春天比喻成了新生的娃娃、美丽的小姑娘、健壮的青年。春天是新的、美的、充满力量和希望的。

由上可确定该文的**朗读基调**是活泼、轻快、舒展而又积极、乐观且蕴含力量的。

三、《春》练读

春

朱自清

示范音频

朗读要领：充分体会文章情景交融的意境，在诗情画意中感受语言美、意境美、精神美。朗读时用积极乐观的基调，活泼轻快的暖声，中声区，气息徐缓，轻柔中带有力量，并通过虚实的转换、疏密的变化、轻重的呼应来体现文字的内在逻辑。

背景提示：文中，作者由一幅幅生机勃勃、清丽动人的春景图，抒发了作者热爱春天，憧憬未来的欣喜之情，包含了作者特定时期的思想情绪、对人生及至人格的追求，表现了作家骨子里传统文化积淀和对自由境界的向往。今天读《春》，重在表达热爱生活、积极进取、奋发向上的思想感情。

标注符号：

▲短停（气息、情绪不阻断）　　▽ 顿音（短促有力，富有弹性）

/　停顿　　‿连接

。。。轻读　　（灰底）标注说明

… 重音

盼望着，盼望着，东风/来了，春天的脚步/近了。

一切▲都像刚睡醒的样子，欣欣然▲张开了眼。山/朗润起来了，水/涨起来了，太阳的脸/红起来了。此句三个部分，渐强渐扬

小草▲偷偷地从土里钻出来，嫩嫩的，绿绿的。园子里，田野里，瞧去，一大片一大片▲满是的。坐着，躺着，打两个滚，踢几脚球，赛几趟跑，捉几回迷藏。风/轻悄悄的，草/软绵绵的。

……

“吹面不寒▲杨柳风”，不错的，像母亲的手▲抚摸着你。风里/带来些新翻的泥土的气息，混着青草味儿，还有各种花的香，都在微微湿润的空气里▲酝酿。鸟儿将巢▲安在繁花绿叶当中，高兴起来了，呼朋引伴地卖弄清脆的喉咙，唱出宛转的曲子，跟轻风流水▲应和着。牛背上▲牧童的短笛，这时候/也成天嘹亮地响着。

雨/是最寻常的，一下就是三两天。可别恼。看，像牛毛，像花针，像细丝，密密地斜织着，人家屋顶上▲全笼着一层薄烟。树叶儿▲却绿得发亮，小草儿▲也青得逼你的眼。傍晚时候，上灯了，一点点黄晕的光，烘托出/一片安静而和平的夜。在乡下，小路上，石桥边，有撑起伞▲慢慢走着的人，地里▲还有工作的农民，披着蓑戴着笠。他们的房屋，稀稀疏疏的，在雨里/静默着。

转换语气，体现段落感

天上风筝/渐渐多了，地上孩子/也多了。城里乡下，家家户户，老老小小，也赶趟儿似的，

转换语气，体现段落感

一个个都出来了。舒活舒活筋骨，抖擞精神，各做各的一份儿事去。“一年之计在于春”，刚起头儿，有的是工夫，有的是/希望。

春天/像刚落地的娃娃，从头到脚▲都是新的，它生长着。

春天/像小姑娘，花枝招展的，笑着，走着。

春天/像健壮的青年，有铁一般的胳膊和腰脚，领着我们/上前去。

▽ ▽ ▽

最后三句，语势渐强渐扬，形成层递

技能训练

一、段落练读

练习建议：完成备稿流程，用标记符号做好标记，再行练读。

一天，总理办公室通知我到中南海政务院去。我走进他的办公室。这是高大的宫殿式的房子，室内陈设极其简单，一个不大的写字台，两把小转椅，一盏台灯，如此而已。总理见了我，指着写字台一叠一尺来厚的文件说：“我今天晚上要批这些文件。你送来的稿子，我放在最后。你到隔壁值班室去睡一觉，到时候叫你。”在回来的路上，我不断地想着，并且对自己说：“这就是我们新中国的总理。我看见了他一夜的工作。他是多么劳苦，多么简朴！”

二、篇章练读，注意整体感

《西部文化和西部开发》是一篇说明文，文字简洁准确、逻辑严谨，文学色彩也很浓郁，读起来颇为生动形象，感染力很强。

（1）借助工具书扫清字音障碍，熟读全文。

（2）按照备稿步骤，细读文章，借助标注符号，做好标记。

（3）反复试读，确定表达的基本框架。

（4）和示范音频比较，关注不同的处理，分析原因后再次练习。

西部文化和西部开发

中国西部我们通常是指黄河与秦岭相连一线以西，包括西北和西南的十二个省、市、自治区。这块广袤的土地面积为五百四十六万平方公里，占国土总面积的百分之五十七；人口二点八亿，占全国总人口的百分之二十三。

示范音频

西部是华夏文明的源头。华夏祖先的脚步是顺着水边走的：长江上游出土过元谋人牙齿化石，距今约一百七十万年；黄河中游出土过蓝田人头盖骨，距今约七十

万年。这两处古人类都比距今约五十万年的北京猿人资格更老。

西部地区是华夏文明的重要发源地。秦皇汉武以后，东西方文化在这里交汇融合，从而有了丝绸之路的驼铃声声，佛院深寺的暮鼓晨钟。敦煌莫高窟是世界文化史上的一个奇迹，它在继承汉晋艺术传统的基础上，形成了自己兼收并蓄的恢宏气度，展现出精美绝伦的艺术形式和博大精深的文化内涵。秦始皇兵马俑、西夏王陵、楼兰古国、布达拉宫、三星堆、大足石刻等历史文化遗产，同样为世界所瞩目，成为中华文化重要的象征。

西部地区又是少数民族及其文化的集萃地，几乎包括了我国所有的少数民族。在一些偏远的少数民族地区，仍保留了一些久远时代的艺术品种，成为珍贵的“活化石”，如纳西古乐、戏曲、剪纸、刺绣、岩画等民间艺术和宗教艺术。特色鲜明、丰富多彩，犹如一个巨大的民族民间文化艺术宝库。

我们要充分重视和利用这些得天独厚的资源优势，建立良好的民族民间文化生态环境，为西部大开发做出贡献。

节选自《中考语文课外阅读试题精选》中《西部文化和西部开发》

模块3　普通话命题说话训练

模块导读

命题说话是普通话水平测试的最后一项，考查应试者在没有文字凭借情况下，其语音、词汇、语法的规范程度和自然流畅水平，它是普通话水平测试中占比最高的一项，也是难度最大的一项，既考查声、韵、调、变的掌握情况，也考查在连贯语言中运用各种语调语气的熟练水平，还考验了应试者的心理素质，是最能体现说话人的自然语言面貌和状态的环节。

通过前面的语音知识和朗读两个模块的学习与训练，学习者应该在语音上规范到了一定程度，在此基础上，本模块根据命题说话的具体要求，重点从心理调适、内容准备、语言表达几个方面详细介绍应测方法，针对测试中常见问题提出了行之有效的应对策略，并提供了命题说话范例作为参考。只要应试者对本项测试足够重视，充分准备，坚持说身边事，说真诚话，就会发现命题说话并没有想象中的那么难。

模块目标

（1）了解命题说话的基本要求。

（2）掌握命题说话基本技巧。

（3）做到测试前充分准备，能列举说话提纲，会围绕具体话题组织语言，进行3分钟自然流畅的单向说话。

项目 3.1 命题说话基本要求及话题思路启发

训练目标

（1）了解命题说话的基本要求。

（2）熟悉 50 个命题说话的话题。

（3）对每一个话题能正确解读，形成自己的说话思路，撰写说话提纲。

知识内容

一、命题说话的基本要求

普通话水平测试第四题“命题说话”限时 3 分钟，共 40 分。测查应试人在无文字凭借的情况下说普通话的水平，重点测查语音标准程度、词汇语法规范程度和自然流畅程度。其评分标准为：语音标准程度 25 分，词汇、语法规范程度 10 分，自然流畅程度 5 分，说话时间不足 3 分钟视程度扣 1~6 分，离题、内容雷同视程度扣 4~6 分，无效话语视程度扣 1~6 分。

分析以上评分标准，我们可以看出命题说话有如下基本要求。

（一）语音标准

语音是影响说话人语音面貌的主要因素，字词在单独发音时比在语流中发音要容易得多，在语流中，说话人来不及仔细推敲每一个字词的发音，特别是难点音叠加时，说话人更不容易改变自己固有的发音习惯，因而语音错误增多。要加强声、韵、调、变的训练，准确发音，吐字清晰，养成普通话思维习惯，生活中坚持说普通话。

（二）词汇语法规范

词汇规范是指理解词义、用词准确，避免说普通话时夹带方言词汇及不规范的网络词语；语法规范是指使用普通话的语法格式，语序符合汉语规范，句子结构完整，句子成分搭配恰当等。有一定文化程度的人掌握词汇语法规范并不难，但在测试中，由于紧张心理造成词汇语法失误也很常见，因此应试人应结合本地方言实际，找出与普通话差异大的词语和句式对应规律，有意识地加强练习，形成良好的语感，避免出现方言词汇和方言句式。

（三）语速适中，自然流畅

命题说话要求语句通顺自然，前后连贯，表意准确，而不能断断续续、结结巴巴，甚至大段空白、无话可说。为顺利说满测试规定的 3 分钟时间，减少不必要的错误，应试人要注意语速适中,发音从容。一般来说,以每分钟 200~220 字为宜。语速过快,会影响发音准确程度,增加规定时间内的音节数量,增高语音错误概率;语速过慢,边说边停,甚至边说边改,会影响语句完整,显得语言不自然不流畅。

(四)紧扣话题,口语表达,保证有效时长

命题说话虽不是口才、文采的考查,但必须紧扣给定的话题展开,不能离题万里。说话时语气语调要自然亲切,既不可拿腔拿调,也不可读稿背稿;遣词造句要多用口头语少用书面语,多用短句散句少用长句复句;内容上既要避免大段空白造成的缺时,也要注意避免"嗯、啊、这个、那个、就是说"等口头禅、啰唆语造成的无效话语而扣分。

二、命题说话的话题及思路启发

"国家语委普通话与文字应用培训测试中心"编制审定的《普通话水平测试实施纲要》中,规定了 50 则普通话水平测试用话题, 50 个话题仅规定话题范围,并不规定话题的具体内容。以下话题分析和思路启发仅供参考。

1. 我的一天

按一天的时间为顺序讲述,一天从早到晚做了什么(读书、运动、养花、陪家人等),把每一项活动场景和感受说清楚,注意突出重点。

2. 老师

结合自己的生活经历,谈自己对教师这一职业的认知。选择自己喜欢的一位老师,说说喜欢他(她)的原因;他(她)是一个怎样的人;他(她)对自己的影响等。

3. 珍贵的礼物

珍贵的礼物是什么;礼物的样子;礼物的来历;礼物承载的意义;这份礼物让你明白的道理等。

4. 假日生活

概括介绍自己假日生活喜欢做什么(如读书、旅游、养花、逛街、玩游戏等);具体讲述其中一个或几个场景和感受等。

5. 我喜爱的植物

我喜爱的植物是什么;为什么喜欢它;养护的过程(精心照料、遇到困难、积极解决)等。

6. 我的理想(或愿望)

我的愿望是什么;为什么会产生这个愿望;我准备怎样实现这个愿望(也可准备两三个愿望,建议多叙述事例)等。

7. 过去的一年

概括过去的一年对自己有着重要影响(或记忆深刻)的几件事(或取得的成就);做这些事的目的或出发点;做这些事付出的努力;遇到的困难;取得的成果或收获的经验教训等。

8. 朋友

我的朋友是谁,简单介绍他的特点;他(她)为什么会成为我的朋友(用几件事来表现这个朋友的个性特征)等。

9. 童年生活

童年生活的基本情况;回忆童年生活中记忆深刻的人和事(可讲两三个童年故事)等。

10. 我的兴趣爱好

概括自己的兴趣爱好(阅读、运动、弹琴、养花等);形成这些兴趣爱好的原因;围绕一个或几个兴趣爱好谈谈自己的付出与努力、执着与坚持、收获与乐趣等。

11. 家乡(或熟悉的地方)

介绍家乡的基本情况;家乡给我的最深记忆(人和事);家乡的风土人情;我对家乡的热爱、思念和美好的祝愿等。

12. 我喜欢的季节(或天气)

我喜爱哪个季节(春夏秋冬四季,可选择一个,也可选择几个);喜爱这个季节的缘由或对它的感受;在这个季节里爱做的事或曾经发生在这个季节的故事等。

13. 印象深刻的书籍(或报刊)

我印象深刻的书籍或报刊是什么;我为什么喜欢;介绍基本内容;结合具体篇章谈自己最深的阅读感受等。

14. 难忘的旅行

我难忘的旅行是哪一次;这次旅行中让我难忘的事(风景、风俗、美食、趣事等)。

15. 我喜爱的美食

我喜欢的美食有哪些;具体说说某一种或几种美食(美食的外形、味道、做法)等。

16. 我所在的学校(或公司、团队、其他机构)

简要介绍我所在学校(或公司、团队、其他机构);生活在这个集体的感受;发生在这个集体中的一两件具体的事。

17. 尊敬的人

尊敬的人可以是身边熟悉的人,如父母、亲人、老师、朋友,也可以是知名人物。

我尊敬的人是谁;他(她)值得我尊敬的地方;他(她)让我尊敬的几个具体事例等。

18. 我喜爱的动物

我喜爱的动物是什么;为什么喜欢它;一个或几个关于它的故事等。

19. 我了解的地域文化(或风俗)

选择自己熟知的风俗,突出它的地域特点或民族特点,以及这些风俗的文化内涵等。

20. 体育运动的乐趣

我非常热爱体育;我热爱体育的原因;我经常从事的体育运动;这些体育运动给你带来的乐趣等。

21. 让我快乐的事

说说让自己快乐的事;选择其中的一件或几件,讲述这些事情的过程以及感受。也可以以时间为序,讲述从小到大不同阶段让你感受到快乐的事。

22. 我喜欢的节日

我喜欢的节日是什么;我为什么喜欢这个节日;具体说说某次过这个节的深刻记忆等。

23. 我欣赏的历史人物

介绍一个或几个大众熟知的历史人物：他的生平、他的故事、他的成就、他的精神品格、他对自己的影响等。

介绍人物的作品时，要重在理解与品悟，切忌长篇背诵。

24. 劳动的体会

日常生活中常做的劳动（家务劳动、农耕劳动、体验式劳动）；劳动的过程；劳动的感受；劳动的收获与感悟等。

25. 我喜欢的职业

我喜欢的职业（或专业）是什么；我为什么喜欢这个职业（或专业）；我为从事这个职业（专业工作）所做的准备等。

26. 我向往的地方

我向往的地方是哪里；我为什么向往这个地方（是因为一部书、一部电影或是……）；我要去那里的打算等。

27. 让我感动的事情

可以是自己亲身经历的或听到的事，也可以是网络等媒体上看到的事。事情的经过；自己的内心感受；对自己的启迪等。

28. 我喜爱的艺术形式

我喜欢的艺术形式是什么（如文学、电影、音乐等）；概括对这种艺术形式的了解或喜爱；具体介绍和评价一部作品等。

29. 我了解的十二生肖

这是一个知识性的话题，考前要做好充分的准备。十二生肖的起源、十二生肖的传说与故事、十二生肖对应的时辰等。

30. 学习普通话（或其他语言）的体会

我对普通话（或其他语言）的认识（重要性）；我是怎样提高普通话水平的（具体的措施和成效）等。

31. 家庭对个人成长的影响

表明观点：家庭对个人成长的重要性（心理健康、个性发展、个人价值观的形成、社会适应能力等）；结合自己的经历或自己了解的事例谈，正面影响和反面影响的事例相结合等。

32. 生活中的诚信

生活中的诚信行为有哪些（言而有信、考试不作弊、按时还贷等）；自己所经历过的或熟知的诚信故事；诚信的重要性，呼吁大家诚实守信等。

33. 谈服饰

我对服饰作用的理解；对服饰变迁的了解；选择服饰应考虑的因素；对品牌、流行的见解（以上四个方面可选择自己比较了解的一两个方面来谈，尽量多举事例，用叙述的方式来谈）等。

34. 自律与我

什么是自律（坚持一项运动、一段学习、一门兴趣爱好，一种好习惯的养成都是自律）；我自律过程中遇到的诱惑或困难或懒惰；我是如何解决的；我的收获与体会等。

35. 对终身学习的看法

表明观点：对终身学习的认同；终身学习的重要性；名人学习的故事；自己坚持学习（包括自己的兴趣爱好）的故事与收获；未来终身学习的规划等。

36. 谈谈卫生与健康

表明观点：卫生影响健康；良好的卫生习惯能促进身体健康（举出正面事例）；不良的卫生习惯会危害身体健康（举出反面事例）等。

37. 谈谈对环境保护的认识

表明观点：环境保护的重要性；目前环境保护取得的成效；目前保护环境还有哪些做得不够的地方；保护环境我们可以做什么（从小事做起）等。

38. 谈谈社会公德（或职业道德）

概要说说对社会公德的认识（如社会公德体现了公民的文明教养）；结合具体情况或事件说说社会公德好的地方；结合具体情况或事件说说社会公德有待提高的地方等。

39. 对团队精神的理解

什么是团队精神；团队精神的重要性；讲述自己经历的或听闻的团队合作的故事（正反两个方面），着重强调团队精神带来的变化；自己在团队里应怎样做等。

40. 谈谈中国传统文化

中国传统文化有哪些（古文、诗词、曲赋、刺绣、戏曲，中医、国画、书法、武术等）；选择自己熟知的一项或几项，说说它的起源、发展、传承；讲讲与传统文化有关的典故，它对我们今天生活的影响等。

此话题也可以与“我了解的十二生肖”“我了解的地域文化（或风俗）”归并共享素材。

41. 谈谈科技发展与社会生活

表明观点：科技发展对社会生活产生巨大影响；具体地选择一个方面（如手机的使用、人工智能的发展等）对人们生活的影响等。

42. 谈谈个人修养

为什么要提高个人修养；可以通过哪些途径提高个人修养；为不断提高个人修养，自己是怎样做的等。

43. 对幸福的理解

我对幸福的理解（幸福是一种满足和心态：健康的身体、家人的陪伴、观赏风景、追求梦想等）；选择一两件详细具体事例谈谈自己的感受。不同时期对幸福的理解各不相同，结合具体的事例来谈。

44. 如何保持良好的心态

什么是良好的心态（自信、乐观、宽容、感恩等）；为什么要保持良好的心态；自己在生活中遇到困难或挫折时保持良好心态的做法（运动、美食、旅游、心理暗示等）；良好心态带给自己的好处等。

45. 对垃圾分类的认识

这是一个知识性的话题，考前要做好充分的准备。

简述垃圾分类；垃圾分类的必要性；垃圾分类的方法；垃圾分类不够普及的现状；改变现状的措施等。

46. 网络时代的生活

表明观点：网络时代对人们的生活有着巨大的影响；具体选择一两个方面（网络预约、网上学习、电子政务、远程医疗、在线缴费），讲网络对我的生活带来的巨大便利；网络是把双刃剑（网络安全、隐私泄露、网络诈骗）等。

此话题可以与“科技发展与社会生活”归并。

47. 对美的看法

对美的认识（一件物、一处景、一篇文、一颗善良的心、一种美好的生活）；发现美的过程；讲述美的故事；美带给自己的感受等。

48. 谈谈传统美德

我知道的传统美德（爱国、诚信、友善、兼爱、谦让等）；讲述传统美德的故事（可以是自己生活中的故事，也可以是历史故事）；传统美德对我的影响；我将传承这样的传统美德等。

49. 对亲情（或友情、爱情）的理解

说说自己对亲情（或友情、爱情）的理解；讲述自己经历的或知道的情感故事，谈谈自己的感受；自己想要的亲情（或友情、爱情）是什么样的；在这种亲密关系中自己会怎么做等。

50. 小家，大家与国家

简要阐述自己对三者的认识（家庭、社会或集体、国家）；三者之间的关系（国家富强、民主、文明，社会或集体才自由、平等、公正、多彩，小家才可能和睦、温馨、幸福）；联系历史故事、社会或国际事件论述这一关系；生活中为国家为社会我们应该怎样做等。

技能训练

请写出 50 个话题的说话提纲，然后小组讨论，提出修改意见。

项目 3.2　命题说话中常见问题及应对策略

训练目标

（1）了解命题说话中的常见问题。

（2）掌握解决常见问题的应对策略。

（3）通过训练，能语言标准、流畅自如地说话。

知识内容

一、命题说话中的常见问题

命题说话是普通话水平测试中分量最高的一项，也是唯一的无文字凭借的一项，从历年的测试情况来看，命题说话时应试人常出现以下几种问题。

（一）思想不重视，说得随便

有的应试人因为口才还不错，也有在大庭广众下说话的经验，而测试用书上的话题看起来也不复杂，于是自以为经验丰富，可以在考场里即兴说话、张嘴就来，结果测试时结结巴巴，语音和语法不够规范，说了两三句就无话可说了。

有的应试人前面几道题完成得比较好，到了命题说话时却好像换了一个人，语音面貌大大下降，语音毛病不断出现；与之相反的是，有些应试人普通话基础不是特别好，却能在说话中尽量规范发音、稳定完成。二者相较，其主要的原因就是应试人重视程度不一样，态度决定了结果。

命题说话不可以随便应付，应试人在测试前要高度重视，充分准备。

（二）心理太紧张，说不下去

人工测试是一个应试人面对两三个考官进行 3 分钟的单向说话，考官负责听和记录，肃静的考场氛围会给部分心理素质不太好的应试人带来较大的心理压力，导致说话时结结巴巴、无话可说。机测之后，应试人过于紧张的现象大大减少，但从查验身份到备测再到上机测试，整个流程比较严肃紧张，一些应试人仍会因过于紧张导致说话时声音偏小、含糊不清，甚至说不出话来。

机试时还有一种情况也要引起重视，那就是有些应试人不习惯面对电脑说话，感觉场景很奇怪，自己的声音很特别，于是失声而笑，使得本来可以说好的内容语音不准，说话的时长不够，甚至影响同考场的其他人。无论是紧张还是笑场，都要进行心理建设，调整心态，从容应考。

（三）机械背稿子，说得含糊

有些应试人特别认真，在测试前从网上下载现成的说话文稿，或者将每一个话题都写成文稿，然后反复朗读，机械背诵，测试时心里总想着写的内容，从而形成背书腔。背书腔的常见表现是：说话匀速，无快慢之分；内容匀重，无轻重之别；也没有轻声词，这种一个字儿一个字儿往外蹦的腔调，把话题内容里情态、意思全说没了，味同嚼蜡、毫无感染力，也有人称之为“念经式”。

（四）无效话语多，说话缺时

命题说话时间要求为3分钟，从历年测试实际情况看，缺时是最常见，也是扣分最多的一项，缺时分为如下几种情况：测试开始了，应试人迟迟不开口；测试过程中，应试人出现多段超过10秒的停顿；测试还没结束，应试人已经把准备好的内容说完了，只能哑口无言，静静等待。以上缺时会累积计算，按累积时长相应扣分。

另外，在测试过程中还会出现以下情况：有的应试人在无话可说时，会朗读或背诵熟悉的文段，或者反复重复前面已经说过的内容，甚至会唱歌；有些人生活中说话就习惯有“嗯、啊”或“这个、那个”之类的口头禅，他们甚至认为加入口头禅才更像口语。以上现象均可归为无效话语，会根据时长酌情扣分。

二、命题说话常见问题的应对策略

针对以上命题说话常见问题，可以从以下几个方面有针对性地制定合理的口语表达训练方案，进一步提高应试人的口语表达能力，为命题说话做好准备。

（一）思想高度重视，得心应“口”地说

应试人应该正确认识命题说话这一测试内容的重要性和难度，测试前认真准备，既不要过分紧张，也不能过于轻敌，盲目自信。准备时可以先测算一下自己的正常语速，根据这个数据来准备说话的材料，确定说话内容后一定要开口先试讲几遍，可以讲给同学听，也可以对着镜子讲，最好能录下语音，认真听几遍，发现自己的问题，然后针对具体问题进行修改调整。

（二）克服紧张心理，大胆自信地说

1. 调节呼吸，缓解紧张情绪

如果考前情绪过于紧张，在朗读测试后不要急于点击下一题，可以用深吸气、慢呼气的方式慢慢使心跳放慢、肌肉放松；也可以调整一下坐姿，让身体处于舒适的状态；还可以进行积极自我暗示，在心里对自己说“没关系，我准备得很充分，只要按照提纲正常说话就一定没问题”。

2. 降低压力，与电脑倾心交谈

从考查内容上来说，说话项考查的是应试人运用普通话进行表达的流畅性和规范程度；从说话题目上看，除了少部分带有议论性质外，大部分题目都是叙述性质的，所以面对电脑测试时，可以想象自己在与朋友拉家常，说话内容应尽量选择自己亲身经历的、最有感触的、最难忘的材料，说自己想说的、会说的，大胆、自如地表达。

（三）拒绝机械背稿，条理清晰地说

背稿子易形成背书腔、紧张忘词或说话雷同等情况，听感上不自然不流畅，因此必须消除对文稿的依赖性，变机械背稿为自然说话。说话时应按照一定顺序，有条有理自然讲述，娓娓道来。一般来说，记叙类话题可以采用时间顺序，讲清楚在什么时间、什么地点、发生了什么事情即可。而论说类话题则可按照逻辑顺序进行介绍，如"谈谈卫生与健康"可以先提出卫生与健康存在必然联系，然后从正反两面进行说明；"谈谈个人修养"可以提出个人修养的重要性，然后说明注重与不注重个人修养产生的不同结果；"谈谈对环境保护的认识"可以提出环境的重要性，再列举出不保护环境的恶果。还有些话题适合采用空间顺序，如"家乡（或熟悉的地方）"可按一定的方位顺序对自己的家乡进行描述和介绍。

（四）精心组织语言，流畅自如地说

1. 多用短句，少用长句

生活中说话一般是现想现说，所以应该尽量使用简短的句式；测试中的话题虽然是提前准备的，但仍然属于口语范畴，因此也要尽量少用长句。即使有比较复杂的意思要表达，也建议分成几个短句子来说，少用很长的修饰语，这样可以保持思维的连贯性，减少语法错误。

2. 多用口头语，少用书面语

书面语典雅、精练，表现力丰富，口头语通俗易懂、清楚明白，二者各有优点。命题说话应选用口头语，比如"乞讨——要饭""母亲——妈妈"，在生活中我们一般会使用后者；再如"在一个春光明媚的早晨，我们家人都去郊外远足了"，这句话虽然语句优美，却不符合我们生活语言的表达习惯，如果换成"今天天气很好，太阳很早就出来了，我们一家人到郊区去随便走走"就会舒服得多。

当然多用口头语并不意味着可以随便使用方言词语，命题说话时要注意词语的规范，要注意避免使用日常生活和事物的方言词语，特别是称呼、语气词等，如"嘞、啵、吵"等。

3. 避免啰唆重复和口头禅，保证说话的有效时长

命题说话对时间的要求量化严格：缺时 1 分钟以内（含 1 分钟），扣 1~3 分；缺时 1 分钟以上，扣 4~6 分；说话不满 30 秒（含 30 秒），本测试成绩计为 0 分。要保证说话不缺时，就必须充分准备说话内容，按照每分钟 220 字的适中语速，3 分钟的说话需要准备 600~800 字的说话内容，应试人对所说内容也要十分熟悉，否则在测试相对紧张的气氛中，就会忘词，说不下去。

无论是日常生活交往，还是普通话水平测试，都要求说话内容丰富、生动自然。如果一句话能表达的简单意思，非要说成很长一段话；或者同样的话重复几遍；或者每句必有"啊""呃""这个""那么""就是说"之类的口头禅，都会给人啰唆重复之感，也会影响表达的流畅度。在确定好说话内容之后，一定要开口出声，反复试讲，这样在测试中才能避免出现以上现象，保证说话的有效时长。

技能训练

命题话题准备和练习需要一段时间才能完成，请制订一个计划表，将 50 个话题的具体安排详细列出，并按计划落实完成。

项目 3.3　命题说话话题准备及范例解析

训练目标

（1）正确解析话题。

（2）围绕话题思路选择具体、真实的说话材料。

（3）围绕话题组织语言，标准、流畅地进行 3 分钟单向说话。

知识内容

一、命题说话的话题准备

（一）审查话题，分类整合

仔细分析 50 个话题，会发现这些话题大多与日常生活有关，如果将这些话题合理归纳整合，分类训练，可以节省准备时间，提高训练效率，提升说话水平。当然，话题分类没有绝对标准，以下分类归纳仅供参考，学习者可根据自己的说话习惯和风格适当调整话题分类表，见表 3.1。

表 3.1　命题说话话题分类表

记叙类	记人物	2. 老师；8. 朋友；17. 尊敬的人；23. 我欣赏的历史人物
	记事件	6. 我的理想（或愿望）；9. 童年生活；14. 难忘的旅行；21. 让我快乐的事；27. 让我感动的事情
	记生活	1. 我的一天；4. 假日生活；7. 过去的一年；19. 我了解的地域文化（或风俗）；24. 劳动的体会；29. 我了解的十二生肖；46. 网络时代的生活
	记所爱	3. 珍贵的礼物；5. 我喜爱的植物；10. 我的兴趣爱好；11 家乡（或熟悉的地方）；12. 我喜欢的季节（或天气）；13. 印象深刻的书籍（或报刊）；15. 我喜爱的美食；18. 我喜爱的动物；22. 我喜欢的节日；25. 我喜欢的职业（或专业）；26. 我向往的地方；28. 我喜爱的艺术形式

续表

论说类	论人	32. 生活中的诚信；34. 自律与我；38. 谈谈社会公德（或职业道德）；39. 对团队精神的理解；42. 谈谈个人修养；44. 如何保持良好的心态；49. 对亲情（或友情、爱情）的理解；50. 小家、大家与国家
	论事	31. 家庭对个人成长的影响；33. 谈服饰；35. 对终身学习的看法；36. 谈谈卫生与健康；37. 对环境保护的认识；40. 谈谈中国传统文化；41. 谈谈科技发展与社会生活；45. 对垃圾分类的认识；48. 谈谈传统美德；
	论感受	20. 体育运动的乐趣；30. 学习普通话（或其他语言）的体会；43. 对幸福的理解；47. 对美的看法

（二）审定主题，巧妙构思

说话审题与作文审题没什么差别，只是表达形式不同。审题是命题说话的第一步，即确定说什么，围绕什么主题和中心来说，抓关键词是审题的关键，比如“我欣赏的历史人物”这个题目，关键词是“欣赏”，在中外历史上出现的人物很多，你了解的历史人物也不少，但不是每一个都会欣赏，所以说话时要重点说欣赏他的理由，另外还要注意“历史人物”限定了人物范围，即要介绍的人不是虚构的，也不是影视作品中的人物，必须是中外历史人物。

确定说话的主题后，就要构思说话的结构了，即3分钟内，先说什么，后说什么，哪些多说，哪些少说。比如“体育运动的乐趣”这个话题，可以从以下几个方面来说。

（1）日常生活中我常进行的体育运动：跑步、游泳、打篮球等。

（2）体育给我带来的乐趣：

①身体健康的乐趣；

②情感交流的乐趣；

③情绪宣泄、精神享受的乐趣。

（3）呼吁人们多进行体育运动，感受其中的乐趣。

以上内容，由（1）展开话题，在（2）中从三个方面举出实例，（3）结束话题。其中（2）是重点内容，要详说，（1）和（3）则略说。

（三）精心选材，切题恰当

审题和构思之后，应选取熟悉的材料，亲身经历的事件最好，耳闻目睹的故事也行，总之应该具体实在、真实可信。另外，话题选材要找准恰当的切入点，将大题化为小题，将生疏的题目化为熟悉的题目。比如“谈谈对环境保护的认识”，环境保护十分复杂，有正面的，也有反面的，有宏观的，也有微观的，考生对此一般都没有专业研究，说话有难度。如果从发生在身边的环境保护事件入手，讲述一两个具体的环保故事，把大题目化为小题目，把抽象的题目化为具体的题目，就有话可说了。

总之，话题选择要真，话题准备要充分，说话方式要少议论多讲述，这样说话才能有话可说，且说得自然。

二、命题说话范例解析

我的兴趣爱好

爱因斯坦曾经说过：“兴趣是最好的老师。”的确如此，兴趣爱好能让我在紧张繁忙的工作之余，感受到生活的乐趣，生命的美妙。我最大的兴趣爱好应该是养花，仔细算算，我养花应该有十来年了吧。

如果你有机会到我家做客，你一定会被阳台所吸引。我家阳台正对客厅，阳光充裕，上面摆满了大大小小的花盆，有芦荟、仙人球、丹顶红、太阳花、铜钱草、金枝玉叶、油画婚礼……都长得蓬蓬勃勃、葱葱茏茏。每天早晨，可以听见鸟儿叽叽喳喳的叫声，它们喜欢落在我的阳台上，寻找那一片绿荫歇歇脚。因为花草太多，所以我家阳台虽然有五六米长，却找不到太多晾衣服的空间，我只好将晾衣绳拉得高一些，把洗过的衣服挂在花草之上，我感觉衣服似乎也沾染上了花草的清香呢。

我养花有自己的特色，虽然是阳台养花，但我不喜欢精细控制，而是放任它们自由生长，比如养多肉，别人追求的是数量繁多、品种名贵，讲究花的精致小巧，甚至用灯光控制品相，而我养的多肉品种虽不多，却不停繁衍，我常常开玩笑说"别人是养一百种多肉，我却是把一种多肉养成一百棵"。我的多肉慢慢都长成了老桩，个头健硕，叶形饱美，充满生机。我在淘宝上买来几个古朴的花盆，把它们移植进去，在微信朋友圈一发，还收获不少朋友的关注与点赞呢。

说来奇怪，我养的花观叶的多，开花的少，似乎我不是在养花，而是在种草。像欧月、绣球甚至小木槿这一类花形优美、色泽艳丽的花我也养过，然而往往只能欣赏一季，就永远地离我而去了，能够几年十几年存活的，甚至由一棵养成多棵的，往往是金枝玉叶这一类不开花植物。不过也有例外，前几年一位花友送我两个乒乓球大小的仙人球，我把它养到了皮球般大小，还生出了无数个小仙人球。有一年，仙人球上突然生出一个小小的毛茸茸的花蕾，花蕾不停地生长，大概二十多天时间吧，花蕾长成大约十几厘米的小长棍，在一个夜晚华丽绽放。这朵仙人球花，花形硕大，洁白无比，花瓣薄如蝉翼，仙气飘飘，似乎吹弹可破。可能美好的生命都是短暂的吧，蕴蓄了二十多天才开放的仙人球花，一日之内就萎缩凋谢了，让人叹息。所幸从那年之后，这盆仙人球每年都会开放一次，去年还同时开出了两朵花，今年更是冒出了三个小花蕾。我无比欣喜，隔几天就会去阳台上看看，生怕错过了它美丽而短暂的花期。

养得好的花生命力顽强，还会不停繁衍生发，以前我经常去花店买花，而现在我把新生的花送给同样喜欢花的朋友们，也常常收到花友们送给我的花苗花种，我们互相交换养花的经验，共同分享花开的照片，一起欣赏美丽的鲜花。养花给我的业余生活带来了充实、带来了愉悦。

分析：这个话题采用了叙述的表达方式，先介绍自己的兴趣爱好是养花，再重点介绍了多肉和开花的仙人球这两种花，最后简要介绍养花充实了我的业余生活，收获了友谊和欢乐。内容真实、丰富，结构合理，向听众娓娓道来。

谈服饰

俗话说"佛靠金装、人靠衣装""三分长相、七分打扮"，说的就是服饰打扮的重要性。懂得穿着打扮的人总是能给人以美的享受，相反，不合体的服饰会让人觉得不伦不类。如何选择合适的服饰打扮自己，这是一个值得我们考虑的问题。下面，我就谈谈我的一些想法。

首先,我认为服饰打扮要与个人特点相符合。个人特点包括自己的体型、肤色、年龄、性格、气质等因素,比如胖一点的人可以选择视觉效果收缩的衣服,而太瘦的人则可以选择视觉效果有张力的衣服;再比如年轻人衣服可以色彩鲜艳一点,款式活泼一点,而年龄偏大的人衣服则可以色彩稍微素雅一些、质地优良一些……总之,好的服饰选择应该是凸显优点,遮掩缺点,彰显气质,增加魅力。

其次,服饰打扮要与场合相符合。在工作场合,合身的套装可以给我们工作表现加分;参加运动会,清爽的运动服会让我们成为运动场上一道青春亮丽的风景;与朋友聚会,可以选择时尚洋气的服装,让朋友们眼前一亮,让聚会锦上添花;而在家里时,舒服的家居服应该会让劳累了一天的自己彻底放松……

爱美之心,人皆有之。合适的服饰不但能让别人赏心悦目,也让自己自信大方、身心愉悦。其实成功的着装要和穿衣人的风度气质搭配和谐,服装与人是相互成就的。一款漂亮的时装可以让你神采奕奕,气度非凡;同样,优雅的风度、高贵的气质也可以赋予一款普通的衣服特别的魅力。所以,除了选择合适的服饰之外,我们不能忘了人本身的自然美和内在美,更应该培养自己的气质美。

分析:这个话题的展开采用了议论的表达方式,先提出了服饰的重要性;再从服饰要与个人特点相符和服饰要与场合相符两个方面发表自己的见解;最后提出服饰与人相互成就,选择合适服饰的同时要培养自己的气质美。整篇说话思路清晰,内容充实,详略得当。

网络时代的生活

现代科学技术在飞速发展,特别是互联网技术,它打破了传统时间、空间的束缚,万物互联为我们提供了更便捷、更高效的生活方式。网络化的工作、学习、生活方式,改变了我们传统的吃玩住行。

我们坐在电脑前,动一动鼠标,仿佛世界就在眼前。看电影、听音乐,玩游戏、刷视频、参与各种各样的线上活动,可以让我们释放紧张的压力,放松心情;景区网站,使我们足不出户便能了解祖国的大好河山,浏览大江南北;滴滴打车,让我们享受便捷舒服坐车出行;动动手指便可在家享受购物;人人出门不用带现金,拿出手机一扫,“滴答”一声付款完毕,再也不需麻烦地找零钱;通过微信、QQ 等社交平台我们既能和亲人朋友保持联系,随时“见面”,又可以与五湖四海的朋友聊天、畅谈人生;从前书信联系亲笔写好,派人送到目的地,速度慢,效率低,现在电脑打字,写好稿件,一秒发送,马上接收,快捷高效;网上缴费、远程挂号预约、网上办事等等,网络已融入我们的生活,方便我们的生活。

网络时代改变了我们的学习方式。对学生来说,在线教育、在线课程更是为我们的学习提供了海量的信息和丰富的学习资源,只要连上网络,不管什么时候,不管我们身在何处,都能享受到网络带给我们的学习便利。我们还可以根据自己的兴趣和需要,自主选择学习内容和进度,大大提高了学习的效率和效果。所谓“秀才不出门,能知天下事”,网络为我们的泛在学习提供可能,随时可以知道世界最新资讯,随时可以找到你想学习的资源,随时随地进行咨询、学习、交流、分享等,也就是无时无刻的沟通,无处不在的学习。

网络是一把双刃剑,我们在享用网络技术带来的种种便利时,但也要学会适度,防止数字滥用，不要成为整日捧着手机的“低头一族”，不要沉溺于虚拟的网络世界，每天依赖网络媒介的刺激而活。在兴奋刺激之外，我们更需要关注真实的生活，学会线下生活，学会安静和思考。

另外，网络安全问题日益严重，网络诈骗、个人信息泄露等问题需要我们严加提防。

总之，网络时代为我们的生活带来了巨大的变革和便利，我们应充分利用网络时代的优势，提高生活质量，同时关注其潜在的问题，正确使用网络，让我们的生活更美好。

分析：这个话题先总述了科技的发展，网络的普及，重塑了我们的工作、学习、生活方式，再具体描述网络改变了我们传统的吃玩住行等，再较为详细地说明了网络给我们的学习、购物等带来的方便快捷。最后，提醒大家网络是一把双刃剑，防止沉溺网络，学会适度。条理清楚，结构合理，内容充实。

我欣赏的历史人物

在我国历史长河中，出现过许多的历史人物，他们就像天空中颗颗璀璨的星星，用自己的智慧和勇气、责任与担当，照亮了人类前进的道路。其中，我最欣赏的历史人物是苏轼。苏轼一生著作很多，据说，共作有文章4 800多篇、诗2 700多首、词350多首。从小学、初中、高中，一直到大学的语文课本里，都有苏轼的作品。

在这三种文学体裁中，我最喜欢的是苏轼的词，他的词有的豪迈奔放、有的婉约柔美。读他的词，仿佛能看到一个有血有肉的真实的苏轼站在我的面前。

比如，他在密州任知府时，曾率领百姓盛大出猎，他在《江城子·密州出猎》中描述自己的形象时说：“老夫聊发少年狂，左牵黄，右擎苍，锦帽貂裘，千骑卷平冈”。他在这首词里还写道：“会挽雕弓如满月，西北望，射天狼”，在这句词里，我看到了一个渴望为国家建功立业的豪情满怀的苏轼。

当苏东坡被贬黄州时，有一天和友人出门，半路上突然下起了大雨，他们都没有带雨具，大家都感到狼狈极了，只有他大声吟唱：“莫听穿林打叶声，何妨吟啸且徐行。竹杖芒鞋轻胜马，谁怕？一蓑烟雨任平生。”真是淡定从容。

还有一次，也是在黄州，他游览赤壁，写下了一首《念奴娇·赤壁怀古》，其中有一句“遥想公瑾当年，小乔初嫁了，雄姿英发，羽扇纶巾，谈笑间，樯橹灰飞烟灭”，他将年纪大了还被贬在外、建功无门的自己与年轻有为、事业爱情双丰收的周瑜相比，应该心里感慨万千吧？不过也是因为他的这首词，才有了文赤壁、武赤壁之分。可能这是他当年没想到的吧？

其实苏轼除了有英雄的一面，还有儿女情长的一面。他曾写过一首词《江城子》：“十年生死两茫茫，不思量，自难忘。”“夜来幽梦忽还乡，小轩窗，正梳妆。相顾无言，唯有泪千行。”这是他纪念亡故十年的妻子王弗的词作，每一个读到这首词的人都忍不住流下伤心的泪水，所以他的这首词后来被称为“千古第一悼亡词”。

除了这些，苏轼在书法、美术甚至美食上都有着非常高的成就，如果你对他也感兴趣，不妨跟我一起走进他的诗词文章中，更深入地了解他吧。

分析：这个话题采用了讲述的表达方式，先总体介绍了苏轼在文赋诗词上的成就，再通过苏轼的四首词从四个方面表现出他的人格特点：渴望建功立业的豪情、途中遇雨的从容、被贬黄州的失意和难忘亡妻的深情。整段说话内容将苏轼丰满的人物形象和人格魅力讲述得既生动又感人。

小家、大家与国家

有首歌《国家》,响遍了神州大地。其中有句歌词是:“都说国很大,其实一个家。家是最小国,国是千万家,有了强的国,才有富的家”。是啊,有了国家才有小家,只有国家强大了,我们的小家才算是真正的安康。由此可见,国与家的命运是相连的,我们常说国富民强、国泰民安、国破家亡,很好地说明了国家富,人民才会富的道理。小河有水大河满,大河无水小河干,当然小家的欢乐富足,也代表了国家的繁荣昌盛。

我有个温馨的小家,在家中,我得到了父母无微不至的关怀照顾和无私的爱。爸爸培养了我的独立性和责任感,教会我们如何面对生活中的挑战和困难,妈妈告诉我要宽容善良和富有爱心。当我进入集体,走进社会这个大家时,我结交了朋友、参与了活动、拓宽了视野。大家为我提供了丰富多彩的体验和学习机会,让我不断成长和进步。在大家的氛围下,我学会了团结协作、宽容理解,懂得了什么是共同发展和繁荣。在这个大家里,“人人为我、我为人人”,大家互相尊重、互相关心、互相帮助,和睦友好,和谐共处,这样我们的国家也会富强、民主、文明、和谐。

当然国家要兴旺发达,需要小家的每个人,我们大家齐心协力,共同奋斗,众人拾柴火焰高。比如,曾经新冠肺炎疫情的发生使国家遭遇到重大的危机,给我们小家带来巨大灾难,国难当头,我们每个小家的每个人都迎难而上:普通的人做好个人防护,服从安排,不添乱;医护工作者、武警公安等人则舍小家,为大家,逆向而行,全力以赴投身到抗疫第一线,连续奋战。正是每个“家”的力量向一处汇聚,人人为大家,我们的国家才最终力挽狂澜,每个小家又过上了平静安宁的生活。

国家的强大和发展,关系到我们每个人的福祉和未来。作为学生,我们要好好学习,努力成为有用之才,为国家的发展贡献自己的一份力量。我们要建小家,为大家,报国家。

分析:这个话题的展开采用了议论的表达方式,首先以熟悉的歌词总体阐述了小家、大家和国家的关系,大河无水小河干,大家一起努力干,这样小河有水大河满,再具体论述了小家、大家与国家的关系,然后以新冠肺炎疫情为例具体阐述了三者之间的关系,最后呼吁人人建小家、为大家、报国家。整篇逻辑清晰,条理清楚,论述得当,说服有理。

我喜欢的季节(或天气)

我喜欢的季节是春天,春天是百花齐放,也是小草刚刚长出来,树叶放绿枝的时候,也正是我们、能够最喜欢出去旅游的时候。我记得有一次,我跟朋友一起出去玩,就是在春天,我们去搞春游来到了小河边,一起搞、搞野炊,那里有、看到了水、树、树上面的花草。草是绿茵茵的一片,而花是百花齐放,所以春天最适合搞旅游的季节。

夏天,有一次我跟我父亲一起出去,夏天是最炎热的时候,我最喜欢去游泳(yǔn)了,有一次我跟我父亲一起出去游泳,来到了小河边,我最喜欢 ∧∧(吞掉“在那”2 个字)水深的地方去玩,我爸跟我说:天气太热(lè),夏天也容易中暑,∧∧(吞掉“不能”2 个字)/突然之间游到深水边,所以我爸不让我去那边玩耍。

秋天是丰收的季节,我记得小时候有一次我感冒了,我们家的橘子已经成熟了,我爸爸不让我吃橘子,所以我就选择了去、去山后面的树上摘橘子吃,我怕我爸发现我在后面摘橘子,所以,我就爬到树上面,把橘子摘完,皮留在上面,以为就不会被我父亲发现,我吃得很开心,后来我父亲叫我,一看,我、我父亲已经在我身后,他问我在干什么,我说我没干什么,爬在树上玩,嗬,我爸相信了我,回到家、里之后,我想了想,我说父亲是为我好还是为了不让我吃橘子,橘子可以卖(mǎi)钱的。后来我来到了、我来到了山后面,一看,我摘完的橘子那皮都已经黄了,有一天被我父亲发现,他问我怎么把树上的橘子摘完了,我就告诉他,我说我喜欢吃橘子,父亲才那时候告诉我,他说我怕你吃,他说秋天是丰收的季节,橘子多的是,是怕你不小心摔了。

分析:这一席话介绍了说话人春夏秋三个季节的活动,严格来说,内容与话题有偏移,开篇说"喜欢的季节是春天",第二段和第三段说的都不是春天。话语表达中有明显的病句和不应该的停顿以及没有价值的重复,如"也正是我们、能够最喜欢出去旅游的时候"和"那里有、看到了水、树、树上面的花草",既是明显的病句,又有不该有的停顿。话语中的"在那""不能"这样的词语被吞字吞掉了,"游泳(yǔn)""太热(lè)"都是直接用了方言读音,"卖(mǎi)"的声调会让人理解为"买"。这个话语作品问题比较严重。

我所在的学校(或公司、团队、其他机构)

我所在的学校是 ×× 职业中专,它在城市的边上,很远、很远的那里。我们学校刚……嗯,刚通过评估,呃,刚通过评估,刚通过评估,我们的评估,呃……嗯……,我们学校有三个系,分别是信息系、机电系和商贸系,我在机电系。我们学校,噢,是,嗯,是一所公办学校,噢,学生、学生寝室,基本上是八人间,呃,还有十二人间的,嗯,十二人间是教室改的,因为学生太多,呃,寝室少了,嗯,不过马上寝室就会改变……改善,因为又有一栋寝室已经,已经做好了,就可以进去住了。呃……我的班级是电子班, 3 班,我们班上有 48 位同学,呃……其中有,只有两名女,呃,女同学,其他的都是男同学,嗯,嗯……

分析:这一席话完全是说明性的,介绍了学校的大致位置,学校参加了评估,学校的分系情况,以及学生的住宿和班级基本情况。总体上 3 分钟时间只说了不到 300 个音节,内容贫乏,大量的口头禅和停顿,使得思维线索很不连贯,严重影响了说话的自然流畅性,这个说话作品问题比较突出。

技能训练

(1)将 50 个话题制作成题卡,请几位同学抽话题卡在讲台上说话,其他同学按评分标准给他们打分,并提出修改意见。

序号	命题说话(40分)						扣分
	语音面貌(25分)	词汇语法(10分)	自然流畅(5分)	缺时	离题内容雷同	无效话语	
1							
2							
3							
4							
5							

(2)从题卡随机抽取话题,将自己的说话过程录下来,说完后认真听一听,针对自己出现的问题进行调整修改。

模块 4　艺术情境口语训练

模块导读

本模块我们将进行艺术情境下口语的训练，主要包括朗诵和演讲。“朗诵”，即大声诵读诗或散文，把作品的感情充分表达出来，并能感染听众。“演讲”，一般来说，是指就某个问题对听众说明事理，发表见解，抒发情感，进而感召听众的一种语言交际活动。我们不难发现，二者都是表情达意，言志传神的表达样式，都有特定对象、情境，讲求受众与表达者之间形成共鸣、有良好的氛围，都属于有声语言的艺术表达活动。二者又有区别。一般而言，朗诵作品的语言更书面化，讲究词语系列的严密、精当；演讲语言则在书面语言和口头语言之间调度、取舍，一般使用短句较多，词语风格以及语法结构多偏向于口语化的书面语。二者在声音形式上会表现出“诵读”同“讲说”的语感差异。我们在练习时要拿捏准确，掌握好分寸。

在练习时要特别注意如下几点。

(1)明确目标。每个人的语言问题不一样，同一问题，每个人的解决办法也可能不一样。因此，练什么、怎么练，需要制订计划，做到心中有数。切忌简单练、盲目练。

(2)循序渐进。我们不能急于求成，语言的训练没有什么一蹴而就。广大学习者要一步一个脚印地解决问题，要善于在诸多问题中找到当下最突出的主要问题。解决了旧问题，还可能会出现新问题，再逐步解决就是。

(3)通过量变引起质变。很多学习者发现，单独训练已经解决的问题，一旦回到语流中又会重蹈覆辙。这说明练习的量还不够，还没有形成稳固的条件反射。只有养成了习惯，成为下意识的东西，那才算训练完成了，才能得心应“口”地表达。“语言这东西不是随便可以学好的，非下苦功夫不可”(毛泽东语)。所以，我们应沉下心来，持之以恒地大量练习。

模块目标

(1)树立正确的朗诵和演讲概念。

(2)掌握朗诵的语言表达技巧和演讲的实用技法。

(3)通过训练，能有感染力地进行朗诵和演讲。

项目 4.1　朗诵

任务 4.1.1　朗诵的语言表达技巧

训练目标

（1）区分朗读与朗诵，树立正确的朗诵概念；
（2）学习并掌握朗诵的语言表达技巧；
（3）通过训练，能有感染力地进行朗诵。

知识内容

一、朗诵与朗读的区别

朗读是把书面语言转化为发音规范的有声语言的再创作活动。

朗诵是一门独特的艺术。“朗”就是响亮的声音；“诵”就是用抑扬顿挫的声音把文章背诵出来。具体地讲，朗诵就是由朗诵者把文学作品在受众面前用准确、流利、有丰富情感的艺术表演性的有声语言进行的再创作活动。

朗读和朗诵相比，朗读本质上还是一种念读，是一种应用型的朗声阅读。它更注重语言的规范、语句的完整和语意的精确，它呼唤的是受众的理智思考，追求的是全面、准确地理解朗读者所表达的意思。

朗诵，本质上是一种语言表述的艺术表演形式。它要求朗诵者在朗读要求的基础上更加注重对文稿的表达形式进行艺术的加工和处理。朗诵者借助语速、语顿、音区、轻重音等方面的富于变化的个性表达手段，将朗诵材料转化为一种艺术表演。它呼唤的是受众的情感共鸣，追求的是使受众听之入耳、听之入心、听之动情的艺术感染力。

朗读和朗诵，既有区别又有密不可分的联系。朗读是朗诵进行艺术加工的基础，朗诵是朗读艺术加工后的提高。从对有声语言的学习上来看，朗读是基础，朗诵是朗读的进一步深入和艺术化的过程。

二、朗诵的表达技巧

朗诵是朗读的延伸和升华，兼顾“达意”与“表情”，是借其他手段来追求更丰富的艺术美感的艺术化表达。

朗诵要运用语言学的理论，明确语言的清晰度，要运用发声学的理论使气息、声音自如优美，还要运用朗诵和表演艺术的理论，熟练使用语言表达技巧，使语言富有情感性和丰富性。因此一次成功的朗诵需要深厚坚实的语言功力作支撑。

从形之于声的依据上看，朗诵先要理解稿件，深入感受，继而有动于衷，以声传神，在此基础上把稿件变为自己的有声语言。

（一）充分感受，情动于衷

朗诵者通过文字间接地接受客观事物带来的刺激，从而引起感觉、直觉，“感知于外，受之于心”，这个过程，我们称之为“感受”。

夏丏尊先生曾说：“见了‘新绿’二字就会感到希望、自然的代谢、少年的气概等等说不尽的旨趣，见了‘落叶’二字，就会感到无常、寂寥等等说不尽的意味吧……”这就是语感——对语言敏锐的感觉力。

感受是关键，是由理解到表达的桥梁。我们只有加深具体的感受，用自己的感受充实、丰富文字语言，才能为形之于声准备恰切、扎实的依据，才不至于把朗诵变成虚假的表演。

首先我们会得到视觉、听觉、嗅觉、味觉、触觉、时间、空间方位等多种感受以及综合感知，这是形象感受。

（1）今天清晨，雪停了，天也晴了。一轮红日升起来，把雪后的大地照得分外耀眼。茫茫田野一片雪白，巍巍群山遍身银装。

（2）大雨由倾盆而瀑布，最初，还间或有几个晴天，几个月后，便接连着一直下起来了。太阳隐藏在天空一角，大地上昏暗如夜，一片凄凉，海被填满了，雨势不但没有稍减的趋势，反而落得更加凶猛，海水倒灌回平原，淹没了田野和丘陵。

（3）我推开窗户，一股泥土的清香迎面扑来。

（4）热气透上来，暖烘烘的，我们睡得很舒服，跟睡在炕上一样。

（5）兴奋的旅游者们纷纷从客舱出来，挤满边舷，向我们挥手呼喊，我们也向他们挥手致意。我站在舵房外面用望远镜细看那些无忧无虑、神情愉快的男男女女。一个穿猩红色连衣裙的女孩出现在我的视野。她最热情洋溢，又笑又跳又招手，久久吸引住我的视线，直到客轮远远抛在后面。

（6）一根蜘蛛网丝在空中拉好了：一头拴在图钉上，另一头拴在对面墙的一颗小钉子上。小蜘蛛在细细的蛛丝上工作着，她要把这根丝加粗一些。这根丝是网的“地基”。

分析理解文字作品的过程中，除了形象感受之外，还有逻辑感受的问题。逻辑作为思维规律，与语言的关系极为密切，概念、判断、推理、证明，离开语言几乎就无法表述和进行。好的作品，在逻辑上也是严密的，如行云流水，天衣无缝。作品中的逻辑关系主要指全篇各层次、各段落、各语句之间的内在联系，如主次、并列、递进、总括、转折、对比、因果等。在朗诵表达时应细细揣摩，沿着作品本身的逻辑结构“亦步亦趋”“登堂入室”，作品的文路才能化为朗诵者的思路，并落实为言路，如此，“死气沉沉”的“字音”，才有可能变成“生机勃勃”的“话语”。

（1）秋天来了，成熟的果实却低下了头。她不是孤芳自赏，也不是自我陶醉，更不是在哀戚自己将跌落枝头。她是在想：我是怎样成熟的呢？

（2）水是新陈代谢的重要媒介，没有它，体内的一系列生理和生物化学反应就无法进行，生命也就停止。因此，在短时期内动物缺水要比缺少粮食更加危险。

此外，文字的内在语（潜台词）也要通过一定的语言表达样式或样式的变化表达出来，以充实和丰富逻辑感受的不足、不顺畅。

（1）乌云越来越暗，越来越低，向海面压下来。

（2）波浪一边歌唱，一边冲向空中去迎接那雷声。

（二）锤炼声音，以声传神

丹纳说："人的喜怒哀乐，一切骚扰不宁、起伏不定的情绪，连最微妙的波动，最隐蔽的心情，都能由声音直接表达出来，而表达的有力、细致、正确，都无与伦比。"（丹纳《艺术哲学》）这里指的"直接表达出来"，就包括了广义的技巧，否则就只是一种难于实现的幻觉。

技巧的研究和运用可促使我们进一步加深理解，加强感受，使朗诵内容活化，使内心深处净化；同时可以使逻辑更为缜密，使形象更为鲜明，共同形成朗诵有声语言的承续性、生动性、严谨性。

朗诵的基本技巧包括停连、重音、语气、节奏四方面，各有侧重，互相区别，又有共性，互相沟通。朗诵的各种技巧不可割裂，它们永远融合在语流之中。接下来我们从声音的物理属性与情感色彩的融合角度来看看朗诵技巧的融合下，可锤炼出哪些丰富多变的声音形式。

1. 声音的高与低

声音的高与低指音高的不同。有了音高的高低变化，作品的呈现不至于那么单调，表达更有趣味。一般来讲，情绪激动、喜悦、兴奋时，音高会上升；放松、平和或者难过、悲伤时，音高会下降。

（1）鸟在天上游，鱼在水中飞。

（2）明月当空，其实无须举头仰望，只要透过柳树的发丝，看一看小桥下的流水，月亮就会与你默默对视。

（3）西当太白有鸟道，可以横绝峨眉巅。

（4）上有六龙回日之高标，下有冲波逆折之回川。

2. 声音的强与弱

声音的强与弱指的是声音的大与小。声音的强弱由气流大小和发音的强度决定。坚定、昂扬、激动等感情色彩可用强音渲染；软弱、悲伤、消沉等感情色彩可用弱音来呈现。

（1）轻轻地我走了，正如我轻轻地来；我轻轻地招手，作别西天的云彩。

（2）那时我凭借我的身轻，盈盈的，沾住了她的衣襟。

（3）风！你咆哮吧！咆哮吧！在这暗无天日的时候，一切都睡着了，都沉在梦里，都死了的时候，正是应该你咆哮的时候，应该你尽力咆哮的时候！

（4）这是勇敢的海燕，在闪电之间，在怒吼的大海上高傲地飞翔。这是胜利的预言家在呐喊——让暴风雨来得更猛烈些吧！

3. 声音的实与虚

控制声门开合状态可表现出声音的实与虚。实声响亮扎实，常用于表达严肃、激动、兴奋等感情；虚声柔和轻缓，常与亲切、轻松的情感相关联。朗诵时，虚实音色的恰切使用能使表达更灵动，更容易打动听众。

（1）盼望着，盼望着，东风来了，春天的脚步近了。

（2）在山的那边，是海！是用信念凝成的海。

（3）勒死他，勒死他，用这马鞅勒死他！

（4）苍鹰在天穹中寻望，黑色的骏马肆意飞奔，平顶山下，成群的牛羊，还有你，我天上的草原，还有你那悠扬的牧歌夜夜伴我入梦乡。

4. 声音的快与慢

声音的快与慢指的是发音的速度变化。发音快速会给人匆忙、紧张、急切之感，发音缓慢则给人松弛、平和之感。语流中的快与慢可表现出感情色彩的变化。

（1）故国神游，多情应笑我，早生华发。人生如梦，一樽还酹江月。

（2）他慢慢地站起来，轻轻地掸了掸身上的土，缓缓地朝村边的树林走去。

（3）他赶紧躲向路边，但飞驰而过的汽车还是溅起了泥点，打在了他身上。

5. 声音的松与紧

声音的松与紧指的是吐字力度的变化。工整的吐字能让人感到正式和严肃，力度较强、音量稍大，发音时间较长。相反，音量偏小、偏弱的时候往往吐字力度较小，给人轻松、愉悦之感。

（1）高雄有一位蛇王，靠着表演各种玩蛇的绝技为生，可以想见他玩蛇的技术定很高明，到底高明到什么样的程度呢，让我们去看一看。

（2）小草偷偷地从土里钻出来，嫩嫩的，绿绿的，园子里，田野里，瞧去，一大片一大片满是的。坐着，躺着，打两个滚，踢几脚球，赛几趟跑，捉几回迷藏，风轻悄悄的，草软绵绵的。

（3）一个老爷爷在街角卖气球。有红的，有蓝的，有黄的，有紫的，还有别的颜色的。它们的脸儿贴着脸儿，随着风在空中飘动。

（4）那些小丘的线条是那么柔美，就像只用绿色渲染，不用墨线勾勒的中国画那样，到处翠色欲流，轻轻流入云际。

6. 声音的刚与柔

刚与柔是对声音变化的感情色彩呈现的两极描写。一般来说，刚与实声、较强音量、中高音及吐字有力联系较紧密，常与坚定、严厉、严肃等语气联系在一起。柔则与低音、虚声、较弱音量和吐字略松散联系在一起，与轻松、亲切、温柔等语气联系在一起。如果这些声音要素过于夸张地表现，则会产生硬邦邦的僵直声音或萎靡不振的柔弱之声。在朗诵过程中，声音要刚柔相济，柔韧而富于变化。

（1）命运让我一生都守在这里，可这并非我抉择的那一条路，我要翻过那座山，我要为自己一战。

（2）曲曲折折的荷塘上面，弥望的是田田的叶子。叶子出水很高，像亭亭的舞女的裙。

（3）你是四月早天里的云烟，黄昏吹着风的软，星子在无意中闪，细雨点洒在花前。

（4）如果你站在城墙上，还依稀可以听得到遥远的回声，那些兵器的撞击，那些战马的嘶鸣；英雄逐鹿，万丈豪情，快意人生；壮士报国，一腔热血，化剑为犁。

7. 声音的厚薄与粗细

声音的厚薄常常与粗细联系在一起。声音的粗细与声音高低联系紧密，而厚薄除了声音高低之外，主要是与声音的共鸣色彩相关。厚实的声音通常气息吸得较深、喉部放松、胸腔共鸣会增加，常用于深沉、庄重的语气。细薄的声音往往音线较高，音量也较小，气息吸得较浅，喉闭合较紧，胸腔共鸣较少，多表现轻巧、活泼、欢快的情绪。朗诵中人物的塑造通常会用到声音的厚与薄、粗与细。

（1）小毛猴儿眨巴眨巴眼睛，挠了挠腮说："我知道，吃西瓜是吃瓤！"

（2）这老猴认为出头露面的机会来了，他捋了捋胡子，清了一下嗓子说："这吃西瓜嘛，当然……当然是吃皮咯。我从小就爱吃西瓜，而且……而且一直都是吃皮的。我想，我之所以老而不死，就是因为吃了这西瓜皮的缘故……"

（3）小白兔夸它："水牛爷爷的劲儿最大了！"

（4）水牛爷爷说："唉，过奖了，犀牛、野牛劲儿都比我大。"

8. 声音的明与暗

明暗，是心境的一种显露。明朗的声音能表现出开朗、欢快、赞颂的情绪，共鸣位置略靠前，音偏高，略紧，提颧肌。较暗的声音则用于表现深沉、感慨，共鸣位置略靠后，声音偏低，略松，气息深缓，两颊放松。

（1）夜幕开始降下来。几辆前导车过去以后，总理的灵车缓缓地开来了。

（2）漓江的水真静啊，静得让你感觉不到它在流动；漓江的水真清啊，清得可以看见江底的沙石。

（3）登斯楼也，则有去国怀乡，忧谗畏讥，满目萧然，感极而悲者矣。至若春和景明，波澜不惊，上下天光，一碧万顷。

（4）成都，如一幅色彩斑斓的油画，每一笔、每一处都极其饱满！于精美处见浓烈，又似让人回味无穷的古诗，每一句诗、每一个细节都蕴含了赞美与深不可测的含义。因为这些，我喜欢这个城市，喜欢她春天的鸟语花香，夏天的热情澎湃，秋天的喜笑颜开，冬天的阖家团圆。

9. 声音的纵与收

声音的放开与收拢，是气息与声音的运动形态。声音是表现，气息是根源。感情状态积极时气息是通畅的，随着不断发音，及时补充，语流表现出一种顺畅的行进感。而当感情处于不那么积极的状态时，气息会有所约束，流动变得舒缓而有控制。

纵与高音、强音、实音、速度较快、气息流畅有关，常与兴奋、高兴、愤怒、生气等感情色彩相连。收则与低音、弱音、虚声、速度偏慢、气息控制较强有关，常与沉静、谨慎等感情色彩相连。

（1）而或长烟一空，皓月千里，浮光跃金，静影沉璧，渔歌互答，此乐何极！登斯楼也，则有心旷神怡，宠辱偕忘，把酒临风，其喜洋洋者矣。

（2）妈妈说的羚羊是一件用黑色硬木雕成的工艺品。那是爸爸从非洲带回来给我的。它一直放在我桌子角上。这会儿，我的心怦怦地跳了起来，因为昨天我已经把它送给我的好朋友万芳了。

（3）我喜欢纵马驰骋，放声歌唱，那就像是回到了传说中的时代，我向往着像我的祖辈那样成为一匹苍狼去周游世界，去看看祖父故事中那无边的海洋。

（4）寂静，旷野的寂静听不到风的声音。你置身于旷野中，用散淡的目光铺就你的行程，这个时候，你知道，没有人前来告诉你那即将来临的盛放与凋零，你只有沿着那条千古不变的道路行走，像朝圣的歌声一样悠远着无尽的漫长。

以上声音的几种表现样式，不能孤立、生硬地使用，在语流中，宜根据文本语意意境、朗诵者的感受及引发的情感，作恰切的综合呈现。

技能训练

示范音频

一、多种感受练习

请依例句中的文字描述，在脑中展开画面，感受并尝试体验各场景蕴含的情感。请注意：各种具体的形象感受并非孤立单一的，而是互相联系、渗透和作用，并综合表现出来的，融合交错，不可分割，不可简单相加。

（1）旁边，一锅野菜在水里煮得“咕嘟咕嘟”响，空气中飘浮着一股诱人的香味。

（2）“嘘——别出声！”她把食指放在嘴唇上，止住了我的话，同时瞪大了眼睛，仔细倾听门外的动静。

（3）我一个劲地烧，正烧着，忽然锅里冒起了黄色的烟泡，泡破后带出一股白色的浓烟，并带着一股刺鼻的煳味。我慌了，立刻用水把火浇灭。凉粉变成了一锅黄汤，我气得真想连锅都砸了。我只得又去一趟问一问。原来火烧得太大，该用小火烧。

（4）他大着胆子把一颗未熟透的青杏儿放进嘴里，咬了一口，顿时像被扎痛了似的扭歪了脸，紧紧闭上了眼睛，老半天也不敢再嚼下去。

（5）“这个手术我来给你做，希望你能配合我。”话语轻柔得像一团云，一团雾。不，像一团松软的棉球，轻轻地擦着疼痛的伤。

（6）刘敏翩然起舞，时而像云一样轻盈，时而像剑一样刚劲，时而像地底滚动的岩浆那样深沉有力，时而又像幽暗处透出的微光那样飘忽不定。

（7）（综合练习）村中户户养鸡，清晨一家鸡叫，家家鸡鸣，鸡犬相闻持续半个时辰。我们从梦中醒来，起床，西天一片乌蓝，东方才一抹红霞，就挑铁桶，提水去。村里的一眼井，在几棵老槐掩映下，水清味甜。井边洗衣的姑娘都美，有槐花般的灵气。同她们聊，笑声喧哗，比说话声还多。向她们打听有鸡蛋否，她们只是笑，几个胆大的还指指点点打趣。她们都实在，往往一只鸡才三四元，鸡蛋仅卖六七分。

二、声音色彩练习

细细揣摩感受文字，寻找最匹配、最能表达文字情境中情感的声音色彩。

（1）他一声不吭，脸似石刻一般冷酷无情。

（2）小女孩的头发黑黑的，直披到肩上，靠近前额和耳边的头发都是自然卷曲的。

（3）我掀开帘子，看见一个小姑娘，只有八九岁光景，瘦瘦的苍白的脸，冻得发紫的嘴唇，头发很短，穿一身很破旧的衣裤，光脚穿一双草鞋，正在登上竹凳想去摘墙上的听话器，看见我似乎吃了一惊，把手缩了回来。

（4）从远处看，一片郁郁苍苍，重重叠叠，望不到头。到近处看，有的峻峭挺拔，好似当年山头的岗哨；有的密密麻麻，好似埋伏在深坳里的一支奇兵；有的看来出世还不久，却也亭亭玉立，别有一番神采。

（5）雨中去访灵隐，一下车，只觉得绿意扑眼而来。道旁古木参天，苍翠欲滴，似乎飘着的雨丝儿也都是绿的。飞来峰上层层叠叠的树木，有的绿得发黑，深极了，浓极了；有的绿得发蓝，浅极了，亮极了。峰下蜿蜒的小径，布满青苔，直绿到了石头缝里。在冷泉亭上小坐，直觉得遍体生凉，心旷神怡。亭旁溪水铮琮，说是溪水，其实表达不出那奔流的气势，平稳处也是碧澄澄的，流得急了，水花飞溅，如飞珠滚玉一般，在这一片绿色的影中显得分外好看。

任务 4.1.2　古诗文的朗诵

训练目标

（1）了解古诗文朗诵的一般要求和基本规律。

（2）朗诵练习。

知识内容

古诗文是中华民族的传统文化瑰宝之一。它包括古代用汉语写作的诗、词、曲、赋和散文，是丰富和提升当代语言的珍贵资源。感受和体会古代文学的语言美，用有声语言进行传播，不但可以使我们的语言更丰富，更文雅，更美，还能让诵读者从中体会到传统经典文化的丰富人文内涵，进而陶冶高尚情操，提高审美情趣，传承中华文化。

一、处理好古今音的差异，勿刻意追求古音

古诗文的朗读语音以国家颁布的普通话语音为标准。但因为古入声调的剔除以及语音的发展变化，一些古诗文用普通话读起来，声调和韵脚不甚符合古诗文的音律要求。这种情

况下，我们不应盲目追求古音，宜用适当的方式保留和体现古音的某种意味，以丰富古诗文普通话朗诵的语音内涵。

如杜牧的《山行》：

远上寒山石径斜，白云生处有人家。停车坐爱枫林晚，霜叶红于二月花。

“斜”和“家、花”用普通话读起来不押韵，这是古今韵母发生了变化的原因。小学生不能很好地理解相关知识，读今音比较合适，其他人则可读 xiá 来体现古韵风味。

再如李清照的经典词作《声声慢》：

寻寻觅觅，冷冷清清，凄凄惨惨戚戚。乍暖还寒时候，最难将息。三杯两盏淡酒，怎敌他、晚来风急。雁过也，正伤心，却是旧时相识。

满地黄花堆积，憔悴损，如今有谁堪摘？守着窗儿，独自怎生得黑。梧桐更兼细雨，到黄昏、点点滴滴。这次第，怎一个愁字了得。

该词押入声韵，如将其古入声字全读入声，会有古味，但听起来很别扭，不舒服。而且“摘”“黑”“得”三字用普通话读亦不押韵。有朗诵者尝试把《声声慢》的韵脚字适当重读，使字头有一点入声的味道，在朗诵时适当调和一下古今音，倒也可以作为一种尝试。

二、词语拓开，字声饱满

古诗文的诵读，颇多障碍。它往往字少意深，音单意广，又兼词异声同，句法简奥，听众亦需时间来体会领悟，朗诵时不宜跌宕起伏、一波三折，速度可相对舒缓、从容一些，使受众接受的时间稍长一些，有利于听清文意，引发共鸣。时长够，字音的“头、腹、尾”可充分铺展，使字声饱满。古人说“字如珠玑”——就像珍珠一样，饱满而圆润。古典诗文朗诵的古典风味，字声饱满是一个重要的因素。

但词语的拓开并非每个字词都拓开、一个一个读出字音，在语流中，我们把语言链条拉长，有些是音节拉长，有些是词语拉长，视顺畅表达的需要而定。

如《诗经·桃夭》中：

“桃——之——夭夭，灼灼——其华。之子——于归，宜其——室家。”

又如《扁鹊见蔡桓公》：

“居——五日，桓侯——体痛，使人——索——扁鹊，已——逃秦矣。桓侯——遂死。”

要说明的是，横线标明拓开的位置，并非绝对。拓开的时长亦有长有短，且数量明显多于白话文。

三、样式相对固定却无定式

格律诗的字数、语节、韵脚、平仄均一定，朗诵时便容易呈现出相对固定的样式，想要表达丰富的感情、深邃的意境，想有韵律而不单调、有回环而不复沓，想让朗诵出彩，殊为不易。

有声语言的表达是动态的，一个个字，一句句话从我们的口中流淌出来就形成了不断起伏的语流。思想感情的运动是语流曲折性的内在力量，口腔、气息、声音的丰富变化是语流曲折变化的关键。语流的曲折性和波浪式，是语气丰富变化的外部特征。张颂先生用“语势”这个概念来说明语气声音形式的特点。语势“指一个句子在思想感情运动状态下声音的态势,或者说,是有声语言的发展趋向”。

1. 波峰类

不管如何起句和收句,句腹主要在高处,或达到较高处,如波浪之峰。

锄禾日当午,汗滴禾下土。谁知盘中餐,粒粒皆辛苦。

这首《悯农》,便是四个波峰语势的句子,只是起收各不相同,波峰的高度亦不一样。

2. 波谷类

句腹下降,如两个浪头之间的低谷。

君问归期未有期,巴山夜雨涨秋池。何当共剪西窗烛,却话巴山夜雨时。

四句分别为波峰、波谷、上山、峰谷同现的语势。“却话巴山夜雨时”一句,“巴山”是“峰”,“雨”是“谷”。语势较为复杂,却道出了雨夜里作者的意难平以及对妻子的无限思念之情,既有当下的寂寥之苦,亦有想象中聚首时的幸福欢乐,属典型的借势表情态。

3. 上山类

声音的发展趋向为由低到高,语句的句头较低,而后逐渐上行,句尾最高,借以抒发孤身行路之人的情绪和希望。

清明时节雨纷纷,路上行人欲断魂。借问酒家何处有,牧童遥指杏花村。

四句均是上山类,这是由低而高,逐步上升,高潮顶点放在最后的艺术手法。

4. 下山类

句首高起,句腹走势下行,句尾较低,但并不一定到最低点。

春花秋月何时了,往事知多少? 小楼昨夜又东风,故国不堪回首月明中。

四句均是下山类。可较恰切地抒发不堪回首的愁苦与嗟叹。

5. 半起类

声音的发展趋势是由低向高发展,但上到一半就止住了。语句的句头稍低,中间稍高或又有曲折,句尾气提声止,却又不在最高点上,只起来一半。

江畔何人初见月? 江月何年初照人? 人生代代无穷已,江月年年望相似。

一二句上山类,三四句半起。诗人的神思飞跃,又紧紧联系人生,探索着人生的哲理与宇宙的奥秘。

“一千个读者眼中就有一千个哈姆雷特”,不仅阅读如此,基于阅读的朗诵亦如此,想要朗诵凭借丰富的感情、强烈的艺术感染力深入并撼动受众的心灵,我们就要脱离固定腔调的窠臼,打破“一定”的局限,虽有样式,却无定式。

技能训练

一、词语拓展

示范音频

（1）忽如一夜春风来，千树万树梨花开。（《白雪歌送武判官归京》）

（2）好雨知时节，当春乃发生。随风潜入夜，润物细无声。（《春夜喜雨》）

（3）白日依山尽，黄河入海流。欲穷千里目，更上一层楼。（《登鹳雀楼》）

二、语势练习

（1）雕栏玉砌应犹在，只是朱颜改。问君能有几多愁，恰似一江春水向东流。（《虞美人·春花秋月何时了》）

（2）死去元知万事空，但悲不见九州同。王师北定中原日，家祭无忘告乃翁。（《示儿》）

（3）朝辞白帝彩云间，千里江陵一日还。两岸猿声啼不住，轻舟已过万重山。（《早发白帝城》）

（4）月落乌啼霜满天，江枫渔火对愁眠。姑苏城外寒山寺，夜半钟声到客船。（《枫桥夜泊》）

（5）东风夜放花千树，更吹落、星如雨。宝马雕车香满路。凤箫声动，玉壶光转，一夜鱼龙舞。

蛾儿雪柳黄金缕，笑语盈盈暗香去。众里寻他千百度。蓦然回首，那人却在，灯火阑珊处。（《青玉案·元夕》）

任务 4.1.3　散文的朗诵

训练目标

（1）了解散文朗诵的基本要点。

（2）朗诵练习。

知识内容

一、散文的特点

散文是一种抒发作者真情实感、写作方式灵活的记叙类文学体裁。散文具有形散神聚、意境深邃、语言优美等特点。

1. 形散神聚

“形散”既指题材广泛、写法多样，又指结构自由、不拘一格，作者可以根据内容需要自由调整、随意变化。“神聚”既指中心集中，又指有贯穿全文的线索。散文写人写事都只是表面现象，从根本上说写的是情感体验。情感体验就是“不散的神”，而人与事则是“散”的可有可无、可多可少的“形”。

2. 意境深邃

注重表现作者的生活感受，抒情性强，情感真挚。作者借助想象与联想，由此及彼，由浅入深，由实而虚地依次写来，可以融情于景、寄情于事、寓情于物、托物言志，表达作者的真情实感，实现物我的统一，展现出更深远的思想，使读者领会更深的道理。

3. 语言优美

散文的语言或清新明丽，生动活泼，富于音乐感，行文如涓涓流水，叮咚有声，如娓娓而谈，情真意切。或简洁质朴，自然流畅，寥寥数语就可以描绘出生动的形象，勾勒出动人的场景，显示出深远的意境。

二、散文朗诵的要点

（一）紧扣感情，要真实

散文总是从作者主观视点来观察世界万物，从中有所感悟，进而有感而发，抒发自己的思想感情。阅读散文作品时，往往需要扣住作者思想感情的脉络披文入情，悟情、析情，方能深入理解作品，打下准确朗诵的基础。

朗诵时，必须紧紧扣住文中感情，展开充分的想象，真实感受，真实表达，力求作者文脉和朗诵者的感情脉络和谐一致。

例如魏巍的《谁是最可爱的人》一文，自始至终用一种充沛的激情来描写感人肺腑的人和事，全文浑然一体。作者向人展现的是一种激昂的爱国主义、国际主义之情，朗诵时，这样的情感便应一直体现在字里行间。

再如朱自清先生在散文《春》中描写春天，赞美春天，发出“一年之计在于春”的感想，从而表达对生活的热爱。基调是热情、愉快的。我们完全可以以作者的感受为线索，用明朗、活泼的声音去读。一开始是一种殷切期盼的情感，在朗读“山，朗润起来了；水，涨起来了；太阳的脸，红起来了”时，要把三个层次读出来，把春天越来越近，人们越来越欣喜的心情读出来。中间的部分，从多个方面描写春天，也表现了作者对春天的热爱。我们可以用放慢速度、降低音量的方法把描写和抒情区别开来。最后的三小节，用娃娃、姑娘、青年来比喻春天，体现了人们对新的一年的憧憬和希望，情绪也随之高涨。音量，语速也应随之层层提高。

散文情真意切，景为实景，情为实情，朗诵时的情感万不可虚假，以致干瘪、木讷或夸张、做作。

（二）探求意境，宜涵泳

散文往往充满诗情画意，有深邃的意境。在朗诵中探求散文的意境美，不仅可以更好地理解文字的内蕴，而且可以陶冶朗诵者的心灵。散文中的意境是饱含作者思想感情的艺术画面，蕴含着动人的生活激情、精辟的生活哲理、深刻的艺术美感。

如范仲淹的散文《岳阳楼记》，通过对洞庭湖的不同景物和人们登楼时不同心境的描写，抒发了作者“不以物喜，不以己悲”的胸襟，表达了作者“先天下之忧而忧，后天下之乐而乐”的思想境界。叙事、写景、抒情、议论，巧妙结合，融为一体，意境深远。其中有景、有情，更有思考的凝重，朗诵时我们要着意体现文中的逻辑美，将情、景、意三者有机结合，以更好地体现文章的意境之美。

《散步》是一篇叙事散文，用朴实的语言举重若轻地将一个“情”字融入文中，把家庭成员之间欢愉深沉的真挚情感传递给读者，使之受到感染，产生共鸣，从而创造出一种宁静深远的意境美。“言为心声”，通过朗诵我们可以深深体会到母子之间的至真至善、相互信赖的亲情，感悟到字里行间春意盎然般的意境美。

（三）品味语言，抓关键

散文的语言自由舒展，表达细腻生动，抒情、叙述、描写相辅相成，显得生动、明快，通过诵读来体味感受散文语言的音韵之美，是品味散文语言的好办法。

叙述性语言的朗诵要语气舒展，声音明朗轻柔，娓娓动听；描写性语言要生动、形象、自然、贴切；抒情性语言要自然亲切、由衷而发；议论性语言要深沉含蓄、力透纸背。朗诵者应把握文章的语言特点，恰如其分地处理好语气的高低、强弱，节奏的快慢、急缓，力求真切地把作者的“情”抒发出来。

如《荷塘月色》里，“月光如流水一般，静静地泻在这一片叶子和花上，薄薄的青雾浮起在荷塘里。叶子和花仿佛在牛乳中洗过一样，又像笼着轻纱的梦”。一个“泻”字表现了月光普照大地的动态形象；一个“浮”字写出了雾由下至上慢慢扩散的轻盈之态；一个“笼”字，声调轻柔，与后面“轻纱的梦”相配合，使境界顿出。再如“微风过处，送来缕缕清香，仿佛远处高楼上渺茫的歌声似的”，在朱自清的笔下，香味变成了歌声，嗅觉转化为听觉，虚实相生，动静相依，既形象又有韵味。朗诵时，要注意抓关键词、句，细细体会其中妙处。

此外，还可以从分析不同作家或同一作家不同文章语言特点出发，从而对语言的整体艺术特征加以把握。

技能训练

示范音频

一、语段练习

（1）那是人类的黄金时代。四季都是春天，茂林蔽日，盛开的花朵布满大地，熏风永拂，绿水长流，瓜果飘香，到处都可听到珍禽奇鸟的啼唱，大自然的美景，美不胜收。

（2）只有在半山腰县立高中的大院坝里，此刻却自有一番热闹景象。午饭铃声刚刚响过，从一排排高低错落的石窑洞里，就跑出来了一群一伙的男男女女。他们把碗筷敲得震天价响，踏泥带水、叫叫嚷嚷地跑过院坝，向南面总务处那一排窑洞的墙根下蜂拥而去。偌大一个院子，霎时就被这纷乱的人群踩踏成了一片烂泥滩。与此同时，那些家在本城的走读生们，也正三三两两涌出东面学校的大门。他们撑着雨伞，一路说说笑笑，通过一段早年间用横石片插起的长长的下坡路，不多时便纷纷消失在城市的大街小巷中。

（3）一年多后，上校母亲被一口粥呛死，她以嘹亮悲怆的哭声给老人家送终，哭声像鸽子的哨音一样，泣着血，盘在空中，照亮夜空，把村里所有女人的泪腺激活。后来送葬，她一手死死扶着棺材，一路洒着同样泣血奔泪的恸哭，把村里所有男人的泪腺也激活。所有跟我回忆上校母亲出丧那天情景的人，没有一个不带着迷离的神情，噙着泪，一种无法慰藉的悲伤，像岁月一样抹不去。做完婆婆“七七”后，女人把上校屋里的东西分好，能带的带上，不能带的就都分给村里需要的人，然后领着上校和两只猫，回她老家去了。村里出动几百人，男女老少，成群结队，送他们到富春江边船埠头，船在汽笛声中离开码头，女人对着送行的村民，长跪不起，抹着泪，上校像孩子随母亲一样，跟着跪了下来，那情景把几百人都感动哭了，几百人哭的场面，能感动所有人和所有时间。父亲在回忆中，依然禁不住，滚出了泪花。

二、篇章练习

这是一个真实的故事。故事发生在西部一个极度缺水的沙漠地区。这里，每人每天的用水量严格限定为三斤。日常的饮用、洗漱、洗菜、洗衣，包括喂牲口，全都依赖这三斤珍贵的水，而这些水还得靠驻军从很远的地方运来。

人缺水不行，牲畜也一样。终于有一天，一头一直被人们认为温顺的老牛挣脱了缰绳，闯到沙漠里运水车必经的公路旁。运水军车来了，老牛迅速冲上公路，司机紧急刹车，军车停了下来。老牛沉默着立在车前，任凭司机怎样呵斥驱赶，它就是不肯挪动半步。五分钟过去了，十分钟过去了，双方仍然僵持着。运水的战士以前也碰到过牲口拦路索水的情形，但它们都不像这头牛这般倔强。人和牛这样对峙着，运水车不能前进。性急的司机试图点火驱赶，可老牛仍然一动不动。

后来，牛的主人来了，恼羞成怒的主人扬起长鞭，狠狠地抽打瘦骨嶙峋的老牛。牛被打得哀哀叫唤，但还是不肯让开。它凄厉的叫声，和着沙漠中阴冷的风，显得分外悲壮。一旁的运水战士哭了，司机也哭了。最后，运水的战士说：“就让我违反一次规定吧，我愿意接受一次处分。”他从水车上取出半盆水——三斤左右，放在牛面前。

出人意料的是，老牛没有喝水，而是对着夕阳，仰天长哞，似乎在呼唤什么。不远的沙堆背后跑来一头小牛，老牛慈爱地看着小牛贪婪地喝完水，伸出舌头舔舔小牛的眼睛，小牛也舔舔老牛的眼睛。静默中，人们看到了母子眼中的泪水。没等主人吆喝，在一片寂静中，它们掉转头，慢慢往回走去。

任务 4.1.4 现代诗歌的朗诵

训练目标

（1）了解现代诗歌朗诵的一般要求和基本规律。
（2）朗诵练习。

知识内容

一、现代诗歌的特点

现代诗歌，是在继承发扬民歌和中国古典诗歌优秀传统的基础上，借鉴吸收西方诗歌的表现形式、手法而逐渐发展形成的。它是一种主情的文学体裁，以抒情的方式，高度集中地反映社会生活，用丰富的想象、富有节奏感、韵律美的语言和分行排列的形式来抒发思想情感。

现代诗歌冲破了旧体诗的格律束缚，语言趋于口语化、散文化。

二、现代诗歌的朗诵要点

（一）整体感受，确定基调

每一首好的诗歌都是一件艺术品，要鉴赏朗诵，就要从整体感受开始。积极感受，以沿波讨源，披文入情。通过吟诵、想象，体味诗情、诗意、诗味，才能准确理解，扣住诗歌的主题。

如光未然的诗歌《黄河颂》，写得明快雄健，节奏鲜明，音节洪亮。诗歌激励中华民族的英雄儿女牢记民族耻辱，树立强烈的民族自尊和必胜的战斗信念。在朗诵的时候，我们应慷慨激昂，壮怀激烈，以高亢的用声基调，通过语气、语势的铺陈渲染，诵出“一泻万丈，浩浩荡荡”的磅礴之势，表达出勇不可当的气度和力量，以激发民族的精神和信念。

（二）合理想象，营造意境

诗歌是极富想象的艺术，诗歌创作的精练性、跳跃性，使得诗歌的意象与情感的序列模糊化。我们需要展开丰富的联想和想象，将诗的语言具化，形成生动的画面和丰富的场景，去再现诗中的意境，去理解作者描绘的画面和寄寓的情感，否则我们根本无法准确理解诗歌隐藏于意象与意境之后的更为深沉的思想情感。

如徐志摩《再别康桥》中，“金柳”“青荇”“水草”“康桥”等，已不再是纯粹的客观物象、自然景观，它们全部浸染了诗人对康桥的依恋之情，它们是主观情思和客观形象交融而产生的新物，朗诵时，我们需要通过关联作者经历、展开丰富想象，方能感同身受一二。

再如郭沫若的诗歌《天上的街市》，诗人并没有按民间故事那样写牛郎织女，而是把他们写得自由浪漫，诗人甚至看到了他们手里提着的灯笼。因为他希望人间也能出现自由幸福的世界，作者借改造后的牛郎织女的形象来寄托自己的理想，带给我们丰富的想象，表达对美好生活的追求。在朗诵中可运用合理而丰富的想象，随着诗歌在遥远的天际畅游，体会作者对黑暗现实的痛恨，以及对美好自由幸福生活的无限向往。

（三）品味音韵，样态多元

诗有不同的艺术个性和语言风格，朗诵者要择取鲜明的、贴切的语言样态。要注意整体性、匀称性、起伏度、疏密度的不同变化，从全篇到诗句，从行距到字词顿挫，都要符合“这一首”的独特性。

徐志摩的《再别康桥》是作者第二次去英国返回途中所写的，诗中表达了对母校依依惜别的深情，把剑桥大学的景色描绘得如人间仙境，作者的想象和表现的意象十分真切、准确，令人心驰神往，感同身受。“轻轻”和“悄悄”反复强调，构成了一幅柔美静谧的山水画。舒展的语气，靓丽的色彩，真挚的深情，爱恋的离别，不能不使人产生强烈的共鸣。朗诵时要以意境氛围为主，词语韵律为辅，一张一弛的节奏，一步一驻足的回环，传达出作者飘逸淡雅的艺术个性。

技能训练

示范音频

一、《相隔一层纸》

这首诗短小精悍，对比手法强烈，启人深思。请准确理解作品，使用“这一首”的语言样态朗诵。

相隔一层纸

刘半农

屋子里拢着炉火，
老爷吩咐开窗买水果，
说：“天气不冷火太热，
别任它烤坏了我。”

屋子外躺着一个叫花子，
咬紧了牙齿对着北风喊“要死”！
可怜屋里与屋外，
相隔只有一层薄纸！

二、《雪落在中国的土地上》

关联背景，把握主旨，确定基调。朗诵时要注意在痛苦中体现坚韧，在灾难中蕴含抗争，不宜冷漠描写寒夜，不宜怜悯叙述伤痛。还要注意“雪落在中国的土地上，寒冷在封锁着中国呀……”这一重复句式的作用及处理方式。

雪落在中国的土地上

艾青

雪落在中国的土地上。
寒冷在封锁着中国呀……

风，
像一个太悲哀了的老妇。
紧紧地跟随着，
伸出寒冷的指爪，
拉扯着行人的衣襟。
用着你土地一样古老的话，
一刻也不停地絮聒着……

那从林间出现的，
赶着马车的，
你中国的农夫，
戴着皮帽，
冒着大雪，
你要到哪儿去呢？

告诉你，
我也是农人的后裔——
由于你们的，
刻满了痛苦的皱纹的脸，
我能如此深深地，
知道了，
生活在草原上的人们的，
岁月的艰辛。

而我，
也并不比你们快乐啊，
——躺在时间的河流上，
苦难的浪涛，
曾经几次把我吞没而又卷起——
流浪与监禁，
已失去了我的青春的最可贵的日子，
我的生命，
也像你们的生命，
一样的憔悴呀。

雪落在中国的土地上，
寒冷在封锁着中国呀……

沿着雪夜的河流，
一盏小油灯在徐缓地移行，
在那破烂的乌篷船里，
映着灯光，垂着头，
坐着的是谁呀？
——啊，你
蓬发垢面的少妇，
是不是
你的家，
——那幸福与温暖的巢穴——
已被暴戾的敌人，
烧毁了么？
是不是
也像这样的夜间，
失去了男人的保护，
在死亡的恐怖里，
你已经受尽敌人刺刀的戏弄？

咳，就在如此寒冷的今夜，
无数的，
我们的年老的母亲，
都蜷伏在不是自己的家里，
就像异邦的人，
不知明天的车轮，
要滚上怎样的路程？
——而且，
中国的路，

是如此的崎岖，
是如此的泥泞呀。

雪落在中国的土地上。
寒冷在封锁着中国呀……

透过雪夜的草原，
那些被烽火所啮啃着的地域，
无数的，土地的垦殖者，
失去了他们所饲养的家畜，
失去了他们肥沃的田地，
拥挤在，
生活的绝望的污巷里；
饥馑的大地，
朝向阴暗的天，
伸出乞援的，
颤抖着的两臂。

中国的痛苦与灾难，
像这雪夜一样广阔而又漫长呀！

雪落在中国的土地上，
寒冷在封锁着中国呀……

中国，
我的在没有灯光的晚上，
所写的无力的诗句，
能给你些许的温暖么？

项目 4.2　演讲

训练目标

（1）了解演讲概念，认识演讲常见误区；
（2）熟练掌握竞赛型演讲的实用技法；
（3）通过技能训练，切实提高演讲水平。

知识内容

一、演讲的概念

演讲又叫讲演或演说，是指在公众场合，以有声语言为主要手段，以体态语言为辅助手段，针对某个具体问题，鲜明、完整地发表自己的见解和主张，阐明事理或抒发情感，进行宣传鼓动的一种语言交际活动。

演讲是一个外来词，也是一个单纯词，不能简单地把“演”和“讲”拆开来诠释它的含义。

演讲是一种语言交际工具，是一门语言实用艺术，而不是语言表演艺术。因此，在文艺表演活动中，不能把演讲作为语言类节目来进行表演。脱口秀虽然也有观点输出的成分，但它的目的是表演，所以脱口秀不属于演讲的范畴。而我们日常生活中常见的讲座、报告、致辞、点评、动员等都属于演讲的范畴。

演讲的目的主要有传播信息、刺激思维、说服听众，抒发情感，其终极目的是诉诸行动。比如竞选演讲的目的是希望观众给自己投票，战前动员的目的是希望战士们能够奋勇杀敌。

演讲可以从演讲内容、演讲形式、演讲目的、演讲场合、表达方式、演讲情调等多个方面进行分类。演讲按内容分，主要有政治演讲、生活演讲、法律演讲、学术演讲、教育演讲、军事演讲、商务演讲、公共关系演讲、宗教演讲和外交演讲等，这是对演讲最基本的分类。

二、竞赛型演讲的实用技法

（一）审题技法

演讲比赛最常见的形式是主题演讲，审题是写好演讲稿的第一步工作，不夸张地说，审题工作做好了，演讲稿就成功了一半。审题的技法主要有如下两点。

1. 分析把握关键词语

主题演讲的命题是非常严谨的，命题者通过主题的确定对演讲者提出明确的要求，演讲者先要认真分析主题的每一个词语，然后把握住关键词语。例如“少年向上 真善美伴我行”这个主题，我们应该这样去分析，“少年”对参赛对象提出了要求，“向上”规定了演讲内容必须是积极向上的，“真善美”要求演讲内容必须围绕这三个字来展开，“伴我”则要求演讲内容跟我息息相关，“行”在这里是成长的意思，而“伴我行”则是关键词语，因此，我们可以确定，这个主题演讲要求我们讲述自己在真善美方面的成长故事和感悟。

2. 分析把握举办方目的

举办方举办一场主题演讲比赛是有非常明确的目的的，如果我们的演讲内容脱离了举办方的目的，其他方面做得再好，也不会取得好的效果。例如“奋斗的青春最美丽”这个主题，如果举办方是教育部门，那演讲内容必须围绕教书育人来展开，脱离了教书育人的范围，就不会得到评委的认可。

（二）素材搜集技法

审好题以后，搜集素材就是接下来要做的一项重要工作，素材的优劣也会成为演讲稿优劣的关键因素，搜集素材时要遵循如下三个原则。

1. 经历为王的原则

主题演讲大多数为励志型演讲，从自己的成长经历中去搜集素材是我们必须遵循的首要原则。有些普通身份的演讲者喜欢讲理论、讲大道理，讲这样的内容显然与演讲者的身份不符，往往让观众觉得索然寡味；还有的演讲者通篇讲史实或者讲他人的故事，闭口不谈自己，这就间接说明了演讲者并非先进典型，自己都做得不够好，又怎么能感化和激励他人呢？

2. 典型性原则

典型指具有代表性的人物或事件，典型分为两种，一种是绝对典型，比如，博尔特是世界上跑得最快的人；一种是相对典型，比如，苏炳添是黄种人中跑得最快的人。绝对典型是极少数的，而相对典型可以很多，因此，我们要善于变换角度去搜集相对典型素材。例如：一位老师参加“青年教师教书育人”演讲比赛，他讲述自己作为一个城市长大的师范生被分配到偏远乡村教书，先是因各种不适应想要“逃离”，后来定下心认真教书育人，最终成为受到学生爱戴的好老师。他讲述的经历中甚至都没有带病坚持工作的典型情节，却感动了很多人，该演讲稿还在省级刊物中发表。

3. 新颖性原则

新颖的素材是对观众产生足够吸引力的重要法宝。例如：很多演讲者一讲到中国近代屈辱史，总是离不开鸦片战争、火烧圆明园等史实，这样老生常谈的素材很容易让观众产生疲惫心理。而一名中学生在演讲中却另辟蹊径，讲述了抗战时期日本侵略者在他的家乡实行的奴化教育，讲到至今仍有不少健在的老人会说简单的日语。这样的素材对观众既能产生很强的吸引力，又能产生很强的震撼力。

（三）结尾升华技法

演讲的结尾是演讲整体结构中非常重要的部分，好的结尾能让演讲回味无穷、发人深省、振奋人心，为演讲增添光彩。好的演讲一定要点题，即用简明扼要的话把主题的含义诠释出来，同时，要进一步提炼观点、提升思想、抒发情感，我们称之为升华。结尾升华的技法主要有如下几种。

1. 情感表达法

直截了当表达情感作为结尾，此法适用于小学生和初中生。例如，每当我看到五星红旗升起，耳听雄壮的《义勇军进行曲》响起，总会感到热血沸腾，有股发自内心的呼喊：祖国，我为你骄傲！

2. 愿景表达法

演讲者将美好的愿景送给自己或他人或自己崇敬的对象，这样的表达感情真挚，能够在结尾时将演讲推向最高潮。例如，祝福祖国的明天，天更蓝、山更绿、水更清，经济更繁荣、人民更幸福、国力更强盛！

3. 决心表达法

表决心是演讲中结尾最常见使用的升华技法，能够让观众强烈感受到演讲者阳光、积极的心态。例如，祖国妈妈，我们在您的见证下宣誓：我们一定努力学习，天天向上，为祖国贡献自己最大的力量！

4. 呼吁表达法

在演讲结束前发出呼吁或号召，可以起到直接点题，首尾呼应的作用，同时能够产生强烈的感召力和鼓动力，让观众在热血沸腾的情绪中达成演讲目的。例如，年轻的朋友们，让我们一起勇敢上路吧！我们要相信，人生没有过不去的坎，只有过不去的人。不怕的人，前面才有路。

5. 思想提升法

决定一个演讲水平高低的核心要素，不是演讲者口语表达技巧的高低，而是演讲者是否拥有独到的见解和深邃的思想。因此，在演讲结尾部分升华思想就显得尤为重要。

对思考能力不强的初学者来说，可以采用“引用”名言警句的方法。例如，我想用一句***的名言结束今天的演讲。

对于具有一定思考能力的演讲者，可以通过以点带面、由表及里、由浅入深的方法升华演讲的思想性。例如，习近平总书记在党的二十大报告里说：“新时代的伟大成就是党和人民一道拼出来、干出来、奋斗出来的。”（引用）我想，杨姐崭新的凭证、毛哥办公室夜晚的灯光、倩姐艰难抉择的眼神……这些，不就是财政人奋斗的模样吗？（以点带面）他们放弃繁华世界的车水马龙，牺牲了不知多少与家人相聚的美好时光，他们守正创新、积极作为、求真务实、为民服务。这，不就是对践行党的二十大精神的最好诠释吗？（由表及里）财政人就是凭着这份坚守、信念与担当一代一代地传承着，继往开来，生生不息。（从浅入深）让我们乘着二十大的东风，向着阳光努力奔跑吧！

（四）抑扬顿挫运用技法

抑扬顿挫指声音的高低起伏和转折停顿。抑扬顿挫的演讲更具吸引力和感染力，能更好地达到演讲目的。抑扬顿挫是演讲口语表达的主流技法。

1. 关键词的表达技法

1）根据词语本身的含义运用

我们在表达这些词语时就要使用与其含义相匹配技巧。

（1）带有轻重缓急含义的词语：轻轻地（轻柔）、怒吼（加重）、瞬间（快速）、缓缓降落（缓慢）、呐喊（高且重）等。

（2）带有感情色彩的词语：表达正面积极的感情词语时，要使用高亢、兴奋、欢快等语气；表达负面消极的感情词语时，则使用低沉、抑制、缓慢等语气。

2）根据词语在句子中的逻辑关系运用

（1）名称：主要用于不常见的人名、地名以及专用术语等，表达这类名词时要适当放慢速度，让观众听清楚每一个字。

（2）数据：常见于需要引起观众重点关注的数据。表达重点数据时需要加重语气，语气加重的程度取决于演讲者需要观众关注的程度。例：他的语文成绩由过去的班级倒数第 3 名一跃到了班级第 3 名。在表达这句话的两个数字时，第一个“3”只需要稍加重，而第二个“3”则需要突出加重。

（3）程度副词：表达程度副词时需要使用重音，比如非常、相当、很、最等。

2. 重点句式的表达技法

1）提问句

为了增加与观众的互动，演讲者常常使用提问的方法，问题提完后，需要停顿 3 秒左右，留给观众思考的时间，停顿的时间太短，则使用提问方法的效果就会大打折扣。

2）反问句

反问句是对肯定意义的强烈表达句式。表达反问句时音调要高，语气要重，并且要干脆利落。

3）悬念句

制造悬念是演讲者吸引观众的常用技法。悬念技法使用的关键在于悬念揭晓前要有一个短暂停顿，悬念越深，停顿时间越长，吊足观众胃口，然后再适当加重语气，从容揭晓答案。例：约 30 万人长征，到达终点时人数只有（短暂停顿）25 000 人左右。

4）排比句

这是演讲者表达磅礴气势最常使用的句式。表达排比句不能平铺直叙，需要抑、扬、顿、挫多种技巧的综合运用，三句话的排比句式常用表达模式为：第一句音调稍低（高），第二句音调略高（低），同时，在第二句的后半句开始缓慢加速，第三句音调继续逐渐提高，速度逐渐加快，至第三句最后一个词组（或词语）前达到高潮（情绪非常激昂时在高潮后加一个停顿效果更佳），然后降低音调和速度（幅度视具体情绪表达需要而定），情绪饱满地表达最后一个词组（语）。例如：它把春的信息捎来（音调稍低），它把爱的种子播撒（音调略高），它把美好的祝福传达（速度渐快并无缝快接下一句），它把人间的真情（音高和速度达到高潮，短停顿）传递（降音降速）。

三、演讲比赛常见误区及建议

不少选手在参加演讲比赛时，因为对演讲知识掌握不够或缺乏正确的指导，在认识上存在不少的误区。

（一）误区一：自我介绍和题目介绍是演讲开场白的固有模式

很多参加演讲比赛的选手会千篇一律地使用这样的开头：“我叫 ×××，来自 ×××，今天，我演讲的题目是 ×××。”作为新手来说，这样的开场简单明了，易于掌握，但是，这种模式化的开场过于程式化，既显得平淡单一又不能充分地吸引听众的注意。其实，很多比赛的主持人介绍了演讲者和演讲题目，那么演讲者则无须重复。演讲开场白并没有固定的模式，但开好头对整个演讲的整体效果具有举足轻重的意义。

建议演讲者在演讲前精心设计开场白，以讲故事、提问题、制造悬念、引入幽默、使用道具以及利用现场元素挖掘观众感兴趣的话题等新颖、独特的技巧，迅速抓住观众的心，从而达到出语新奇、语惊四座的效果，让观众对后面的演讲充满兴趣与期待。

（二）误区二：华丽的语言和响亮的口号是演讲的主旋律

比赛中，很多选手通篇是华丽的语言和响亮的口号，旁征博引大量史实论证一些政策理论，语言充满唯美诗意或干竭生硬的激情。很显然，这不是参赛者发自内心的语言，枯燥空洞而又缺乏真情实感，当然也就不能打动听众。特别是对于中小学生来说，孩子最能打动人心的是他们的童趣和纯真，即便是接近成年人的高中生，也有他们独特的视角和略显稚嫩的思想。

建议：选手们一定要避免说大话、讲套话和喊空口号，特别是中小学生的演讲一定要避免“成人化”，家长和指导老师要充分尊重孩子们的天真和童趣，鼓励孩子用自己的语言，讲自己的故事，表达孩子的真实情感，不矫揉造作的演讲才能真正打动人、鼓舞人、教育人。

(三)误区三:多样的形式和艺术化的表演是演讲成功的关键

为了获得演讲的成功,选手们可谓是煞费苦心。在演讲形式上,有的选手在演讲时插入整首的歌曲,有的朗诵整首的诗词,有的配上了背景音乐,甚至还出现了三人组合同台献艺的情景。在演讲风格上,有的使用朗诵的表达技术,有的犹如在背诵文章;有的为了表现激情,自始至终保持高声调;在辅助手段上,不少选手在演讲中运用了较多的体态语言,动作幅度大、力度大,有些孩子俨然是小大人;还有的选手模仿舞台上的歌星,迈着弓步,向前举着话筒与听众交流。如此的演讲形式和风格,是对演讲概念的曲解,有些已经超出了演讲的范畴,不能称之为演讲了。演讲实质上是一种语言交际活动,是优于现实讲话的口语表现形式。所有技巧的运用都应该围绕口语表达这个核心。

建议:演讲时,演讲者眼中要有听众,心中更要有听众,要用与人面对面交流的腔调进行表达,声调要抑扬顿挫,不能不顾语言环境和正常情感一味使用高声调,更不能强行插入一些不必要的其他艺术表现形式。体态语言是有声语言的辅助手段,运用时要轻松、自然、得体,既不能过多,也不能幅度过大,运用的准则就是不能让听众只注意到你做了什么动作,而忽略你讲了什么话。

走出以上所列误区,相信选手们经过锻炼,演讲的技巧会越来越成熟,演讲的水平也会得到有效的提高。

四、案例赏析

有温度的梦想

演讲视频

看着眼前这个阳光自信的女孩,大家可能想象不到,我的另一个身份:事实孤儿。爷爷奶奶和妈妈先后离去,爸爸摔伤失去了劳动能力,让当时只有十四岁的我,经历了生命中最灰暗的时刻!在我最绝望的时候,村里帮我办了低保,学校减免了所有学费,志愿者阿姨帮我申请了贫困补助。就这样,我在党的呵护下,小心地活了下来,艰难地完成了学业,成为一名职校生。

很多人会说职校的孩子不听话,学习成绩和行为习惯都不好,但很少有人去关注,在职校有很多像我一样来自单亲、离异或者事实孤儿等特殊家庭的孩子!我们也想努力,也想做出让大人满意的成绩,但对于我们这些从小缺爱的孩子来说,多难啊,内心自卑,性格孤僻,似乎在排斥所有人的关注。直到我遇见了我们学校团支部书记秦老师,他是一名共产党员,我们都亲切地称他"老秦",老秦今年38岁,头发已经白了大半。每天都要我们提醒他记得吃饭,记得早点下班回家,很多人都说他是职校最幸福的老师。但没有人知道,为了帮我找点能赚钱的工作,他经常低声下气地给人打电话;为了给我们修改视频和稿件,他常常要加班到深夜。但他从来没有为自己的事求过一次人。这种坚持一转眼已经五年,五年可以让一个人的热情渐渐消退吗?也许会,也许不会!他一直在坚持!在他的引导下,我参加了学校青山志愿者协会。今年,学校开展了"新时代好少年 红心向党"系列主题教育。我们去烈士陵园时,看到的是一排排望不到头的墓碑,老秦告诉我们这些烈士牺牲时的平均年龄还不到19岁;我们听红军爷爷讲长征的故事,他告诉我们,在若尔盖草原班佑村有一座红军雕塑，700 多个十三四岁的红军小战士因为体力透支、饥寒交迫，在睡梦中全部死去了，约 30 万人长征，到达终点时人数只有 25 000 人左右。我们参加“四史”知识竞赛，在四史读本中，我们明白了只有中国共产党才能代表人民的利益……从那时候开始，我渐渐明白了老秦的坚持，懂得了共产党人的信仰！也是从那时候开始，我觉得自己应该做些什么！像老秦一样，感受到党的温度，也应该尝试着把党的爱心和关怀，传递下去。

后来，我参加了县关工委关爱困境儿童的活动。那天，我站在讲台上，看着下面几十双迷茫的眼睛，我的心狠狠地痛了一下。这不就是以前的我吗？看不到未来的希望，感受不到亲人的关怀！也许是因为有着类似的经历，这些孩子，似乎对我的故事格外感兴趣。我们分享成长经历，成功经验；关工委的叔叔阿姨带着我们做游戏，鼓励他们跟父母说一句：我爱你！看着他们慢慢亮起来的眼睛和脸上的笑容，我想，或许他们和我一样，开始懂得爱其实一直就在身边，党和国家从来没有放弃过我们这些缺爱的孩子。活动结束的时候，一个 8 岁的小女孩特意走到我面前，给了我一个大大的拥抱。她说：姐姐！我也会成为一个勇敢的人！不害怕！一名记者也过来对我说：小暖，你就像一道光，照亮了这群孩子的内心！我不知道自己能不能算是那道光，但就算现在不是，以后也一定要是！

我不是一个特别幸运的孩子，但我是一个在党和国家关怀下长大的孩子，在我的身边有太多的人和事，让我感受到了温暖。我常听老秦说：如果能将自己的梦想与党和国家的需要结合起来，那才是一段精彩的人生！今天，我更坚定地认为：我的梦想便是让自己足够有能力，用自己最大的善意去拥抱这个世界，用我的人生，让这个世界充满光亮。

赏析：这是一名中职学生参加“新时代好少年 红心向党”主题演讲比赛的讲稿。该演讲紧扣“向党”这个关键词，以演讲者沐浴在党的阳光雨露下茁壮成长的经历为主线，抒发坚定为党和国家奉献青春力量的理想信念，真实、感人、励志。该演讲稿的写作运用了很多技巧，比如：演讲者一开头便抛出“事实孤儿”的身份，迅速吸引观众的注意力；讲述成长经历时突出共产党员“老秦”的引导；以参加读书实践活动的角度讲述党的奋斗史对自己的深刻影响，同时也突出了主题教育对参与者健康成长发挥的积极作用；参与志愿服务的经历视角新颖，鲜活而典型；最后的升华紧扣主题，有很强的感染力。该演讲以视频形式参赛，最终获得省级一等奖。

技能训练

一、判断题

（1）演讲是一门表演艺术。（　　）

（2）演讲的目的是获得听众的赞赏和掌声。（　　）

（3）“国旗下的讲话”就是演讲。（　　）

（4）广播员在广播中为参赛运动员加油鼓劲不是演讲。（　　）

(5)演讲开头一定先做自我介绍。(　　)

(6)演讲应尽量口语化。(　　)

(7)演讲时体态语言要适度,辅助手段的使用要遵循有用原则。(　　)

二、思考题

(1)请给“学宪法、讲宪法”主题演讲比赛设计一个好的开头。

(2)“阳光校园　我们是好伙伴”主题演讲比赛该如何审题、组织素材、结尾点题?

三、训练题

请结合演讲知识内容,对《有温度的梦想》演讲稿做抑扬顿挫技法标记,并进行演讲模拟练习。

模块5　职业情境口语训练

模块导读

亲爱的朋友，你是否经历过自我介绍时吞吞吐吐的尴尬，体验过面试时两腿发抖的紧张，感受过初入职场词不达意的沮丧？

掌握职业语言是提高职业技能的必由之路，也是一个人胜任职场要求、不断发展和提高自我的必要条件。因此，了解并掌握职业情境口语特点并学以致用十分必要。

世界上的职业种类太多太多，不可能面面俱到。本模块选取了应用性极广的自我介绍和对口语要求相对较高的幼师口语、导游语言等职业情境口语作为教学内容，针对学生的年龄、心理、知识结构及专业特点，编写口语训练内容，探讨口语训练的途径与方法，为老师的"教"和学生的"练"提供思路，引导学生熟悉与未来职业相关的口语技巧，培养良好的职业素养，帮助学生尽快适应职业岗位要求。

建议学习者根据专业有针对性地选修本模块内容，对于非本专业的内容，也可以阅读了解，以开阔视野，启发思维，锻炼口语交际能力。

模块目标

（1）了解几种常见职业情境口语的概念和特点。

（2）掌握不同职业情境口语的要求和技巧。

（3）将标准、流畅的普通话运用于各种职业活动中。

（4）运用所学的方法解决职场中口语交际的实际问题。

项目5.1　自我介绍

训练目标

(1)有准确自我认识、自我描述、自我评价的意识和能力。

(2)了解掌握几种常见的自我介绍的基本要点和方法。

(3)在入学、考试、求职等社交活动中,学会用简洁明了的语言进行自我介绍,使陌生人认识自己,让熟悉自己的人更了解并乐于接受自己。

知识内容

自我介绍是日常生活或工作中与陌生人建立关系、打开局面的一种非常重要的手段,好的自我介绍能让对方认识自己甚至认可自己。入学、考试、应聘等许多生活和工作情境都需要自我介绍。

一、进入新集体的自我介绍

进入新的班级或新的单位需要作自我介绍,让大家初步了解自己,以产生认识和交流的意愿,可以从以下几个方面着手,条理清晰地介绍自己。

(一)让名字更有辨识度

好的自我介绍至少要让听众记住介绍者的名字,如何介绍才能让自己的名字更有辨识度呢?以下方法总有一种适合你。

组词法:将自己名字组成词语,既可以让对方听得明白,也让人感觉踏实可靠,如"我叫江鹏,江是长江的江,鹏是大鹏展翅的鹏"。

谐音法:利用谐音能给人留下想象的空间,如"大家好,我叫费贵荣,如果你把我的名字倒过来念,一定会对我的名字过耳不忘:荣—贵—妃"。

调侃法:调侃的方式能制造轻松的气氛,增强记忆效果,如"俗话说,金钱不是万能的,所以我就是这个世界上最穷的人——因为我的名字叫万能"。

故事法:讲明名字的来历,或者说一个关于名字的故事。如"妈妈告诉我,大部分婴儿出生时都哇哇大哭,而我却是笑意盈盈地来到这个世界上,于是她送给我一个美好的名字——彭盈盈"。

借助名人法:与名人挂钩,可以利用名人效应,让别人更容易记住自己,如"大家好,我叫范磊，范是范仲淹的范，磊是光明磊落的磊，连起来就是光明磊落的范仲淹。我父亲给我起了这么一个名字，希望我以后能跟范仲淹一样，做一个光明磊落的人。”

地名挂钩法：和自己相关的地方挂钩，既让对方记住了自己的名字，又能知道一些其他信息，如“我的爸爸是湖南人，妈妈是贵州人，为了纪念他们的家乡，他们给我取名叫湘贵”。

（二）充分展示你的优点

介绍清楚自己的姓名后，可以从性格、爱好等方面展示自己的优点，如“我是一个活泼好动的女生，爱好打羽毛球，喜欢学习英语……”这个部分是自我介绍的主体内容，应用响亮悦耳的语音清晰表达，这样既能让听众更准确地接收信息，也是对个人素养和特点的有效展示。

（三）表达对友谊的期待

自我介绍主要内容完成之后，可在结尾部分用一两句话简单表明自己进入新集体后的态度和做法，也可用充满向往的语言表达与新伙伴建立友谊的期待，如“希望在以后的日子里，能和大家和睦相处，成为好朋友”。

（四）礼貌让你更受欢迎

自我介绍在开头应有称呼语、问候语，如“老师同学们，大家下午好”，结尾时应对大家的倾听表达感谢，并微微点头或鞠躬，落落大方的仪态会为自我介绍增色加分。

二、求职应聘中的自我介绍

求职应聘中的自我介绍，一般时间要求为 1 分钟或 3 分钟，极少情况下为 5 分钟。用人单位意在通过此环节了解求职者的基本情况，考察其表达能力和应变能力。可以说自我介绍是求职者在应聘面试中唯一主动展示自我、呈现能力的机会，求职者可以从以下几个方面认真准备、好好把握。

（一）充分准备

首先是文稿准备，可提前准备 1 分钟和 3 分钟两种不同时长的自我介绍发言稿。1 分钟介绍主要集中于姓名、学历、专业等基本情况，表述清晰流畅即可。3 分钟介绍在基本情况之外，可加上本人主要优缺点、学习经历和成绩、工作动机和经验等。其次是表达准备，要熟悉自我介绍的文字材料，介绍时不可结结巴巴，但也不可用朗读或背诵的腔调进行介绍，而应该口语化，有对象感。面试前可以请朋友或家人当听众进行反复练习，以保证面试时流畅自然，自信从容。

（二）角色定位

参加面试前应对应聘单位和岗位摸底定位。“定位”实际上就是“对口”，即自我介绍要紧紧围绕岗位条件或专业要求，紧紧围绕用人单位的用人标准。求职者要掌握用人单位的心理：一是专业是否对口，二是有无发展潜力，二者至少要占其一。对于前者，介绍时要突出自己在专业知识和专业能力上的优势、特长和取得的成绩；对于后者，介绍时要着重表现自己的性格、态度、知识、能力等符合职业岗位的要求。

（三）详略虚实

自我介绍可以更真实地考察求职者组织材料和语言表达的能力，因此自我介绍内容的详略取舍非常关键。一是详略得当。对姓名、年龄、专业、学习、毕业学校等可以先介绍，但要简略；对自己的专长、兴趣、能力、经验、获奖情况等应详细介绍。二是虚实合理。自己的优势应详讲、实讲，自己不可回避的弱势则应略讲、虚讲。介绍优点如特长、能力、业绩等可以充分展示，彰显自信，介绍缺点时则一忌多谈，以免冲淡优点，二忌谈影响工作的缺点，三忌过分谦虚和恭敬，以免造成缺乏自信和没有竞争力的误会，四忌使用极端词汇夸耀自己的长处或成绩，要尽量降低"我"字的使用频率，以免给用人单位留下以自我为中心、难于合作的不好印象。

（四）注意礼仪

自我介绍应面带微笑，目光与面试官友好对视，打招呼问好应简洁准确，如"各位评委""各位评委老师"或"尊敬的评委老师"，后面可加"大家好"；介绍时注意说话语速平缓，语调抑扬顿挫，语气亲和委婉，动作得体；介绍结束时可鞠个躬或说声"谢谢"，以示礼貌。另外还要注意服饰礼仪，服装应大方整洁，建议尽量穿正装。

一段短短的自我介绍，是为了下次更深入的了解而做的准备，求职应聘中的自我介绍一定要扬长避短，向自己的优势方向引导，给用人单位留下良好的印象。

三、其他社交活动中的自我介绍

除了以上几种场景，还有很多社交活动都需要用到自我介绍，简单列举如下。

（一）应酬式

适用于某些公共场合和一般性的社交场合，如旅途、宴会、电话等。这些场合自我介绍内容最为简洁，往往只包括姓名一项即可，如"您好，我叫刘萍"。

（二）工作式

适用于工作场合，也叫公务式。介绍内容应包括本人姓名、供职的单位及部门、担负的职务或从事的具体工作等，如"你好！我叫王鹏，是长沙市建设局人事处处长"；"我是刘萍，在岳阳县职业中专教语文"。

（三）交流式

适用于希望与交往对象进一步交流与沟通的社交活动，也叫社交式或沟通式。介绍内容大体包括介绍者的姓名、工作、籍贯、学历、兴趣以及与交往对象的某些熟人的关系等等。不一定要面面俱到，可根据具体情况而定，如"我叫王松柏，是天成公司副总经理，我和您先生是高中同学"。

（四）礼仪式

适用于讲座、报告、演出、庆典、仪式等一些正规而隆重的场合。介绍内容包括姓名、单位、职务等，同时还应加入一些适宜的谦辞、敬语。如"各位来宾，大家好！我叫王晓玲，是红太阳幼儿园园长。热烈欢迎大家光临我们的开园仪式，谢谢大家的支持"。

四、自我介绍范例解析

敬爱的老师，亲爱的同学们：

大家下午好！

我叫刘子晨，俗话说“名如其人”，还真像我的名字——子晨——那样，我是一个非常阳光的少年。

首先，我有阳光般的外形。你看，16 岁的我高大威猛，帅气无比，真是玉树临风、风流倜傥啊。

其次，我有阳光般的性格。我是一个乐天派，大大咧咧，哪里有我，哪里就有笑声。记得有一次上晚自习，一只蚊子在我手臂上叮了一个大包，我奇痒无比，一边挠痒一边作诗：“春晓，春来不洗澡，片片蚊子咬。一咬一个包，挠痒也没效。”惹得全班哄堂大笑。

最后，我还喜欢阳光的运动——跆拳道。我现在已经是黑带，为什么我会喜欢跆拳道呢？这还要从我的偶像成龙说起。因为成龙是一个实力派的武术明星，他演的电影惊险刺激，得到大家的喜爱，我也希望能像他一样武艺超群。

阳光总在风雨后，乌云是遮不住太阳的。希望阳光般的我能成为大家的好朋友，让我阳光般的性格给大家带来温暖的感觉。

分析：这篇自我介绍，从名字“子晨”的含义入手，紧紧扣住“阳光”二字，介绍了自己的外表、性格和爱好，充分表现了阳光外向的性格特点，给听众留下了深刻的印象，带来了阳光般的欢笑。

尊敬的评委老师：

大家好！

我叫聂品。三只耳朵，三张口，就是没有三个头。从事营销工作，重要的是具备搜集信息的能力和良好的沟通能力。假如贵公司需要我发挥智慧的话，我虽然做起工作来没有三头六臂，但从事营销工作我一定会有“三只耳朵”——倾听、收集八方市场信息；一定会有“三张嘴巴”——有伶牙俐齿说服客户，靠巧舌如簧与客户谈判……

谢谢大家！

分析：自我介绍的目的之一，就是要让对方记住你的名字，给用人单位留下良好的难忘的第一印象。求职者开口说话，就可以反映出他的学识、修养和口才。这位求职者的自我介绍独具创意，将名字与应聘职务特点紧密结合，引起用人单位的好感和认同，促使其求职销售经理助理岗位成功。

各位主考：

晚上好！

本来我想朗诵一首诗，但在看了前面十几位考生的口试后，我忽然醒悟到：旅游工作更多的应该是娓娓而谈，才能更好地完成导游工作。因此，我这儿想和各位主考说说心里话。话题呢，就叫“我为什么报考导游员”。

我报考导游员有两个不利条件。

第一个不利是我的年龄。你们的启事上说是招 19~24 周岁的，而我已经 30 岁了。不过任何事物都不是绝对的。一方面，我可以通过充满青春活力的热情和幽默来弥补；另一方面，年龄大些或许正可以成为成熟、稳重、可以依赖的标志呢！——而这些，好像正是导游工作所需要的。

我的第二个不利是我的性别。毋庸讳言，导游工作，大多是由温柔美丽的女性来干的。但是，当今世界，导游已不是女性的专利了。在某些情况下，具有阳刚之气的男性导游或许会备受青睐呢。

因此，我来了。因为我知道，报考导游员我还有 7 个有利条件。

第一，我热爱导游工作。

第二，由于我的职业关系，夏季——这个烟台旅游的黄金季节，正是我们中小学放暑假的时候。我有充裕的时间。我可以做到招之即来，来之能战。

第三，由于长期坚持锻炼身体，我有充沛的精力。我可以胜任长途奔波，完成连续作战的任务。

第四，由于对家乡的热爱，由于对史地知识的爱好，我相信在烟台市范围内的导游工作我可以做到有问必答、有疑必解。

第五，由于在大学 4 年经常有外地同学来烟台，由我为他们担任向导，所以我自认为已具备了初步的导游工作的实际经验。

第六，经过 6 年多的教师工作的锻炼，我认为自己的普通话和语言表达能力均能胜任导游工作。

第七，我的性格和气质属多血质，从心理素质上讲，适应环境的能力和应变能力较强，而这种心理、气质类型，被认为是最适宜做导游工作的一种类型。

所以，我来了，并且相信，如果被录取，一定不会辜负你们——各位主考的选择！

我的话完了，谢谢各位为我提供的这次机会。

（摘自《演讲与口才》1990 年第 1 期）

分析：这位考生的自我介绍，以实事求是的态度从年龄、性别、职业、体力、学识、经验、性格、气质等方面列述自己从事业余导游工作的有利条件，陈述理由充分，语言朴实无华，态度坦诚自信，是一次卓有成效的自我推销。尤其是一开头以自己的“不利条件”为切入口，欲扬先抑，虚贬实褒，令人顿生好感，取得了先声夺人的效果。

技能训练

（1）开学伊始，中职新生举行“趣说自己”主题班会，请你作一次自我介绍。

（2）学校学生会新学期招干，请以学生会干部候选人身份作一次自我介绍。

（3）假设自己来到某单位（导游公司、幼儿园、某电子公司……）参加毕业实习，请在该单位举行的小型欢迎会上向大家作一次自我介绍。

项目 5.2　幼师口语

训练目标

(1)掌握幼儿教师教学口语的特点和要求。

(2)能根据教学口语的特点和幼儿年龄特点设计不同教学环境的教学用语。

(3)能够在模拟教学和教育实习中较好地运用口语进行教育教学工作。

知识内容

一、幼儿教学口语的基本特点

1. 规范性

在幼儿园中,教师的语言是幼儿接受教育、获取信息的重要媒介,因此教师的教学口语必须规范,具体包括:语音标准;发音饱满用词准确,避免使用方言俚语(如"日头"等)或不规范的词汇(如"车车、饭饭"等);符合语法,符合逻辑,具有条理性,同时还要讲究文明礼貌。

2. 启发性

幼儿集体教育活动注重引导幼儿在探索中发现、学习,在游戏中归纳、总结。所以有效的教学活动中,幼儿获得的经验不只是通过老师的口头传授而得,还要经过自己的探索思考总结发现,幼儿是教学活动的主体,老师的主要作用是提供教学指导,因此老师的教学语言要具有启发性。

3. 艺术性

教学口语注重语言的美感,强调表达过程中语调、节奏、音色的变化和用词的优美;幼儿教师的语言要能充分调动幼儿的注意力和学习兴趣,初步培养幼儿的语言审美品味,因而要具有艺术性,主要表现在语言的美感及风格的生动活泼。教学过程中,老师娓娓动听的讲解、生动有趣的描述、充满神秘感的提问、亲切而深情的启发,能够激发幼儿身临其境地想象美好画面,体会生活乐趣,感受人间真情,使幼儿在美的享受中不知不觉地走进知识的殿堂。

4. 教育性

教学口语承载着知识传递、情感熏陶、习惯养成、能力培养等教育任务。在传达知识信息时,要能够激发幼儿的情感体验,诱导幼儿的求知欲望,培育幼儿的道德观念。因此,幼儿园集体教学的三大任务——知识技能、情绪情感、社会交往的教育目标的实现,与教学口语的教育性是密不可分的。

二、幼儿教学口语的基本要求

1. 音量适中

课堂教学要使幼儿听得清楚，听得认真，听得津津有味，首先必须恰当地调控语音，有适中的响度。过高的声音，甚至是刺耳的尖叫，既伤害自己的嗓子，也影响幼儿的身心健康；过低的声音，幼儿听不清楚，容易疲劳，丧失学习兴趣；平直的声音不利于幼儿集中注意力，教学语言应高低起伏、长短交错、抑扬顿挫，才能激发学生兴趣。

2. 音色多变

在教学中，幼师经常需要模拟各种年龄、性别、性格的人或动物的腔调，表现热情、悲伤、快乐、紧张、恐惧等语气。不同的声音需要变换音色来模拟不同的声音效果。应熟练掌握共鸣腔的形状、位置，通过共鸣产生不同的声音效果，达到音色变化，使幼儿听起来有身临其境的真实感觉，以激发他们的学习兴趣。音色训练要以自己的声音为主体，真实、自然、稍加夸张，切忌装腔作势。

3. 语速适中

语速的快慢，是表情达意的需要，也直接影响教学效果。过快，幼儿应接不暇，既听不清，也理解不了；过慢，不适应天真烂漫的幼儿生理和心理特点，使课堂气氛沉闷，无法保证教学效果。教学口语的快慢应根据教学内容和幼儿年龄而定，中速为主，快慢结合。

4. 表述清晰

表述清晰是指出语和表意清晰、明白的程度。教学口语表述清晰的程度，直接影响到幼儿理解和领悟的程度。出语，要求每个字的发音都要到位，做到字正腔圆，不要“吃字”或“吞字”；表意，一句话表达一个意思，要符合语法、逻辑规律。

5. 表达流畅

表达流畅是指说话的语流顺畅、完整的程度。所谓顺畅，是指音节与音节之间，句子与句子之间承接连贯，不吞吞吐吐，不时断时续，不掺杂口头禅；所谓完整，是指一句话一个意思，不说半句话，不前言不搭后语。一句话说完，该停顿就停顿，该连接就连接，不出现“卡壳”“断茬”的现象，同时还要反应灵敏、对答如流。教学口语要顺畅，平时要加强说话练习，增强语感，还要加强备课，理清思路，熟悉教学内容。

三、与幼儿沟通的语言技巧

（一）语言的选择

1. 使用简明、具体、浅显的语言

让幼儿理解你所说的语言是进行沟通的关键，因此说话时要尽量具体，避免笼统。在词语选择方面也要符合幼儿的认知水平，避免生僻、晦涩词语的出现，力求简明浅显。如将“你今天表现真棒”换成“你能够在玩玩具之后，及时把玩具收好并送回原处，真棒”，孩子就会更明白自己的哪些行为得到了肯定。

2. 使用肯定、正面的语言

告诉幼儿应当做什么，而不是指出不应当做什么。比如乐乐画完画后，将画笔扔在桌面上，这时老师应该说“乐乐，请把画笔收好放回文具架上”，而不是说“乐乐，不要把画笔扔在桌面上”。

3. 使用拟人化的语言

可以通过使用拟人化的语言，榜样激励等方法让幼儿更乐于接受。如小强重重拖椅子，发出了很大声音，这时老师可以说：“我听见小椅子在喊疼疼疼，是哪个小朋友把椅子的腿拉疼了呀？轻点，好吗？”

4. 多用描述性的语言，少用评价性的语言

实践证明，有针对性的描述性的语言更容易让幼儿了解到自己的成功或失误之处，让他们乐于进一步提高积极性或有效改善自己的行为。

描述性的表扬语言如“你的小耳朵可真灵”“你发现了别人没有发现的问题”，评价性的表扬语言如“你是个好孩子”“你真聪明”“你真棒”等；描述性的批评语言如“你把书皮撕了，图书多疼啊”，评价性的批评语言如“你怎么这么调皮”“你是个讨厌的孩子”等。

（二）音量、语气和语速的选择

1. 低声沟通

低声在与幼儿沟通过程中非常有效：当幼儿尿湿了裤子时，低声能让孩子保持尊严；当幼儿午睡时说话时，低声能让安静的睡眠氛围继续；当幼儿跟你说心里话时，低声更能让孩子娓娓道来，即使是对比较调皮的幼儿，低声也能让你更接近孩子的内心。

2. 亲切、柔和的语气

亲切、柔和的语气会让孩子感受到你对他的关心和爱护，让他更愿意对你说出内心的真实感受，更愿意接受你的建议。

3. 语速适度

与幼儿沟通时，语速要比与成年人沟通时稍慢一些，太快的语速幼儿听不太清楚，当然也不能太慢，太慢的语速会使幼儿等得着急，降低幼儿沟通的积极性，所以在与幼儿沟通时语速应快慢结合，富于变化。

（三）态势语的选择

1. 采用蹲姿或坐姿

与幼儿沟通时，蹲下或坐下的姿势，可以让幼儿平视老师，孩子会感觉自己受到尊重，比较放松，为师幼平等沟通创建了良好环境。当需要比较长时间沟通时，与幼儿并排坐会比面对面更有利于减轻孩子的压力，使孩子更愿意诉说。

2. 多用目光注视

说话时要用亲切柔和或鼓励赞许的目光看着幼儿，在批评时，目光可以严肃一些，但不能使用鄙夷、轻视的目光。

3. 亲密接触

抱一抱、摸摸头、拍一下肩或者刮一下鼻子，这些充满爱意的小动作一般都会让孩子更真切地感受到老师的爱护和关注，让孩子更愿意与老师沟通。

4. 保持微笑

世界上最美的语言是微笑，微笑让老师更亲切，微笑可以拉近孩子们与老师的距离。

（四）与幼儿沟通的语言禁忌

1. 不说反语、讽刺性的语言

老师准备讲故事了，可是还有几个孩子还在大声吵闹，应该对他们说“请安静”，而不是“怎么不更大声点”这一类的反语。

2. 不说恐吓性的话语

当幼儿哭闹或不听话时，有些老师会用一些恐吓性的语言制止他们的行为，如“你不吃饭，就不要你在我们班了”；“你再打人，老师就打电话报警，叫警察叔叔把你抓去”；“你再不睡觉，我就打电话给你妈妈，叫她放学不来接你”。这些话语都是针对孩子害怕发生的事情来说的，可能当时对制止孩子的行为有一定的作用，但对孩子的心理都会产生不良影响，应当避免。

3. 不用命令式、警告式的口吻说话

“我命令你……”“我警告你……”“你最好赶快……”这一类的句型都会让孩子觉得老师高高在上，不尊重自己，从而产生畏惧、抵抗的心理。

4. 不用表达沮丧、失望的句子

“怎么会遇上你这种孩子？”“这孩子怎么这样？”“从没见过像你这样调皮的孩子！”“你太让我失望了！”等等，都会让孩子产生自卑的心理。

四、幼师口语案例分析

（1）上课开始，老师出示课件：五彩缤纷的背景中央，狮子大王露出幸福的笑脸。老师：“小朋友们你们看，这是谁？对了，是狮子大王。老师告诉你们一个好消息，今天狮子大王过生日，小动物们为他开了一个运动会，还邀请我们小朋友们参加，你们愿意去吗？好，开幕式马上就要开始了，我们一起去看看吧！”

分析：这段导入语用拟人的语句设计了一个情境，用讲故事的语气让幼儿仿佛身在其中，兴致勃勃地进入了学习。

（2）音乐课“打击乐”——响板教学课堂上，老师说：

“看！这是什么乐器？嘴巴张得大大的，好像一只小青蛙。”

“听小板发出什么样的声音？嗒！嗒！听起来好像两只小皮鞋在走路。听老师的指挥，我们先按老爷爷走路的速度敲一敲乐器，再按爸爸走路的速度试一试，最后学一学小朋友跑步的声音。”

分析：打击乐活动课幼儿很容易受乐器影响不听指挥，这位老师在教学时，把乐器化为乐器宝宝，用形象生动的语言描述了响板，并把它比喻成青蛙，使幼儿的注意力马上转移到老师手中的乐器上来，并用艺术性的语言引导幼儿跟随自己的教学思路。

（3）下午游戏时，欣欣向王老师报告：“老师，凯凯打小朋友！”王老师听了对凯凯说：

“再不听话，就把你送到小班去，听清楚了没有？”过了十多分钟，晶晶跑到王老师面前说：“老师，凯凯打人。”王老师不问青红皂白走过去：“凯凯你又打人，刚才你打小朋友的事还没跟你算账呢！到小班去，我们大班不要你了！”说完便死命地拖着凯凯往小班的方向走去。

分析：王老师对凯凯打人的行为不能低下身子好好沟通，问清原委，而是简单粗暴地采取命令式和恐吓式的语言，甚至还采取了“死命地拖”的动作，不符合与幼儿沟通的基本原则，犯了语言禁忌，不能有效解决问题，还给幼儿带来了伤害。

技能训练

一、按提示教小朋友们朗读儿童诗《好朋友》

好朋友

走下楼梯，	叙事，音量中。
那里是一片绿绿的草地。	
那里有陌生的笑声，	“陌生”一词有胆怯感。
那里有陌生的游戏。	注意“草地”“游戏”的归音。
走下楼梯，	叙事，音量中。
我远远地看着这片草地，	
这新房的周围，	
原来有那么多的美丽。	“原来”有惊喜感，稍微提高音量。
我轻轻地说了句，	“轻轻”一词音量弱。
“能不能带我来，	试探性口气。
参加你们的游戏。”	
草地上一下子没了声息。	注意“声息”的吐字归音。
我想，他们要来赶我了，	音量弱，有胆怯感。
就像赶走一只小鸡；	
哗啦，他们围上来了，	
一下子把我围在圈里。	音量增加，动作感强。
“来呀！新朋友，	音量强，欢呼口气。
我们欢迎你！”	
草地上多了一个我，多了一个你，	音量中，抒情口气。

多了许许多多美丽。

二、根据下面的情景，以小组为单位分角色表演

情景一：小班的嘟嘟走路时突然扑倒在地，正要哭，请上前安慰、鼓励一下。

情景二：上谈话课，请小朋友们说说喜欢的食物，小朋友们一时兴奋，变得吵吵闹闹，请他们安静一下。

情景三：去实习，小朋友们对实习教师很好奇，一个小女孩凑过来摸摸你的袖子，请你与她亲切地打个招呼。

项目 5.3　导游语言

训练目标

（1）了解导游语言的基本要求。

（2）掌握导游语言的表达技巧。

（3）提升导游口语表达的艺术性。

知识内容

一、导游语言的基本要求

导游语言是导游员在工作实践中与游客交流思想感情、指导游览、进行讲解，传播文化时的生动形象的口头语言。导游语言有“快、急、难、杂”的特点，往往没有时间斟词酌句，因而要求导游的语言功底扎实，交流讲解表达正确、得体，要在“达意”和“舒服”上下功夫，在“美”字上做文章。

“达意”首先要求准确，导游要熟悉讲解的内容，人名、地名、朝代、风土人情、历史典故、故事传说等讲解内容必须客观、准确，有来源出处，不可张冠李戴，随意编造；其次要求讲解过程有逻辑性和层次感，对讲解内容精心策划，设计讲解顺序，恰当安排详略，以便给顾客留下脉络清晰、层次分明、重点突出的深刻印象。

“舒服”首先体现在语言的规范上，导游讲解应使用口语表达，发音要标准，语法要规范；其次导游语言应该轻松愉快、生动形象，努力使语言与情景交融，激发旅游者浓厚的游览兴趣，另外还可以多用风趣诙谐的语言，多用恰当的比喻、夸张、引用等修辞手法，使旅客倍

感亲切;最后舒服的语言应该是灵活的,根据不同的对象和时空条件,导游讲解可因人而异、因地制宜,使景点的讲解适应不同游客的文化修养和审美情趣,让每一位游客都能获得美的享受。

二、导游语言的表达技巧

导游语言分为独白式和对话式两种。独白式是指导游讲游客听的单向语言传递方式,是导游语言的主要方式;对话式则是导游和游客之间的双向语言传递方式,可以是问答,也可以是商讨。无论哪种语言方式,都应根据讲解对象的具体情况,考虑讲解环境的时空条件,讲究语言的艺术性,从导游语言的音、调、节奏等方面入手,灵活处理,传情传神。

1. 音量适度

德国人哈拉尔德·巴特尔说:“讲话的艺术在于适中。”导游语言的音调应把握“适中”原则,即讲解时音量大小适度,以游客听清为准。导游语言不能过高或过低,声音太高会形成噪声,让游客不舒服;声音太低听不清楚,不能达到语言基本的传递信息的效果,而且让游客感觉导游缺乏自信,影响导游效果。

2. 语调优美

只有语调正确、优美、自然,语言流畅,悦耳动听,富有感染力的导游语言,才能打动游客心弦、激发游客游兴。

3. 节奏合理

导游语言的节奏是指说话的快慢和语句的断续停顿,包括导游讲解的节奏和声调的节奏。讲解的节奏一般要以游客的反应、理解能力和当时的实际情况来决定,如导游与游客初见面致欢迎辞时,语速要适当放慢,声音要适当提高,当游客与导游适应了解后可适当加快语速;再如导游向游客强调注意事项时声音应适当增高,音量要适当放大。

另外,科技改变生活,现在导游讲解过程常使用无线讲解器,无线讲解器是一种一对多的设备,在人多、环境嘈杂、室外空旷等环境下,无线讲解器可以向游客清晰地传达导游讲解的内容,有效提升游客游玩的乐趣和体验。导游在使用无线讲解器讲解时要注意以下事项:一是音量适中,避免音量过大刺激游客耳朵;二是测试麦克风时要讲话,避免吹麦克风制造噪音;三是距离适中,避免过远或过近,确保信号的稳定性和音质的质量。

三、导游词实例解析

山东泰山导游词(片段)

游客朋友们,你们知道五岳是指哪五座山吗?对的。我们今天游览的泰山是东岳,除此之外还有西岳陕西华山,北岳山西恒山,南岳湖南衡山,中岳河南嵩山。那么,你们知道“岳”字如何解释吗?大家猜对一半,“岳”有高大的意思,但不仅限于此。在中国古代,认为高山“峻极于天”,对其加以崇拜,即称为“岳”。五岳并不是我国最高大的山,但由于五岳之名是中国古代帝王封赐的,这些山是古代帝王登基后举行盛大封禅活动的场所,因此闻名天下。

分析：导游运用问答方法与游客互动，在一问一答间，不仅激起游客游览的兴趣，还能增进导游与游客之间的情感交流，有效地提升了导游讲解效果。

岳阳楼导游词（片段）

这就是驰名中外的岳阳楼，它与武汉的黄鹤楼、南昌的滕王阁合称江南三大名楼，素有“洞庭天下水，岳阳天下楼”的美誉。它原是三国时期东吴鲁肃训练水师的阅兵台，唐代建为岳阳楼，宋代由巴陵县令滕子京主持重修，整个楼阁为纯木结构，重檐盔顶，1984 年落架大修后重新开放。现在楼高 20 米，由 4 根楠木柱支撑，楼顶就像古代将军的头盔。全楼没有一颗铁钉，这在力学、美学、建筑学、工艺学等方面都是杰出的成就。现在，楼内藏有清代刻的《岳阳楼记》雕屏，大家要想领略“衔远山，吞长江，浩浩汤汤，横无际涯”的风光，请随我登楼观赏。

分析：导游用准确、简洁、冷静的语言，把岳阳楼的景观介绍给游客，使他们在具体欣赏品味景观之前对景观有一个初步的印象。

湖北神农架导游词（片段）

神农架最早是一座山的名称，而后是一个山系的总称，如今是一个行政区神农架林区，它的版图由神农架山系为构成主体而又保存着大面积的原始森林，相传炎帝神农氏为了采药而尝遍百草，“神农架”就因为神农在这里的山上搭架采药而得名，神农采药治病，为炎黄子孙后代繁荣昌盛、发展进步做出了巨大的贡献。在祭坛内的八幅壁画就描绘了神农一生为后代留下的功绩与财富。现在就让我们一起到祭坛前拜一拜这位伟大的华夏先祖吧！

分析：导游寓情于景的讲述将神农架命名的故事娓娓道来，使游客自然而然地接受炎帝神农氏的丰功伟绩，并产生作为华夏子孙的自豪感，为最后的“拜一拜”奠定情感基础，可谓水到渠成。

苏州西园五百罗汉堂“疯僧”塑像导游词（片段）

朋友们，这个疯和尚有个雅号叫“九不全”，就是说，有九样毛病：歪嘴、驼背、斗鸡眼、招风耳、瘌瘌头、烧脚、鸡胸、斜肩脚，外加一个歪鼻头。大家别看他相貌不完美，但残而不丑，从正面、左面、右面看，你会找到喜、怒、哀、乐等多种感觉……另外，那边还有五百罗汉，大家不妨去找找看，也许能发现酷似自己的“光辉形象”。

分析：导游用幽默风趣的语言进行导游讲解，让游客在乐趣中得到精神享受，让游客乐此不疲、游兴顿增。

虎丘塔导游词（片段）

虎丘塔究竟有多少年呢，几百年还是几千年？说法一直不一致。这事直到 20 世纪 50 年代初才弄清楚。（暂停）有一次，建筑工人在加固塔基的时候，在塔内一个窟窿里，发现了一个石头箱子。（暂停）工人们把它搬出来，打开一看，里面还有一个木头小箱子，大概有这么大……（比划）再把小木箱打开，里面有包东西，是用刺绣的丝织品包着的，解开一看，是一包佛经，取出这包东西，只见箱底写着年代，你们猜是什么年代？（暂停，游客纷纷猜测）这年代是北宋建隆二年，也就是 961 年。由此可见，虎丘塔距今已有一千多年的历史，而苏州的丝绸刺绣工艺至少也有上千年的历史。

分析：导游在讲解中故意用停顿和“吊胃口”或“卖关子”来故弄玄虚，造成悬念，把本来不怎么吸引人的建塔年代说得有声有色，令人着迷。

湖北黄鹤楼导游词（片段）

有一次，诗仙李白来到黄鹤楼游玩，当地老百姓见诗仙来此，纷纷要求李白为黄鹤楼写一首诗。李白游览后诗兴大发，提笔欲写时却看到了墙上崔颢的诗，他当场就愣住，摇摇头，搁笔不写。围观的人们正在纳闷不解时，只见李白叹气吟道：“一拳打碎黄鹤楼，一脚踢翻鹦鹉洲。眼前有景道不得，崔颢题诗在上头”。然后，搁笔而去。从此以后，在文坛上留下了“崔颢题诗，李白搁笔”的美谈。由于李白的推崇，崔颢名声大振，黄鹤楼也随着崔颢的诗名传四方。四楼是黄鹤楼的文化活动场所，陈列了当代书画名家游览本楼的即兴之作，这里有文房四宝，感兴趣的游客可以在此一显身手！

分析：导游引用名人典故介绍黄鹤楼，不仅让游客欣赏到黄鹤楼的美，更能深刻体会到黄鹤楼深厚的历史文化内涵，满足了游客的“求知欲”。

技能训练

（1）选择一个旅游景点，查阅相关资料，分别为以下几种不同背景资料的游客设计导游词，在训练中注意运用好体态语。

旅游一团：在校中职生。

旅游二团：退休老干部（55~60 岁）。

旅游三团：农民朋友。

（2）选择语文教材中的某些篇目，如《林黛玉进贾府》《胡同文化》等，将其改编为导游词，向其他同学作讲解。

附录

为方便学习者对普通话词语的整体把握，本部分内容集中了普通话水平测试用的各类词表及普通话水平测试用朗读作品，包括《普通话水平测试用普通话词语表》表一（节选）、表二（节选）、《普通话水平测试用必读轻声词语表》《普通话水平测试用儿化词语表》《普通话水平测试用朗读作品 50 篇》。

说明：

（1）本书词表中《普通话水平测试用普通话词语表》表一（节选）、表二（节选）供普通话水平测试第一项——读单音节字词（100 个音节）和第二项——读多音节词语（100 个音节）测试使用。

（2）本书词表中《普通话水平测试用必读轻声词语表》《普通话水平测试用儿化词语表》供普通话水平测试第二项——读多音节词语（100 个音节）测试使用。

（3）本书的各类词表都是根据《普通话水平测试实施纲要》中相对应的词表进行编制的。

（4）未被选入附录中的词语，尽量出现在书中模块 2、模块 3 的例词中。

附录 1　普通话水平测试用普通话词语表

表一（节选）

说明：

（1）本表供普通话测试第一项——读单音节字词（100 个音节）和第二项——读多音节词语（100 个音节）测试使用。

（2）本表根据《普通话水平测试实施纲要》中《普通话水平测试用普通话词语表》的表一部分编制，条目按音序排列。表中带“*”的是频率在 4 000 以上的最常用词。由于篇幅限制，本书对原词语表进行了针对性的删减。如：删减了词表中反复出现，词频率非常高的字词；删减了双音节和三音节词语中前两个音节相同的双音节词语。

（3）节选后，表一共有 3 172 条词语。该词表保证了各音节出现的周遍性，且各声韵调出现的频率与原表基本一致。

阿姨 āyí
挨 āi
挨 ái
矮 ǎi
爱国 àiguó
爱好 àihào
爱情 àiqíng
安定 āndìng
安静 ānjìng
安排 ānpái
安培 ānpéi
安全 ānquán
安慰 ānwèi
安置 ānzhì
安装 ānzhuāng
氨 ān
岸 àn
按照 ànzhào
案件 ànjiàn
暗示 ànshì
暗中 ànzhōng
凹 āo
熬 āo
熬 áo
奥秘 àomì
奥运会 Àoyùnhuì
八 bā
巴 bā
扒 bā
拔 bá
把握 bǎwò
把儿 bàr
爸 bà
罢工 bàgōng
摆动 bǎidòng
摆脱 bǎituō
败 bài
班 bān
般 bān
颁布 bānbù
搬运 bānyùn
板凳 bǎndèng
版 bǎn
办法 bànfǎ
办公室 bàngōngshì
办理 bànlǐ
半导体 bàndǎotǐ
半岛 bàndǎo
扮演 bànyǎn
伴随 bànsuí
伴奏 bànzòu
瓣 bàn
帮忙 bāngmáng
帮助 bāngzhù
榜样 bǎngyàng
傍晚 bàngwǎn
包括 bāokuò

包围 bāowéi
包装 bāozhuāng
孢子 bāozǐ
薄 báo
饱和 bǎohé
宝贵 bǎoguì
宝石 bǎoshí
保持 bǎochí
保存 bǎocún
保守 bǎoshǒu
保卫 bǎowèi
保险 bǎoxiǎn
保障 bǎozhàng
*保证 bǎozhèng
报告 bàogào
报刊 bàokān
报名 bàomíng
报纸 bàozhǐ
抱 bào
暴力 bàolì
暴露 bàolù
爆发 bàofā
爆炸 bàozhà
杯 bēi
背 bēi
悲哀 bēi'āi
悲惨 bēicǎn
*悲剧 bēijù
*北方 běifāng
*背景 bèijǐng
*倍 bèi
被动 bèidòng
被告 bèigào
辈 bèi
奔跑 bēnpǎo
本地 běndì
*本来 běnlái
*本领 běnlǐng
本能 běnnéng
*本身 běnshēn
本事 běnshì
苯 běn
奔 bèn
笨 bèn
崩溃 bēngkuì
蹦 bèng
逼 bī
鼻孔 bíkǒng
*比较 bǐjiào
*比如 bǐrú
*比赛 bǐsài
比喻 bǐyù
*彼此 bǐcǐ
笔记 bǐjì
笔者 bǐzhě
必定 bìdìng
必然性 bìránxìng
*必须 bìxū
必需 bìxū
*必要 bìyào
*毕竟 bìjìng
*毕业 bìyè
闭合 bìhé
壁画 bìhuà
*避免 bìmiǎn
臂 bì
边疆 biānjiāng
边界 biānjiè
边缘 biānyuán
编辑 biānjí
编写 biānxiě
鞭 biān
扁 biǎn
*变动 biàndòng
变法 biànfǎ
*变革 biàngé
变更 biàngēng
变换 biànhuàn
变迁 biànqiān
便利 biànlì
*便于 biànyú
*遍 biàn
辨别 biànbié
辨认 biànrèn
辩护 biànhù
辩证法 biànzhèngfǎ
标本 biāoběn
标题 biāotí
标语 biāoyǔ
标志 biāozhì
标准化 biāozhǔnhuà
*表达 biǎodá
表明 biǎomíng
表皮 biǎopí
表情 biǎoqíng
表示 biǎoshì
表现 biǎoxiàn
表演 biǎoyǎn
表扬 biǎoyáng
表彰 biǎozhāng
边境 biānjìng
别 bié
别 biè
宾 bīn
冰川 bīngchuān
兵力 bīnglì
丙 bǐng
柄 bǐng

饼 bǐng
屏 bǐng
并且 bìngqiě
并用 bìngyòng
病变 bìngbiàn
病毒 bìngdú
病情 bìngqíng
病人 bìngrén
拨 bō
波长 bōcháng
波动 bōdòng
波浪 bōlàng
剥夺 bōduó
剥削 bōxuē
播种 bōzhǒng
播种 bōzhòng
伯 bó
博士 bóshì
搏斗 bódòu
薄弱 bóruò
薄 bò
补偿 bǔcháng
补充 bǔchōng
补贴 bǔtiē
捕捞 bǔlāo
捕捉 bǔzhuō
不安 bù'ān
不错 bùcuò
不但 bùdàn
不断 bùduàn
不妨 bùfáng
不够 bùgòu
不顾 bùgù
不管 bùguǎn
不光 bùguāng
不过 bùguò
不禁 bùjīn
不久 bùjiǔ
不良 bùliáng
不料 bùliào
不论 bùlùn
不免 bùmiǎn
不平 bùpíng
*不然 bùrán
不时 bùshí
不惜 bùxī
*不幸 bùxìng
*不许 bùxǔ
不已 bùyǐ
*布置 bùzhì
步伐 bùfá
*步骤 bùzhòu
*部队 bùduì
*部门 bùmén
部署 bùshǔ
擦 cā
猜 cāi
*才能 cáinéng
*材料 cáiliào
*财产 cáichǎn
财务 cáiwù
*财政 cáizhèng
*采访 cǎifǎng
采购 cǎigòu
采集 cǎijí
*采取 cǎiqǔ
*采用 cǎiyòng
踩 cǎi
*菜 cài
蔡 cài
*参观 cānguān
*参加 cānjiā
*参考 cānkǎo
*参与 cānyù
残酷 cánkù
蚕 cán
仓库 cāngkù
苍白 cāngbái
舱 cāng
*藏 cáng
操纵 cāozòng
*操作 cāozuò
曹 cáo
槽 cáo
草案 cǎo'àn
*草原 cǎoyuán
册 cè
侧面 cèmiàn
侧重 cèzhòng
*测量 cèliáng
测验 cèyàn
策略 cèlüè
*层 céng
*层次 céngcì
*曾经 céngjīng
叉 chā
*差别 chābié
差距 chājù
*差异 chāyì
*插 chā
茶叶 cháyè
*查 chá
察 chá
叉 chǎ
*差 chà
拆 chāi
*差 chāi
柴 chái

缠 chán
*产量 chǎnliàng
*产品 chǎnpǐn
*产生 chǎnshēng
*产物 chǎnwù
*产业 chǎnyè
阐明 chǎnmíng
颤抖 chàndǒu
长城 chángchéng
*长度 chángdù
*长期 chángqī
长远 chángyuǎn
*场 cháng
肠 cháng
尝试 chángshì
常规 chángguī
常识 chángshí
*厂 chǎng
场地 chǎngdì
*场面 chǎngmiàn
*场所 chǎngsuǒ
*唱 chàng
抄 chāo
超出 chāochū
超额 chāo'é
*超过 chāoguò
超越 chāoyuè
巢 cháo
朝廷 cháotíng
潮流 cháoliú
潮湿 cháoshī
吵 chǎo
炒 chǎo
车辆 chēliàng
扯 chě
*彻底 chèdǐ
撤销 chèxiāo
臣 chén
尘 chén
*沉淀 chéndiàn
*沉默 chénmò
*沉重 chénzhòng
沉着 chénzhuó
陈旧 chénjiù
*称 chèn
趁 chèn
称赞 chēngzàn
撑 chēng
*成本 chéngběn
成虫 chéngchóng
*成功 chénggōng
*成果 chéngguǒ
*成绩 chéngjì
*成就 chéngjiù
成年 chéngnián
*成人 chéngrén
*成为 chéngwéi
*成长 chéngzhǎng
*呈现 chéngxiàn
诚恳 chéngkěn
*承担 chéngdān
*承认 chéngrèn
承受 chéngshòu
城镇 chéngzhèn
乘机 chéngjī
乘客 chéngkè
*盛 chéng
*程度 chéngdù
*程序 chéngxù
惩罚 chéngfá
秤 chèng
吃惊 chījīng
池塘 chítáng
*迟 chí
持久 chíjiǔ
*持续 chíxù
*尺度 chǐdù
齿 chǐ
赤 chì
*翅膀 chìbǎng
冲击 chōngjī
冲破 chōngpò
*冲突 chōngtū
充当 chōngdāng
*充分 chōngfèn
*充满 chōngmǎn
充实 chōngshí
*虫 chóng
*重复 chóngfù
*重新 chóngxīn
*崇拜 chóngbài
崇高 chónggāo
*冲 chòng
*抽象 chōuxiàng
仇恨 chóuhèn
愁 chóu
丑 chǒu
臭 chòu
*出版 chūbǎn
出产 chūchǎn
*出发 chūfā
出发点 chūfādiǎn
出身 chūshēn
*出生 chūshēng
出席 chūxí
出血 chūxiě
*初步 chūbù
初级 chūjí

*初期 chūqī
除非 chúfēi
厨房 chúfáng
处罚 chǔfá
处分 chǔfèn
*处理 chǔlǐ
*处于 chǔyú
*储存 chǔcún
储蓄 chǔxù
楚 chǔ
*处 chù
*畜 chù
触 chù
川 chuān
*穿着 chuānzhuó
*传播 chuánbō
传达 chuándá
传导 chuándǎo
*传递 chuándì
传染病 chuánrǎnbìng
传授 chuánshòu
*传说 chuánshuō
*传统 chuántǒng
船舶 chuánbó
船只 chuánzhī
喘 chuǎn
串联 chuànlián
创伤 chuāngshāng
窗口 chuāngkǒu
*床 chuáng
幢 chuáng
闯 chuǎng
*创立 chuànglì
*创造性 chuàngzàoxìng
*创作 chuàngzuò
*吹 chuī

*垂直 chuízhí
锤 chuí
春节 chūnjié
*春天 chūntiān
纯粹 chúncuì
唇 chún
词典 cídiǎn
*词汇 cíhuì
辞职 cízhí
*磁场 cíchǎng
雌 cí
此地 cǐdì
*此外 cǐwài
次序 cìxù
次要 cìyào
*刺 cì
赐 cì
*从此 cóngcǐ
*从而 cóng'ér
*从事 cóngshì
从小 cóngxiǎo
丛 cóng
凑 còu
*粗 cū
粗糙 cūcāo
*促进 cùjìn
簇 cù
窜 cuàn
催 cuī
摧残 cuīcán
摧毁 cuīhuǐ
村庄 cūnzhuāng
存款 cúnkuǎn
*存在 cúnzài
寸 cùn
挫折 cuòzhé

*措施 cuòshī
*错 cuò
*搭 dā
*打 dá
*达 dá
*达到 dádào
答案 dá'àn
打倒 dǎdǎo
*打击 dǎjī
*打开 dǎkāi
大伯 dàbó
*大多数 dàduōshù
*大概 dàgài
大街 dàjiē
*大量 dàliàng
*大脑 dànǎo
*大娘 dàniáng
*大人 dàrén
大厦 dàshà
大厅 dàtīng
大王 dàwáng
*大型 dàxíng
*大学生 dàxuéshēng
大爷 dàyé
*大约 dàyuē
大战 dàzhàn
大自然 dàzìrán
*呆 dāi
*待 dāi
*代表 dàibiǎo
代理人 dàilǐrén
*代替 dàitì
*带领 dàilǐng
袋 dài
逮捕 dàibǔ
*戴 dài

担负 dānfù
*担任 dānrèn
*单纯 dānchún
调 diào
胆 dǎn
石 dàn
*但是 dànshì
*担 dàn
*诞生 dànshēng
淡水 dànshuǐ
*弹 dàn
*蛋白质 dànbáizhì
*氮 dàn
当场 dāngchǎng
当即 dāngjí
*当年 dāngnián
*当时 dāngshí
*当事人 dāngshìrén
挡 dǎng
*党委 dǎngwěi
党性 dǎngxìng
*党员 dǎngyuán
当成 dàngchéng
*当年 dàngnián
*当时 dāngshí
当做 dàngzuò
档案 dàng'àn
*刀 dāo
*导演 dǎoyǎn
*导致 dǎozhì
岛屿 dǎoyǔ
倒霉 dǎoméi
*到处 dàochù
*倒 dào
盗窃 dàoqiè
*道路 dàolù
稻谷 dàogǔ
*得以 déyǐ
德育 déyù
*得 děi
灯光 dēngguāng
*登记 dēngjì
蹬 dēng
等待 děngdài
*等候 děnghòu
等于 děngyú
邓 dèng
*瞪 dèng
低温 dīwēn
*滴 dī
*的确 díquè
*敌人 dírén
抵抗 dǐkàng
底层 dǐcéng
地步 dìbù
地层 dìcéng
*地方 dìfāng
*地理 dìlǐ
地壳 dìqiào
*地球 dìqiú
地区 dìqū
*地位 dìwèi
地下水 dìxiàshuǐ
地震 dìzhèn
*地质 dìzhì
弟子 dìzǐ
帝国 dìguó
递 dì
*第 dì
*典型 diǎnxíng
点燃 diǎnrán
碘 diǎn
电磁波 diàncíbō
电灯 diàndēng
*电荷 diànhè
*电话 diànhuà
*电流 diànliú
电脑 diànnǎo
电能 diànnéng
电视台 diànshìtái
*电压 diànyā
*电影 diànyǐng
*电子 diànzǐ
*店 diàn
垫 diàn
淀粉 diànfěn
奠定 diàndìng
雕塑 diāosù
吊 diào
调拨 diàobō
*调动 diàodòng
*掉 diào
*爹 diē
跌 diē
迭 dié
叠 dié
*丁 dīng
盯 dīng
钉 dīng
*顶 dǐng
顶点 dǐngdiǎn
订货 dìnghuò
钉 dìng
*定额 dìng'é
*定律 dìnglǜ
*丢 diū
*东方 dōngfāng
东欧 Dōng'ōu

*东西 dōngxī
*冬天 dōngtiān
*懂 dǒng
动能 dòngnéng
动人 dòngrén
*动物 dòngwù
*动员 dòngyuán
*冻 dòng
*洞 dòng
*都 dōu
兜 dōu
*斗 dǒu
抖 dǒu
*斗争 dòuzhēng
豆 dòu
逗 dòu
*都会 dūhuì
都市 dūshì
*独立 dúlì
*独特 dútè
*读者 dúzhě
堵 dǔ
杜 dù
肚皮 dùpí
*度 dù
渡 dù
端正 duānzhèng
短暂 duǎnzàn
*段 duàn
断定 duàndìng
*锻炼 duànliàn
堆积 duījī
*队 duì
*对称 duìchèn
*对待 duìdài
对抗 duìkàng
*对应 duìyìng
*吨 dūn
*蹲 dūn
*顿时 dùnshí
*多少 duōshǎo
*夺取 duóqǔ
*度 duó
*朵 duǒ
*躲 duǒ
*阿 ē
俄 é
鹅 é
*额 é
恶化 èhuà
*饿 è
恩 ēn
儿女 érnǚ
*儿童 értóng
而后 érhòu
*而且 érqiě
尔 ěr
*耳 ěr
饵料 ěrliào
*二 èr
*发表 fābiǎo
发布 fābù
*发达 fādá
*发动 fādòng
*发挥 fāhuī
*发生 fāshēng
*发行 fāxíng
*发扬 fāyáng
发音 fāyīn
*发育 fāyù
罚款 fákuǎn
法官 fǎguān
法令 fǎlìng
*法律 fǎlǜ
*发 fà
番 fān
翻身 fānshēn
翻译 fānyì
*凡是 fánshì
烦恼 fánnǎo
*繁荣 fánróng
*繁殖 fánzhí
*反而 fǎn'ér
*反复 fǎnfù
反馈 fǎnkuì
*反应 fǎnyìng
*反映 fǎnyìng
返回 fǎnhuí
*犯罪 fànzuì
饭店 fàndiàn
泛 fàn
*范围 fànwéi
*方案 fāng'àn
*方便 fāngbiàn
*方程 fāngchéng
方法论 fāngfǎlùn
*方面 fāngmiàn
*方言 fāngyán
防御 fángyù
*防治 fángzhì
妨碍 fáng'ài
*房间 fángjiān
*访问 fǎngwèn
纺织 fǎngzhī
*放弃 fàngqì
放射性 fàngshèxìng
飞快 fēikuài
飞翔 fēixiáng

飞跃 fēiyuè
*非常 fēicháng
非法 fēifǎ
肥料 féiliào
匪 fěi
*肺 fèi
废除 fèichú
沸腾 fèiténg
*费 fèi
分辨 fēnbiàn
*分别 fēnbié
*分成 fēnchéng
*分工 fēngōng
*分化 fēnhuà
*分类 fēnlèi
*分泌 fēnmì
分明 fēnmíng
*分配 fēnpèi
分歧 fēnqí
*分散 fēnsàn
*分析 fēnxī
*分子 fēnzǐ
粉碎 fěnsuì
*分子 fènzǐ
*份 fèn
*奋斗 fèndòu
粪 fèn
愤怒 fènnù
*丰富 fēngfù
*风格 fēnggé
风景 fēngjǐng
风俗 fēngsú
封闭 fēngbì
*封建 fēngjiàn
封锁 fēngsuǒ
疯狂 fēngkuáng
峰 fēng
锋 fēng
蜂 fēng
冯 Féng
缝 féng
讽刺 fěngcì
奉献 fèngxiàn
*缝 fèng
*佛教 Fójiào
*否定 fǒudìng
*否则 fǒuzé
夫妇 fūfù
孵化 fūhuà
*伏 fú
*扶 fú
*服从 fúcóng
服务员 fúwùyuán
俘虏 fúlǔ
浮动 fúdòng
*符号 fúhào
*符合 fúhé
*幅 fú
*辐射 fúshè
抚摸 fǔmō
府 fǔ
辅助 fǔzhù
腐朽 fǔxiǔ
*父母 fùmǔ
付 fù
*负责 fùzé
*妇女 fùnǚ
*附近 fùjìn
附着 fùzhuó
*服 fù
赴 fù
复辟 fùbì
复杂 fùzá
副业 fùyè
赋予 fùyǔ
富裕 fùyù
*腹 fù
覆盖 fùgài
*该 gāi
*改善 gǎishàn
*改造 gǎizào
钙 gài
*盖 gài
*概括 gàikuò
*概念 gàiniàn
干脆 gāncuì
干旱 gānhàn
*干涉 gānshè
*干燥 gānzào
甘心 gānxīn
杆 gān
肝脏 gānzàng
杆 gǎn
*赶紧 gǎnjǐn
赶忙 gǎnmáng
敢于 gǎnyú
*感动 gǎndòng
感慨 gǎnkǎi
感应 gǎnyìng
*干部 gànbù
*刚才 gāngcái
纲领 gānglǐng
钢琴 gāngqín
*钢铁 gāngtiě
*岗位 gǎngwèi
港口 gǎngkǒu
高潮 gāocháo
高等 gāoděng

高尚 gāoshàng
*高兴 gāoxìng
*高原 gāoyuán
高涨 gāozhǎng
*搞 gǎo
稿 gǎo
告别 gàobié
搁 gē
割 gē
歌剧 gējù
歌曲 gēqǔ
歌颂 gēsòng
革命 gémìng
格外 géwài
隔壁 gébì
个别 gèbié
个人 gèrén
各自 gèzì
给以 gěiyǐ
根本 gēnběn
根据地 gēnjùdì
根源 gēnyuán
跟前 gēnqián
跟随 gēnsuí
更新 gēngxīn
耕地 gēngdì
耕作 gēngzuò
更加 gèngjiā
工场 gōngchǎng
工程师 gōngchéngshī
工商业 gōngshāngyè
工作 gōngzuò
弓 gōng
公民 gōngmín
公司 gōngsī
公有制 gōngyǒuzhì
公正 gōngzhèng
功课 gōngkè
功能 gōngnéng
攻击 gōngjī
供给 gōngjǐ
供应 gōngyìng
宫廷 gōngtíng
巩固 gǒnggù
汞 gǒng
拱 gǒng
共产党 gòngchǎndǎng
共鸣 gòngmíng
贡献 gòngxiàn
供 gòng
勾结 gōujié
沟通 gōutōng
钩 gōu
狗 gǒu
构成 gòuchéng
构造 gòuzào
购买 gòumǎi
估计 gūjì
古代 gǔdài
古老 gǔlǎo
谷 gǔ
股票 gǔpiào
骨骼 gǔgé
鼓吹 gǔchuī
鼓励 gǔlì
固定 gùdìng
故意 gùyì
顾客 gùkè
顾虑 gùlǜ
雇 gù
瓜 guā
刮 guā
挂 guà
拐 guǎi
怪 guài
关键 guānjiàn
关于 guānyú
观察 guānchá
观念 guānniàn
观众 guānzhòng
官吏 guānlì
官员 guānyuán
冠 guān
馆 guǎn
管理 guǎnlǐ
管辖 guǎnxiá
观 guàn
贯彻 guànchè
冠军 guànjūn
惯性 guànxìng
灌 guàn
灌溉 guàngài
光滑 guānghuá
光景 guāngjǐng
光明 guāngmíng
光荣 guāngróng
光泽 guāngzé
光照 guāngzhào
广泛 guǎngfàn
广阔 guǎngkuò
逛 guàng
归结 guījié
归纳 guīnà
规定 guīdìng
规格 guīgé
规划 guīhuà
规律 guīlǜ
规则 guīzé

*硅 guī
*轨道 guǐdào
*鬼 guǐ
*贵族 guìzú
桂 guì
跪 guì
*滚 gǔn
郭 guō
锅 guō
*国际 guójì
*国家 guójiā
*国民 guómín
*国王 guówáng
*国务院 guówùyuàn
*国营 guóyíng
果断 guǒduàn
*果然 guǒrán
裹 guǒ
*过渡 guòdù
过分 guòfèn
哈 hā
*还 hái
海拔 hǎibá
海关 hǎiguān
海域 hǎiyù
*害怕 hàipà
*含量 hánliàng
含义 hányì
*函数 hánshù
寒冷 hánlěng
罕见 hǎnjiàn
喊 hǎn
*汉语 hànyǔ
汗水 hànshuǐ
旱 hàn
行列 hángliè
航海 hánghǎi
航空 hángkōng
航行 hángxíng
*号 háo
好事 hǎoshì
*好像 hǎoxiàng
好转 hǎozhuǎn
*号 hào
好奇 hàoqí
好事 hàoshì
耗费 hàofèi
*呵 hē
*喝 hē
合并 hébìng
*合作社 hézuòshè
何必 hébì
何况 hékuàng
*和谐 héxié
*河流 héliú
荷 hé
核算 hésuàn
盒 hé
颌 hé
*和 hè
荷 hè
*喝 hè
*黑暗 hēi'àn
黑夜 hēiyè
痕迹 hénjì
*很 hěn
*恨 hèn
*恒星 héngxīng
横向 héngxiàng
衡量 héngliáng
*横 hèng
轰 hōng
哄 hōng
*红军 hóngjūn
红旗 hóngqí
*红色 hóngsè
宏伟 hóngwěi
洪水 hóngshuǐ
哄 hǒng
哄 hòng
后悔 hòuhuǐ
后天 hòutiān
厚度 hòudù
候 hòu
*乎 hū
呼唤 hūhuàn
呼吁 hūyù
忽略 hūlüè
*和 hú
弧 hú
*胡 hú
壶 hú
湖泊 húpō
蝴蝶 húdié
*虎 hǔ
*互相 hùxiāng
户口 hùkǒu
护 hù
沪 hù
花生 huāshēng
花纹 huāwén
划 huá
华侨 huáqiáo
滑动 huádòng
化肥 huàféi
化合 huàhé
*划分 huàfēn
*华 Huà

*画家 huàjiā
*画面 huàmiàn
话筒 huàtǒng
怀抱 huáibào
怀念 huáiniàn
坏人 huàirén
*欢迎 huānyíng
*还 huán
还原 huányuán
*环境 huánjìng
缓和 huǎnhé
*缓慢 huǎnmàn
*幻想 huànxiǎng
唤起 huànqǐ
*患者 huànzhě
荒 huāng
慌 huāng
*皇帝 huángdì
黄昏 huánghūn
*黄金 huángjīn
*黄色 huángsè
晃 huǎng
晃 huàng
灰尘 huīchén
挥 huī
*恢复 huīfù
辉煌 huīhuáng
回避 huíbì
回归 huíguī
毁灭 huǐmiè
*汇报 huìbào
绘 huì
*绘画 huìhuà
*婚姻 hūnyīn
*浑身 húnshēn
*混 hún
魂 hún
*混合 hùnhé
混淆 hùnxiáo
*和 huó
火柴 huǒchái
*火车 huǒchē
火焰 huǒyàn
伙伴 huǒbàn
或许 huòxǔ
*和 huò
*获得 huòdé
*几乎 jīhū
击 jī
饥饿 jī'è
机械化 jīxièhuà
*肌肉 jīròu
*鸡 jī
*积极性 jījíxìng
*积累 jīlěi
*基因 jīyīn
畸形 jīxíng
*激动 jīdòng
*激烈 jīliè
*及时 jíshí
*级 jí
极端 jíduān
*即使 jíshǐ
*急忙 jímáng
急于 jíyú
*疾病 jíbìng
*集体 jítǐ
*集团 jítuán
*集中 jízhōng
几何 jǐhé
*挤 jǐ
*给予 jǐyǔ
脊 jǐ
*计划 jìhuà
*记载 jìzǎi
*纪律 jìlǜ
*技能 jìnéng
技术员 jìshùyuán
*系 jì
季风 jìfēng
*剂 jì
济 jì
*既然 jìrán
*继承 jìchéng
*继续 jìxù
祭祀 jìsì
寄生虫 jìshēngchóng
寄托 jìtuō
寂寞 jìmò
*加工 jiāgōng
加剧 jiājù
*加强 jiāqiáng
*加热 jiārè
*加入 jiārù
*加速 jiāsù
*加以 jiāyǐ
*夹 jiā
家畜 jiāchù
*家庭 jiātíng
*家乡 jiāxiāng
*家长 jiāzhǎng
*夹 jiá
甲板 jiǎbǎn
钾 jiǎ
*假如 jiǎrú
假使 jiǎshǐ
*价 jià
*价格 jiàgé

*价值 jiàzhí
驾驶 jiàshǐ
*假 jià
嫁 jià
*尖锐 jiānruì
歼灭 jiānmiè
*坚持 jiānchí
*坚决 jiānjué
坚硬 jiānyìng
*间 jiān
肩膀 jiānbǎng
艰难 jiānnán
*监督 jiāndū
*兼 jiān
拣 jiǎn
茧 jiǎn
捡 jiǎn
*检查 jiǎnchá
*减轻 jiǎnqīng
剪 jiǎn
简称 jiǎnchēng
*碱 jiǎn
间隔 jiàngé
*间接 jiànjiē
*建筑 jiànzhù
剑 jiàn
*健康 jiànkāng
*健全 jiànquán
鉴别 jiànbié
*键 jiàn
箭 jiàn
江南 jiāngnán
将近 jiāngjìn
*将军 jiāngjūn
*将来 jiānglái
浆 jiàng
*讲话 jiǎnghuà
奖励 jiǎnglì
*蒋 jiǎng
*降低 jiàngdī
*将 jiàng
*强 jiàng
交叉 jiāochā
*交换 jiāohuàn
*交流 jiāoliú
交织 jiāozhī
郊区 jiāoqū
浇 jiāo
骄傲 jiāo'ào
胶 jiāo
*教学 jiāoxué
焦点 jiāodiǎn
嚼 jiáo
角落 jiǎoluò
脚印 jiǎoyìn
搅 jiǎo
*叫作 jiàozuò
*觉 jiào
*校 jiào
*较为 jiàowéi
*教会 jiàohuì
*教训 jiàoxùn
教养 jiàoyǎng
阶层 jiēcéng
*皆 jiē
*结果 jiēguǒ
接待 jiēdài
*揭露 jiēlù
*街道 jiēdào
*节日 jiérì
*节约 jiéyuē
洁白 jiébái
*结果 jiéguǒ
*结论 jiélùn
截 jié
竭力 jiélì
*解放 jiěfàng
*解决 jiějué
解散 jiěsàn
解脱 jiětuō
*介绍 jièshào
戒 jiè
*届 jiè
*界限 jièxiàn
借口 jièkǒu
借用 jièyòng
借助 jièzhù
*解 jiè
*斤 jīn
*今日 jīnrì
金额 jīn'é
金融 jīnróng
津 jīn
*仅 jǐn
*尽管 jǐnguǎn
尽快 jǐnkuài
*尽量 jǐnliàng
*紧张 jǐnzhāng
锦标赛 jǐnbiāosài
谨慎 jǐnshèn
*尽量 jìnliàng
进而 jìn'ér
进化论 jìnhuàlùn
*进口 jìnkǒu
*进行 jìnxíng
近似 jìnsì
*劲 jìn
晋 jìn

浸 jìn
*禁止 jìnzhǐ
*茎 jīng
京剧 jīngjù
*经过 jīngguò
*经验 jīngyàn
*经营 jīngyíng
惊奇 jīngqí
惊讶 jīngyà
*晶体 jīngtǐ
*精神 jīngshén
精子 jīngzǐ
鲸 jīng
井 jǐng
颈 jǐng
景色 jǐngsè
*警察 jǐngchá
*劲 jìng
径流 jìngliú
净化 jìnghuà
竞赛 jìngsài
竟然 jìngrán
敬 jìng
静止 jìngzhǐ
境地 jìngdì
*镜 jìng
纠纷 jiūfēn
究 jiū
*究竟 jiūjìng
*九 jiǔ
*久 jiǔ
*酒精 jiǔjīng
*旧 jiù
救国 jiùguó
救济 jiùjì
*就业 jiùyè

*车 jū
*居然 jūrán
局限 júxiàn
咀嚼 jǔjué
*巨大 jùdà
*句 jù
*拒绝 jùjué
*具备 jùbèi
俱 jù
剧烈 jùliè
据点 jùdiǎn
*据说 jùshuō
聚 jù
捐 juān
* 圈 juān
*卷 juǎn
*卷 juàn
*圈 juàn
*决策 juécè
决定性 juédìngxìng
*决心 juéxīn
*决议 juéyì
*角色 juésè
*觉悟 juéwù
绝望 juéwàng
嚼 jué
*军队 jūnduì
*军阀 jūnfá
军民 jūnmín
*军人 jūnrén
*军事 jūnshì
均衡 jūnhéng
*均匀 jūnyún
君主 jūnzhǔ
*菌 jūn
咖啡 kāfēi

卡 kǎ
开创 kāichuàng
*开放 kāifàng
开花 kāihuā
*开会 kāihuì
开垦 kāikěn
*开辟 kāipì
开设 kāishè
开拓 kāituò
刊登 kāndēng
*看 kān
勘探 kāntàn
砍 kǎn
*看法 kànfǎ
扛 káng
抗议 kàngyì
炕 kàng
*考虑 kǎolǜ
考验 kǎoyàn
靠近 kàojìn
*科学家 kēxuéjiā
*棵 kē
颗粒 kēlì
壳 ké
*可怜 kělián
*可惜 kěxī
*可以 kěyǐ
渴望 kěwàng
*克服 kèfú
刻苦 kèkǔ
*客观 kèguān
*客厅 kètīng
课本 kèběn
*课程 kèchéng
课堂 kètáng
*肯定 kěndìng

啃 kěn
坑 kēng
*空间 kōngjiān
孔雀 kǒngquè
恐惧 kǒngjù
空白 kòngbái
*控制 kòngzhì
口腔 kǒuqiāng
口头 kǒutóu
扣 kòu
* 哭 kū
苦恼 kǔnǎo
库存 kùcún
夸张 kuāzhāng
跨 kuà
*块 kuài
*快 kuài
*快乐 kuàilè
快速 kuàisù
快要 kuàiyào
宽大 kuāndà
宽阔 kuānkuò
款 kuǎn
筐 kuāng
狂 kuáng
况且 kuàngqiě
矿产 kuàngchǎn
矿物 kuàngwù
亏损 kuīsǔn
*昆虫 kūnchóng
捆 kǔn
困境 kùnjìng
*扩张 kuòzhāng
阔 kuò
*拉 lā
*拉 lá
*落 là
蜡烛 làzhú
辣椒 làjiāo
来临 láilín
来往 láiwǎng
赖 lài
兰 lán
栏 lán
*蓝 lán
烂 làn
狼 láng
*浪费 làngfèi
捞 lāo
*劳动力 láodònglì
*劳动者 láodòngzhě
牢固 láogù
老虎 lǎohǔ
*落 lào
乐观 lèguān
*累 léi
雷达 léidá
累 lěi
泪水 lèishuǐ
*类似 lèisì
冷静 lěngjìng
冷水 lěngshuǐ
愣 lèng
*离子 lízǐ
梨 lí
犁 lí
礼貌 lǐmào
*李 lǐ
*里 lǐ
*理解 lǐjiě
* 理论 lǐlùn
*理想 lǐxiǎng
力图 lìtú
*立场 lìchǎng
*立刻 lìkè
利害 lìhài
利息 lìxī
*利用 lìyòng
*利于 lìyú
*例如 lìrú
*粒子 lìzǐ
俩 liǎ
连接 liánjiē
*连续 liánxù
莲子 liánzǐ
联合国 Liánhéguó
联结 liánjié
联络 liánluò
联营 liányíng
廉价 liánjià
*脸色 liǎnsè
*练习 liànxí
炼 liàn
恋爱 liàn'ài
链 liàn
*良好 liánghǎo
良心 liángxīn
凉 liáng
梁 liáng
*量 liáng
*粮 liáng
*两边 liǎngbiān
*亮 liàng
凉 liàng
*辆 liàng
量子 liàngzǐ
辽阔 liáokuò
*了解 liǎojiě

*料 liào
咧 liě
列举 lièjǔ
猎 liè
裂 liè
邻 lín
林木 línmù
*临床 línchuáng
*临时 línshí
淋巴 línbā
*磷 lín
灵感 línggǎn
灵活 línghuó
灵敏 língmǐn
铃 líng
零售 língshòu
龄 líng
*令 lǐng
岭 lǐng
领会 lǐnghuì
领域 lǐngyù
*另外 lìngwài
*令 lìng
溜 liū
*刘 liú
留学 liúxué
流传 liúchuán
流露 liúlù
流氓 liúmáng
流血 liúxuè
*硫酸 liúsuān
瘤 liú
柳 liǔ
*六 liù
陆 liù
溜 liù
*龙 lóng
笼 lóng
*垄断 lǒngduàn
拢 lǒng
笼罩 lǒngzhào
搂 lōu
搂 lǒu
漏 lòu
*露 lòu
炉 lú
卤 lǔ
鲁 lǔ
陆续 lùxù
录 lù
鹿 lù
路程 lùchéng
*露 lù
驴 lǘ
旅馆 lǚguǎn
旅行 lǚxíng
*铝 lǚ
缕 lǚ
*履行 lǚxíng
律师 lǜshī
*率 lǜ
绿化 lǜhuà
氯气 lǜqì
滤 lǜ
卵巢 luǎncháo
*乱 luàn
掠夺 lüèduó
*略 lüè
伦理 lúnlǐ
轮廓 lúnkuò
轮流 lúnliú
*论述 lùnshù
*论文 lùnwén
*罗 luó
螺旋 luóxuán
络 luò
*抹 mā
麻醉 mázuì
马车 mǎchē
*马上 mǎshàng
码 mǎ
*蚂蚁 mǎyǐ
*骂 mà
埋 mái
*买 mǎi
迈 mài
麦 mài
*卖 mài
脉 mài
蛮 mán
瞒 mán
*满足 mǎnzú
漫长 mànchǎng
慢性 mànxìng
忙碌 mánglù
茫然 mángrán
*猫 māo
毛巾 máojīn
*矛盾 máodùn
冒险 màoxiǎn
*贸易 màoyì
帽 mào
*没 méi
*枚 méi
眉头 méitóu
梅 méi
媒介 méijiè
煤炭 méitàn

酶 méi
*每年 měinián
*美元 měiyuán
镁 měi
魅力 mèilì
闷 mēn
*门口 ménkǒu
闷 mèn
蒙 mēng
萌发 méngfā
蒙 méng
猛烈 měngliè
蒙 Měng
孟 mèng
*梦 mèng
弥补 míbǔ
弥漫 mímàn
谜 mí
*米 mǐ
*秘书 mìshū
*密切 mìqiè
蜜蜂 mìfēng
*棉 mián
免疫 miǎnyì
勉强 miǎnqiǎng
*面积 miànjī
面孔 miànkǒng
面临 miànlín
*面前 miànqián
*苗 miáo
*描绘 miáohuì
*描写 miáoxiě
*秒 miǎo
妙 miào
庙 miào
灭亡 mièwáng
*民间 mínjiān
民俗 mínsú
*民主 mínzhǔ
*民族 mínzú
敏感 mǐngǎn
敏捷 mǐnjié
*名称 míngchēng
*名词 míngcí
明年 míngnián
*明确 míngquè
*明天 míngtiān
鸣 míng
*命令 mìnglìng
命名 mìngmíng
*命运 mìngyùn
摸 mō
模范 mófàn
*膜 mó
摩擦 mócā
*磨 mó
*抹 mǒ
末期 mòqī
没落 mòluò
抹 mò
陌生 mòshēng
莫 mò
墨 mò
* 磨 mò
谋 móu
*某 mǒu
模样 múyàng
*母 mǔ
母体 mǔtǐ
*亩 mǔ
*目的 mùdì
墓 mù
幕 mù
*拿 ná
*哪 nǎ
*那 nà
纳入 nàrù
纳税 nàshuì
*钠 nà
乃至 nǎizhì
奶 nǎi
耐心 nàixīn
*男女 nánnǚ
*男子 nánzǐ
*南北 nánběi
*南方 nánfāng
难得 nándé
难怪 nánguài
难以 nányǐ
*难 nàn
囊 náng
*脑 nǎo
*闹 nào
*内容 nèiróng
内外 nèiwài
*内心 nèixīn
嫩 nèn
*能够 nénggòu
*能力 nénglì
*能量 néngliàng
泥土 nítǔ
拟 nǐ
*你 nǐ
逆 nì
年级 niánjí
*年纪 niánjì
*年龄 niánlíng
*年轻 niánqīng

*念 niàn
*娘 niáng
*鸟 niǎo
尿 niào
捏 niē
*您 nín
宁 níng
宁静 níngjìng
拧 níng
凝结 níngjié
拧 nǐng
宁 nìng
拧 nìng
*牛顿 niúdùn
扭转 niǔzhuǎn
*农村 nóngcūn
*农民 nóngmín
浓厚 nónghòu
脓 nóng
*弄 nòng
*奴隶 núlì
奴役 núyì
*努力 nǔlì
怒 nù
女工 nǚgōng
*女儿 nǚ'ér
*女子 nǚzǐ
* 暖 nuǎn
欧 ōu
偶尔 ǒu'ěr
偶然性 ǒuránxìng
扒 pá
*爬 pá
*怕 pà
拍摄 pāishè
*排斥 páichì
*牌 pái
派遣 pàiqiǎn
潘 Pān
攀 pān
*盘 pán
判处 pànchǔ
*判断 pànduàn
盼望 pànwàng
庞大 pángdà
*旁边 pángbiān
胖 pàng
抛弃 pāoqì
*泡 pāo
炮 páo
*跑 pǎo
*泡 pào
炮弹 pàodàn
胚胎 pēitāi
陪 péi
*培养 péiyǎng
赔偿 péicháng
配套 pèitào
*配合 pèihé
喷 pēn
盆地 péndì
彭 Péng
棚 péng
蓬勃 péngbó
*膨胀 péngzhàng
捧 pěng
*碰 pèng
*批评 pīpíng
*批准 pīzhǔn
披 pī
*皮肤 pífū
疲倦 píjuàn
脾 pí
*匹 pǐ
*譬如 pìrú
偏见 piānjiàn
偏向 piānxiàng
*篇 piān
片刻 piànkè
骗 piàn
飘 piāo
票 piào
拼命 pīnmìng
贫困 pínkùn
贫穷 pínqióng
频繁 pínfán
*频率 pínlǜ
*品质 pǐnzhì
*品种 pǐnzhǒng
乒乓球 pīngpāngqiú
平凡 píngfán
*平衡 pínghéng
*平均 píngjūn
*平面 píngmiàn
平民 píngmín
*平行 píngxíng
*平原 píngyuán
*评价 píngjià
苹果 píngguǒ
凭借 píngjiè
屏幕 píngmù
*瓶 píng
坡 pō
*颇 pō
迫切 pòqiè
*破坏 pòhuài
破裂 pòliè
剖面 pōumiàn

扑 pū
*铺 pū
朴素 pǔsù
*普遍 pǔbiàn
普通话 Pǔtōnghuà
谱 pǔ
*铺 pù
*七 qī
凄凉 qīliáng
期待 qīdài
期限 qīxiàn
漆 qī
*齐 qí
*其次 qícì
其间 qíjiān
*奇怪 qíguài
奇迹 qíjì
奇特 qítè
*骑 qí
旗帜 qízhì
*企图 qǐtú
*启发 qǐfā
起伏 qǐfú
*起源 qǐyuán
*气候 qìhòu
气质 qìzhì
弃 qì
契约 qìyuē
砌 qì
器材 qìcái
卡 qiǎ
恰当 qiàdàng
恰好 qiàhǎo
千方百计 qiānfāng-bǎijì
迁移 qiānyí
牵 qiān
铅笔 qiānbǐ
*签订 qiāndìng
前景 qiánjǐng
前夕 qiánxī
*钱 qián
潜在 qiánzài
*浅 qiǎn
遣 qiǎn
欠 qiàn
嵌 qiàn
*枪 qiāng
腔 qiāng
*强大 qiángdà
强盗 qiángdào
*强调 qiángdiào
*强度 qiángdù
*强烈 qiángliè
强制 qiángzhì
墙壁 qiángbì
抢救 qiǎngjiù
*强 qiǎng
*敲 qiāo
桥梁 qiáoliáng
*瞧 qiáo
巧妙 qiǎomiào
壳 qiào
*切 qiē
*且 qiě
切实 qièshí
*侵略 qīnlüè
侵入 qīnrù
侵占 qīnzhàn
*亲切 qīnqiè
亲人 qīnrén
*秦 Qín
琴 qín
勤劳 qínláo
*青年 qīngnián
青蛙 qīngwā
轻松 qīngsōng
轻易 qīngyì
*氢 qīng
倾听 qīngtīng
*倾向 qīngxiàng
清晨 qīngchén
清洁 qīngjié
*清晰 qīngxī
*情操 qíngcāo
*情况 qíngkuàng
情趣 qíngqù
*请求 qǐngqiú
请示 qǐngshì
庆祝 qìngzhù
穷人 qióngrén
秋季 qiūjì
秋天 qiūtiān
求证 qiúzhèng
酋长 qiúzhǎng
*球 qiú
*区别 qūbié
*区域 qūyù
曲折 qūzhé
驱逐 qūzhú
*屈服 qūfú
*趋势 qūshì
趋向 qūxiàng
渠道 qúdào
*曲 qǔ
*取得 qǔdé
娶 qǔ
趣味 qùwèi
*圈 quān

*权力 quánlì
*权利 quánlì
权益 quányì
*全部 quánbù
全局 quánjú
*全面 quánmiàn
*全身 quánshēn
*全体 quántǐ
泉 quán
拳 quán
*劝 quàn
*缺乏 quēfá
*缺点 quēdiǎn
*缺少 quēshǎo
缺陷 quēxiàn
*却 què
*确定 quèdìng
确切 quèqiè
群落 qúnluò
*群体 qúntǐ
*群众 qúnzhòng
*然而 rán'ér
*燃料 ránliào
*燃烧 ránshāo
*染色体 rǎnsètǐ
嚷 rǎng
* 让 ràng
扰乱 rǎoluàn
*绕 rào
惹 rě
*热爱 rè'ài
*热量 rèliàng
*热烈 rèliè
热能 rènéng
*热情 rèqíng
*人才 réncái
*人家 rénjiā
*人类 rénlèi
人民币 rénmínbì
*人群 rénqún
*人生 rénshēng
*人员 rényuán
仁 rén
*任 Rén
忍受 rěnshòu
认定 rèndìng
* 任 rèn
*任何 rènhé
扔 rēng
仍旧 réngjiù
*仍然 réngrán
日报 rìbào
日记 rìjì
日期 rìqī
*日益 rìyì
荣誉 róngyù
容纳 róngnà
*溶解 róngjiě
熔点 róngdiǎn
融合 rónghé
柔和 róuhé
柔软 róuruǎn
揉 róu
肉体 ròutǐ
*如此 rúcǐ
*如同 rútóng
*如下 rúxià
儒家 Rújiā
*乳 rǔ
入侵 rùqīn
入学 rùxué
*软 ruǎn
*若干 ruògān
弱点 ruòdiǎn
撒 sā
洒 sǎ
撒 sǎ
鳃 sāi
塞 sāi
塞 sài
赛 sài
*三角形 sānjiǎoxíng
伞 sǎn
散射 sǎnshè
散布 sànbù
*丧失 sàngshī
扫荡 sǎodàng
*色彩 sècǎi
塞 sè
*森林 sēnlín
僧侣 sēnglǚ
杀害 shāhài
沙发 shāfā
*沙漠 shāmò
纱 shā
砂 shā
傻 shǎ
*色 shǎi
晒 shài
山峰 shānfēng
山脉 shānmài
*山区 shānqū
*扇 shān
闪电 shǎndiàn
闪光 shǎnguāng
*单 Shàn
*扇 shàn
善良 shànliáng

伤害 shānghài
伤心 shāngxīn
商标 shāngbiāo
*商品 shāngpǐn
*上 shǎng
赏 shǎng
上班 shàngbān
上层 shàngcéng
上空 shàngkōng
*上午 shàngwǔ
*尚 shàng
*烧 shāo
*梢 shāo
稍微 shāowēi
*少量 shǎoliàng
*少数 shǎoshù
*少年 shàonián
少女 shàonǚ
*折 shé
*蛇 shé
舍 shě
*设备 shèbèi
*设置 shèzhì
*社会学 shèhuìxué
舍 shè
射击 shèjī
*涉及 shèjí
摄影 shèyǐng
*谁 shéi
申请 shēnqǐng
伸 shēn
*身边 shēnbiān
身影 shēnyǐng
参 shēn
深沉 shēnchén
深厚 shēnhòu
深化 shēnhuà
深远 shēnyuǎn
*神经 shénjīng
神圣 shénshèng
沈 Shěn
*审美 shěnměi
婶 shěn
*肾 shèn
*甚至 shènzhì
*渗透 shèntòu
慎重 shènzhòng
*升 shēng
*生产力 shēngchǎnlì
*生存 shēngcún
生命力 shēngmìnglì
生意 shēngyì
*生长 shēngzhǎng
声明 shēngmíng
*声音 shēngyīn
牲畜 shēngchù
绳 shéng
*省 shěng
圣经 Shèngjīng
*胜利 shènglì
盛行 shèngxíng
剩余 shèngyú
尸体 shītǐ
失调 shītiáo
师长 shīzhǎng
诗歌 shīgē
施行 shīxíng
湿润 shīrùn
*十 shí
石灰 shíhuī
时而 shíér
识别 shíbié
*实践 shíjiàn
*实施 shíshī
*实验 shíyàn
实用 shíyòng
实在 shízài
拾 shí
*食品 shípǐn
食用 shíyòng
史学 shǐxué
使劲 shǐjìn
*使用 shǐyòng
*始终 shǐzhōng
士兵 shìbīng
*氏族 shìzú
示威 shìwēi
* 世纪 shìjì
*世界观 shìjièguān
市民 shìmín
*式 shì
事例 shìlì
事务 shìwù
势必 shìbì
试图 shìtú
*试验 shìyàn
试制 shìzhì
视线 shìxiàn
是非 shìfēi
*适合 shìhé
*适应 shìyìng
*适用 shìyòng
*室 shì
逝世 shìshì
*释放 shìfàng
*收购 shōugòu
收回 shōuhuí
收获 shōuhuò

*收缩 shōusuō
*熟 shóu
手臂 shǒubì
*手法 shǒufǎ
*手工业 shǒugōngyè
手续 shǒuxù
*手指 shǒuzhǐ
守恒 shǒuhéng
* 首都 shǒudū
寿命 shòumìng
受精 shòujīng
狩猎 shòuliè
授 shòu
兽 shòu
* 瘦 shòu
书籍 shūjí
抒情 shūqíng
梳 shū
舒适 shūshì
疏 shū
输送 shūsòng
*蔬菜 shūcài
熟练 shúliàn
鼠 shǔ
*数 shǔ
术语 shùyǔ
*束 shù
述 shù
树干 shùgàn
竖 shù
*数据 shùjù
*数量 shùliàng
刷 shuā
耍 shuǎ
衰变 shuāibiàn
衰老 shuāilǎo
摔 shuāi
甩 shuǎi
*率领 shuàilǐng
拴 shuān
*双方 shuāngfāng
霜 shuāng
*谁 shuí
水分 shuǐfèn
水果 shuǐguǒ
水蒸气 shuǐzhēngqì
税 shuì
*睡觉 shuìjiào
睡眠 shuìmián
*顺序 shùnxù
瞬间 shùnjiān
说服 shuōfú
*说话 shuōhuà
司机 sījī
丝毫 sīháo
*私人 sīrén
私营 sīyíng
私有制 sīyǒuzhì
*思考 sīkǎo
*思索 sīsuǒ
*思维 sīwéi
思想家 sīxiǎngjiā
斯 sī
死刑 sǐxíng
四边形 sìbiānxíng
四处 sìchù
*四周 sìzhōu
寺院 sìyuàn
*似乎 sìhū
*饲料 sìliào
*松 sōng
*宋 Sòng
*送 sòng
搜集 sōují
艘 sōu
*苏 sū
俗称 súchēng
诉讼 sùsòng
素材 sùcái
速率 sùlǜ
宿舍 sùshè
*塑料 sùliào
*酸 suān
*算 suàn
*虽然 suīrán
虽说 suīshuō
隋 Suí
*随便 suíbiàn
* 随后 suíhòu
随即 suíjí
*遂 suí
髓 suǐ
*遂 suì
碎 suì
穗 suì
*孙 sūn
*损害 sǔnhài
*损失 sǔnshī
缩短 suōduǎn
*所谓 suǒwèi
* 所以 suǒyǐ
*所有制 suǒyǒuzhì
索 suǒ
锁 suǒ
*他人 tārén
*它 tā
*她 tā
塔 tǎ

踏 tà
胎儿 tāi'ér
台风 táifēng
抬 tái
太空 tàikōng
太平 tàipíng
太阳能 tàiyángnéng
太阳系 tàiyángxì
*态 tài
摊 tān
滩 tān
*谈话 tánhuà
弹簧 tánhuáng
痰 tán
坦克 tǎnkè
叹息 tànxī
*探索 tànsuǒ
*探讨 tàntǎo
*碳 tàn
*汤 tāng
*唐 táng
堂 táng
塘 táng
* 糖 táng
*躺 tǎng
倘若 tǎngruò
烫 tàng
*趟 tàng
掏 tāo
逃避 táobì
桃 táo
陶冶 táoyě
淘汰 táotài
*讨论 tǎolùn
*套 tào
*特别 tèbié
*特点 tèdiǎn
特权 tèquán
*特征 tèzhēng
疼痛 téngtòng
藤 téng
踢 tī
*提供 tígōng
提炼 tíliàn
提议 tíyì
*题材 tícái
体裁 tǐcái
体温 tǐwēn
*体验 tǐyàn
体重 tǐzhòng
替代 tìdài
天才 tiāncái
天鹅 tiān'é
天然气 tiānránqì
*天体 tiāntǐ
*天下 tiānxià
天真 tiānzhēn
添 tiān
田野 tiányě
*甜 tián
*填 tián
挑选 tiāoxuǎn
条款 tiáokuǎn
*条约 tiáoyuē
调和 tiáohé
*调整 tiáozhěng
挑战 tiǎozhàn
跳舞 tiàowǔ
跳跃 tiàoyuè
*贴 tiē
* 铁 tiě
厅 tīng
听话 tīnghuà
听觉 tīngjué
停留 tíngliú
*挺 tǐng
*通常 tōngcháng
*通过 tōngguò
通红 tōnghóng
通信 tōngxìn
*通讯 tōngxùn
通用 tōngyòng
同伴 tóngbàn
同胞 tóngbāo
同行 tóngháng
同行 tóngxíng
*同学 tóngxué
*同志 tóngzhì
*铜 tóng
童年 tóngnián
*统计 tǒngjì
桶 tǒng
筒 tǒng
* 通 tòng
* 痛 tòng
*偷 tōu
*头脑 tóunǎo
*投入 tóurù
投降 tóuxiáng
*投资 tóuzī
透露 tòulù
*透明 tòumíng
凸 tū
突变 tūbiàn
突击 tūjī
图案 tú'àn
*图书馆 túshūguǎn
徒 tú

*途径 tújìng
涂 tú
屠杀 túshā
*土地 tǔdì
土匪 tǔfěi
*土壤 tǔrǎng
*吐 tǔ
*吐 tù
湍流 tuānliú
团员 tuányuán
推荐 tuījiàn
推销 tuīxiāo
*腿 tuǐ
退出 tuìchū
退化 tuìhuà
退休 tuìxiū
*托 tuō
*拖拉机 tuōlājī
*脱离 tuōlí
脱落 tuōluò
妥协 tuǒxié
挖掘 wājué
瓦 wǎ
歪曲 wāiqū
*外部 wàibù
外地 wàidì
*外国 wàiguó
*外界 wàijiè
外科 wàikē
外行 wàiháng
弯曲 wānqū
完备 wánbèi
*完成 wánchéng
完美 wánměi
*完全 wánquán
玩具 wánjù
顽强 wánqiáng
挽 wǎn
晚期 wǎnqī
*碗 wǎn
万一 wànyī
汪 wāng
亡 wáng
王朝 wángcháo
王国 wángguó
网络 wǎngluò
往来 wǎnglái
*忘记 wàngjì
旺盛 wàngshèng
望远镜 wàngyuǎnjìng
*危机 wēijī
威信 wēixìn
微弱 wēiruò
微生物 wēishēngwù
*微笑 wēixiào
为难 wéinán
为人 wéirén
违背 wéibèi
围剿 wéijiǎo
*围绕 wéirào
唯 wéi
*维持 wéichí
*维护 wéihù
维生素 wéishēngsù
伪 wěi
*尾 wěi
纬度 wěidù
*委员会 wěiyuánhuì
*卫生 wèishēng
为何 wèihé
未必 wèibì
未曾 wèicéng
*位 wèi
*味 wèi
*胃 wèi
*谓 wèi
*喂 wèi
魏 Wèi
温带 wēndài
温度计 wēndùjì
*温暖 wēnnuǎn
温柔 wēnróu
*文明 wénmíng
*文献 wénxiàn
*文学 wénxué
*文艺 wényì
纹 wén
*闻 wén
吻 wěn
*稳定 wěndìng
问世 wènshì
窝 wō
*我 wǒ
卧室 wòshì
握手 wòshǒu
乌龟 wūguī
*污染 wūrǎn
*屋 wū
无可奈何 wúkěnàihé
无情 wúqíng
无穷 wúqióng
*无数 wúshù
*无疑 wúyí
吾 wú
*吴 Wú
*五 wǔ
武力 wǔlì
*武装 wǔzhuāng

侮辱 wǔrǔ
*舞蹈 wǔdǎo
勿 wù
务 wù
*物价 wùjià
物品 wùpǐn
*物资 wùzī
误差 wùchā
*恶 wù
*雾 wù
*西南 xīnán
*西欧 Xī Ōu
吸附 xīfù
*吸引 xīyǐn
*希望 xīwàng
*牺牲 xīshēng
*息 xī
稀少 xīshǎo
锡 xī
熄灭 xīmiè
习俗 xísú
席 xí
袭击 xíjī
洗澡 xǐzǎo
喜悦 xǐyuè
*戏曲 xìqǔ
*系统 xìtǒng
*细胞 xìbāo
*细菌 xìjūn
细心 xìxīn
虾 xiā
瞎 xiā
狭隘 xiá'ài
狭窄 xiázhǎi
*下降 xiàjiàng
*下列 xiàliè
*下午 xiàwǔ
下游 xiàyóu
*吓 xià
*夏季 xiàjì
*夏天 xiàtiān
仙 xiān
*先进 xiānjìn
*纤维 xiānwéi
掀起 xiānqǐ
*鲜明 xiānmíng
鲜血 xiānxuè
闲 xián
*弦 xián
咸 xián
衔 xián
嫌 xián
显露 xiǎnlù
显微镜 xiǎnwēijìng
险 xiǎn
鲜 xiǎn
县城 xiànchéng
现场 xiànchǎng
现存 xiàncún
*现代化 xiàndàihuà
*现象 xiànxiàng
*限制 xiànzhì
*线圈 xiànquān
线索 xiànsuǒ
* 宪法 xiànfǎ
*陷入 xiànrù
羡慕 xiànmù
献身 xiànshēn
腺 xiàn
*乡村 xiāngcūn
*相关 xiāngguān
*相似 xiāngsì
*相应 xiāngyìng
香烟 xiāngyān
箱 xiāng
*详细 xiángxì
降 xiáng
*享有 xiǎngyǒu
响应 xiǎngyìng
想象力 xiǎngxiànglì
向来 xiànglái
*项目 xiàngmù
*相 xiàng
*象征 xiàngzhēng
橡皮 xiàngpí
削 xiāo
*消除 xiāochú
*消费 xiāofèi
*消化 xiāohuà
*消灭 xiāomiè
硝酸 xiāosuān
销售 xiāoshòu
小儿 xiǎo'ér
小朋友 xiǎopéngyǒu
笑容 xiàoróng
* 效果 xiàoguǒ
*效率 xiàolǜ
*效应 xiàoyìng
*些 xiē
歇 xiē
协商 xiéshāng
* 协调 xiétiáo
*协作 xiézuò
邪 xié
*斜 xié
携带 xiédài
*鞋 xié
*写作 xiězuò

*血 xiě
泄 xiè
谢 xiè
*解 xiè
蟹 xiè
*心血 xīnxuè
*心情 xīnqíng
辛苦 xīnkǔ
*欣赏 xīnshǎng
锌 xīn
新陈代谢 xīnchén-dàixiè
新娘 xīnniáng
*新兴 xīnxīng
新颖 xīnyǐng
信贷 xìndài
信徒 xìntú
*信仰 xìnyǎng
信用 xìnyòng
*兴奋 xīngfèn
兴起 xīngqǐ
*星期 xīngqī
刑罚 xíngfá
*行政 xíngzhèng
*形式 xíngshì
*形势 xíngshì
*型 xíng
*省 xǐng
*醒 xǐng
*兴趣 xìngqù
*幸福 xìngfú
*性格 xìnggé
*性质 xìngzhì
姓名 xìngmíng
凶 xiōng
*兄弟 xiōngdì
胸脯 xiōngpú

雄伟 xióngwěi
熊 xióng
休眠 xiūmián
修复 xiūfù
*修改 xiūgǎi
修理 xiūlǐ
*修养 xiūyǎng
宿 xiǔ
臭 xiù
袖 xiù
宿 xiù
绣 xiù
嗅 xiù
* 须 xū
* 虚 xū
* 需求 xūqiú
* 需要 xūyào
* 徐 xú
许可 xǔkě
序 xù
*叙述 xùshù
* 畜 xù
*宣布 xuānbù
* 宣传 xuānchuán
宣言 xuānyán
悬挂 xuánguà
*旋转 xuánzhuǎn
选拔 xuǎnbá
*选举 xuǎnjǔ
*选择 xuǎnzé
旋 xuàn
削弱 xuēruò
穴 xué
* 学科 xuékē
*学说 xuéshuō
* 学习 xuéxí

*学校 xuéxiào
学院 xuéyuàn
*学者 xuézhě
雪白 xuěbái
*血管 xuèguǎn
*血液 xuèyè
*寻找 xúnzhǎo
询问 xúnwèn
寻求 xúnqiú
*循环 xúnhuán
*训练 xùnliàn
* 迅速 xùnsù
*压力 yālì
*压迫 yāpò
压缩 yāsuō
押 yā
鸦片 yāpiàn
鸭 yā
牙齿 yáchǐ
*芽 yá
亚 yà
咽 yān
*烟 yān
延伸 yánshēn
延续 yánxù
严峻 yánjùn
*严肃 yánsù
*言语 yányǔ
*岩石 yánshí
炎 yán
* 沿海 yánhǎi
研究生 yánjiūshēng
盐酸 yánsuān
* 颜色 yánsè
掩盖 yǎngài
眼镜 yǎnjìng

*眼泪 yǎnlèi
*眼前 yǎnqián
*演出 yǎnchū
演说 yǎnshuō
演绎 yǎnyì
厌恶 yànwù
咽 yàn
宴会 yànhuì
验证 yànzhèng
秧 yāng
扬 yáng
羊毛 yángmáo
*阳光 yángguāng
*杨 yáng
洋 yáng
仰 yǎng
养分 yǎngfèn
养殖 yǎngzhí
*氧气 yǎngqì
样本 yàngběn
样式 yàngshì
*约 yāo
*要求 yāoqiú
*腰 yāo
邀请 yāoqǐng
*咬 yǎo
药品 yàopǐn
*要素 yàosù
耶稣 Yēsū
*也许 yěxǔ
冶炼 yěliàn
野蛮 yěmán
野生 yěshēng
野兽 yěshòu
*业务 yèwù
业余 yèyú
叶片 yèpiàn
*页 yè
*夜晚 yèwǎn
*液体 yètǐ
一端 yīduān
*一律 yīlǜ
一齐 yīqí
一向 yīxiàng
*一直 yīzhí
*一致 yīzhì
*衣 yī
*医学 yīxué
*医院 yīyuàn
依附 yīfù
*依赖 yīlài
*仪式 yíshì
宜 yí
*移动 yídòng
移民 yímín
遗产 yíchǎn
遗嘱 yízhǔ
疑惑 yíhuò
*乙 yǐ
已 yǐ
*以便 yǐbiàn
以免 yǐmiǎn
*以外 yǐwài
*以至 yǐzhì
*以致 yǐzhì
*矣 yǐ
蚁 yǐ
倚 yǐ
*亿 yì
*艺术家 yìshùjiā
*议论 yìlùn
*亦 yì
*异常 yìcháng
*抑制 yìzhì
役 yì
译 yì
易于 yìyú
益 yì
*意味 yìwèi
*意志 yìzhì
毅然 yìrán
翼 yì
*因此 yīncǐ
*因而 yīn'ér
因地制宜 yīndì-zhìyí
*因素 yīnsù
因子 yīnzǐ
阴谋 yīnmóu
音调 yīndiào
音响 yīnxiǎng
*音乐 yīnyuè
*银行 yínháng
*引导 yǐndǎo
*引进 yǐnjìn
饮食 yǐnshí
隐蔽 yǐnbì
印刷 yìnshuā
饮 yìn
*应当 yīngdāng
*英雄 yīngxióng
英勇 yīngyǒng
*婴儿 yīng'ér
鹰 yīng
迎接 yíngjiē
荧光屏 yíngguāngpíng
盈利 yínglì
*营养 yíngyǎng
营业 yíngyè

赢得 yíngdé
影片 yǐngpiàn
*影响 yǐngxiǎng
*应用 yìngyòng
映 yìng
*硬 yìng
拥护 yōnghù
拥挤 yōngjǐ
*拥有 yōngyǒu
永恒 yǒnghéng
*永远 yǒngyuǎn
*勇敢 yǒnggǎn
涌现 yǒngxiàn
用户 yònghù
用力 yònglì
用品 yòngpǐn
用途 yòngtú
优惠 yōuhuì
*优良 yōuliáng
*优秀 yōuxiù
优越 yōuyuè
忧郁 yōuyù
幽默 yōumò
悠久 yōujiǔ
尤为 yóuwéi
*由于 yóuyú
邮票 yóupiào
犹豫 yóuyù
油画 yóuhuà
铀 yóu
游击队 yóujīduì
游泳 yóuyǒng
友好 yǒuhǎo
*友谊 yǒuyì
*有趣 yǒuqù
*有限 yǒuxiàn

有意 yǒuyì
又 yòu
*右手 yòushǒu
幼儿 yòu'ér
幼苗 yòumiáo
幼年 yòunián
诱导 yòudǎo
*于是 yúshì
予 yú
余地 yúdì
* 鱼 yú
娱乐 yúlè
渔业 yúyè
* 愉快 yúkuài
舆论 yúlùn
与其 yǔqí
*予以 yǔyǐ
*宇宙 yǔzhòu
羽毛 yǔmáo
雨水 yǔshuǐ
*语法 yǔfǎ
语句 yǔjù
*语音 yǔyīn
*玉米 yùmǐ
育种 yùzhǒng
*预测 yùcè
*预防 yùfáng
预期 yùqī
域 yù
欲望 yùwàng
遇 yù
*愈 yù
*元素 yuánsù
园 yuán
*员 yuán
袁 Yuán

原材料 yuáncáiliào
*原来 yuánlái
原谅 yuánliàng
*原料 yuánliào
* 原因 yuányīn
*原则 yuánzé
*原子 yuánzǐ
圆心 yuánxīn
援助 yuánzhù
*缘故 yuángù
源泉 yuánquán
远方 yuǎnfāng
怨 yuàn
*院 yuàn
*愿望 yuànwàng
*曰 yuē
*约束 yuēshù
*月份 yuèfèn
*月球 yuèqiú
乐器 yuèqì
*乐曲 yuèqǔ
*阅读 yuèdú
跃 yuè
越过 yuèguò
*云 yún
匀 yún
*允许 yǔnxǔ
*运动员 yùndòngyuán
*运输 yùnshū
*运行 yùnxíng
运转 yùnzhuǎn
韵 yùn
蕴藏 yùncáng
扎 zā
杂志 zázhì
砸 zá

灾难 zāinàn
栽培 zāipéi
再见 zàijiàn
在场 zàichǎng
*载 zài
*咱 zán
*暂时 zànshí
赞成 zànchéng
赞美 zànměi
赞扬 zànyáng
赃 zāng
脏 zāng
葬 zàng
*藏 zàng
*遭受 zāoshòu
糟 zāo
*早已 zǎoyǐ
藻 zǎo
灶 zào
造型 zàoxíng
*则 zé
责任感 zérèngǎn
贼 zéi
*怎样 zěnyàng
*曾 zēng
*增产 zēngchǎn
*增多 zēngduō
*增强 zēngqiáng
*增长 zēngzhǎng
扎 zhā
炸 zhá
眨 zhǎ
炸弹 zhàdàn
摘 zhāi
窄 zhǎi
债务 zhàiwù
寨 zhài
*占 zhān
沾 zhān
粘 zhān
盏 zhǎn
展览 zhǎnlǎn
崭新 zhǎnxīn
占据 zhànjù
占用 zhànyòng
*战斗 zhàndòu
*战略 zhànlüè
战役 zhànyì
*站 zhàn
*张 zhāng
章程 zhāngchéng
长官 zhǎngguān
涨 zhǎng
*掌握 zhǎngwò
丈 zhàng
仗 zhàng
帐 zhàng
账 zhàng
胀 zhàng
涨 zhàng
*障碍 zhàng'ài
招待 zhāodài
*着 zhāo
*朝 zhāo
*着急 zháojí
召集 zhàojí
*召开 zhàokāi
*赵 Zhào
照明 zhàomíng
*照片 zhàopiàn
照相机 zhàoxiàngjī
照耀 zhàoyào
遮 zhē
折射 zhéshè
*哲学 zhéxué
*者 zhě
*这些 zhèxiē
*这样 zhèyàng
针灸 zhēnjiǔ
侦察 zhēnchá
侦查 zhēnchá
珍贵 zhēnguì
真诚 zhēnchéng
*真正 zhēnzhèng
*诊断 zhěnduàn
*阵地 zhèndì
*振动 zhèndòng
震惊 zhènjīng
*镇压 zhènyā
争夺 zhēngduó
征服 zhēngfú
征收 zhēngshōu
挣 zhēng
睁 zhēng
*蒸发 zhēngfā
*整顿 zhěngdùn
*整理 zhěnglǐ
整齐 zhěngqí
*正常 zhèngcháng
*正当 zhèngdāng
*正当 zhèngdàng
*正好 zhènghǎo
正面 zhèngmiàn
*正确 zhèngquè
证据 zhèngjù
*证明 zhèngmíng
郑 Zhèng
*政策 zhèngcè

*政党 zhèngdǎng
*政府 zhèngfǔ
*政权 zhèngquán
挣 zhèng
*症 zhèng
*症状 zhèngzhuàng
*之后 zhīhòu
支撑 zhīchēng
*支持 zhīchí
支付 zhīfù
*支援 zhīyuán
*只 zhī
汁 zhī
枝条 zhītiáo
知觉 zhījué
肢 zhī
织 zhī
脂肪 zhīfáng
*执行 zhíxíng
*直接 zhíjiē
*直径 zhíjìng
直辖市 zhíxiáshì
直至 zhízhì
*职业 zhíyè
职责 zhízé
*植物 zhíwù
*殖民地 zhímíndì
止 zhǐ
*只得 zhǐdé
*只有 zhǐyǒu
*纸 zhǐ
*指标 zhǐbiāo
*指挥 zhǐhuī
指数 zhǐshù
*至今 zhìjīn
*至少 zhìshǎo
*至于 zhìyú
*志 zhì
*制定 zhìdìng
*制订 zhìdìng
*制约 zhìyuē
质变 zhìbiàn
*质量 zhìliàng
质子 zhìzǐ
治安 zhì'ān
*治疗 zhìliáo
致富 zhìfù
致使 zhìshǐ
*秩序 zhìxù
*智慧 zhìhuì
滞 zhì
置 zhì
中等 zhōngděng
中断 zhōngduàn
中枢 zhōngshū
中外 zhōngwài
中学生 zhōngxuéshēng
中子 zhōngzǐ
终究 zhōngjiū
终身 zhōngshēn
钟头 zhōngtóu
肿瘤 zhǒngliú
种族 zhǒngzú
中毒 zhòngdú
*众多 zhòngduō
*种 zhòng
*种植 zhòngzhí
重工业 zhònggōngyè
*重视 zhòngshì
*州 zhōu
周年 zhōunián
*周期 zhōuqī
*轴 zhóu
昼夜 zhòuyè
皱 zhòu
朱 zhū
珠 zhū
*株 zhū
*诸 zhū
*猪 zhū
*竹 zhú
*逐步 zhúbù
*逐渐 zhújiàn
逐年 zhúnián
*主持 zhǔchí
主管 zhǔguǎn
主人公 zhǔréngōng
煮 zhǔ
*属 zhǔ
住房 zhùfáng
贮藏 zhùcáng
贮存 zhùcún
注视 zhùshì
*驻 zhù
*柱 zhù
祝贺 zhùhè
*著名 zhùmíng
筑 zhù
抓紧 zhuājǐn
*专家 zhuānjiā
*专门 zhuānmén
*专业 zhuānyè
专用 zhuānyòng
砖 zhuān
*转动 zhuǎndòng
*转身 zhuǎnshēn
*转向 zhuǎnxiàng
*传 zhuàn

*转动 zhuàndòng
赚 zhuàn
庄严 zhuāngyán
桩 zhuāng
装备 zhuāngbèi
装饰 zhuāngshì
壮大 zhuàngdà
*状况 zhuàngkuàng
*状态 zhuàngtài
撞 zhuàng
幢 zhuàng
追究 zhuījiū
*追求 zhuīqiú
*准备 zhǔnbèi
准则 zhǔnzé
*捉 zhuō
桌 zhuō
卓越 zhuóyuè
啄木鸟 zhuómùniǎo
着手 zhuóshǒu
*着重 zhuózhòng
琢磨 zhuómó
咨询 zīxún
姿势 zīshì
*姿态 zītài
*资本 zīběn
滋味 zīwèi
子弹 zǐdàn
*子女 zǐnǚ
*仔细 zǐxì
姊妹 zǐmèi
紫 zǐ
自称 zìchēng
*自从 zìcóng
自动化 zìdònghuà
*自己 zìjǐ
自力更生 zìlì-gēngshēng
*自然界 zìránjiè
自信 zìxìn
自行车 zìxíngchē
*自治区 zìzhìqū
自转 zìzhuàn
字母 zìmǔ
宗教 zōngjiào
宗旨 zōngzhǐ
*综合 zōnghé
总额 zǒng'é
*总结 zǒngjié
*总体 zǒngtǐ
*总统 zǒngtǒng
*总之 zǒngzhī
纵队 zòngduì
走廊 zǒuláng
奏 zòu
租界 zūjiè
*足以 zúyǐ
*族 zú
*阻碍 zǔ'ài
*组织 zǔzhī
*祖国 zǔguó
钻研 zuānyán
*钻 zuàn
*嘴唇 zuǐchún
*最初 zuìchū
*最近 zuìjìn
罪恶 zuì'è
罪行 zuìxíng
醉 zuì
尊敬 zūnjìng
*尊重 zūnzhòng
*遵守 zūnshǒu
*遵循 zūnxún
*昨天 zuótiān
*左右 zuǒyòu
*作风 zuòfēng
*作家 zuòjiā
*作品 zuòpǐn
*作用 zuòyòng
*作战 zuòzhàn
*作者 zuòzhě
坐标 zuòbiāo
座位 zuòwèi
*做法 zuòfǎ
做梦 zuòmèng

表二（节选）

说明：

（1）本表供普通话测试第一项——读单音节字词（100 个音节）和第二项——读多音节词语（100 个音节）测试使用。

（2）本表根据《普通话水平测试实施纲要》中《普通话水平测试用普通话词语表》的表

二部分编制，条目按音序排列。由于篇幅限制，本书对原词语表进行了针对性的删减。如：删减了词表中反复出现，词频率非常高的字词；删减了双音节和三音节词语中前两个音节相同的双音节词语。

（3）节选后，表二共有 4 569 条词语。该词表保证了各音节出现的周遍性，且各声韵调出现的频率与原表基本一致。

哀愁 āichóu
哀求 āiqiú
哀伤 āishāng
癌 ái
矮小 ǎixiǎo
爱抚 àifǔ
爱惜 àixī
碍事 àishì
安分 ānfèn
安居乐业 ānjū-lèyè
安理会 Ānlǐhuì
安宁 ānníng
安详 ānxiáng
庵 ān
按摩 ànmó
按捺 ànnà
按钮 ànniǔ
按期 ànqī
案例 ànlì
案情 ànqíng
案头 àntóu
暗藏 àncáng
暗淡 àndàn
黯 àn
昂贵 ángguì
昂然 ángrán
昂首 ángshǒu
昂扬 ángyáng
盎然 àngrán
凹陷 āoxiàn
遨游 áoyóu
鳌 áo
翱翔 áoxiáng
袄 ǎo
拗 ào
傲慢 àomàn
奥妙 àomiào
澳 ào
懊悔 àohuǐ
懊恼 àonǎo
懊丧 àosàng
八卦 bāguà
八字 bāzì
八仙桌 bāxiānzhuō
芭蕉 bājiāo
芭蕾舞 bālěiwǔ
疤痕 bāhén
拔除 báchú
跋涉 báshè
把持 bǎchí
把守 bǎshǒu
靶场 bǎchǎng
坝 bà
耙 bà
罢官 bàguān
罢免 bàmiǎn
霸权 bàquán
霸占 bàzhàn
掰 bāi
白桦 báihuà
白日 báirì
白薯 báishǔ
白皙 báixī
白昼 báizhòu
百分比 bǎifēnbǐ
百花齐放 bǎihuā-qífàng
百家争鸣 bǎijiā-zhēngmíng
百科全书 bǎikēquánshū
柏油 bǎiyóu
败坏 bàihuài
拜访 bàifǎng
扳 bān
班主任 bānzhǔrèn
颁发 bānfā
斑白 bānbái
斑纹 bānwén
搬迁 bānqiān
搬用 bānyòng
板栗 bǎnlì
版面 bǎnmiàn
版权 bǎnquán
办公 bàngōng
半成品 bànchéngpǐn
半截 bànjié
半途 bàntú
扮 bàn
伴侣 bànlǚ
拌 bàn
绊 bàn
邦 bāng
帮工 bānggōng
绑架 bǎngjià
榜 bǎng

膀 bǎng
蚌 bàng
棒球 bàngqiú
磅 bàng
包庇 bāobì
包罗万象 bāoluó-wànxiàng
包扎 bāozā
苞 bāo
胞 bāo
剥 bāo
雹 báo
饱含 bǎohán
宝库 bǎokù
宝藏 bǎozàng
保佑 bǎoyòu
保证金 bǎozhèngjīn
堡垒 bǎolěi
报仇 bàochóu
报导 bàodǎo
报废 bàofèi
报警 bàojǐng
报喜 bàoxǐ
刨 bào
抱不平 bàobùpíng
抱负 bàofù
豹 bào
鲍鱼 bàoyú
暴风雪 bàofēngxuě
暴乱 bàoluàn
爆裂 bàoliè
爆竹 bàozhú
卑鄙 bēibǐ
卑劣 bēiliè
卑微 bēiwēi
悲愤 bēifèn
悲凉 bēiliáng
悲痛 bēitòng
碑文 bēiwén
北极星 běijíxīng
贝壳 bèiké
备课 bèikè
背道而驰 bèidào'érchí
背脊 bèijǐ
背离 bèilí
背心 bèixīn
钡 bèi
倍增 bèizēng
褥 bèirù
奔波 bēnbō
奔驰 bēnchí
奔赴 bēnfù
奔腾 bēnténg
奔涌 bēnyǒng
奔走 bēnzǒu
本分 běnfèn
本色 běnsè
笨拙 bènzhuō
崩 bēng
绷带 bēngdài
绷 běng
泵 bèng
迸发 bèngfā
绷 bèng
逼近 bījìn
逼迫 bīpò
鼻梁 bíliáng
匕首 bǐshǒu
比率 bǐlǜ
比拟 bǐnǐ
彼岸 bǐ'àn
笔触 bǐchù
笔法 bǐfǎ
笔尖 bǐjiān
笔墨 bǐmò
笔直 bǐzhí
鄙视 bǐshì
鄙夷 bǐyí
币制 bìzhì
必需品 bìxūpǐn
毕生 bìshēng
闭塞 bìsè
庇护 bìhù
陛下 bìxià
毙 bì
婢女 bìnǚ
痹 bì
辟 bì
弊端 bìduān
碧波 bìbō
碧绿 bìlǜ
蔽 bì
弊 bì
壁垒 bìlěi
避难 bìnàn
璧 bì
敝 bì
臂膀 bìbǎng
边陲 biānchuí
边沿 biānyán
编织 biānzhī
编撰 biānzhuàn
编纂 biānzuǎn
鞭策 biāncè
鞭炮 biānpào
贬低 biǎndī
贬值 biǎnzhí
匾 biǎn
变幻 biànhuàn

变相 biànxiàng
变压器 biànyāqì
遍地 biàndì
遍及 biànjí
辨正 biànzhèng
辩驳 biànbó
辩解 biànjiě
辫 biàn
标榜 biāobǎng
标兵 biāobīng
标尺 biāochǐ
标的 biāodì
标新立异 biāoxīn-lìyì
膘 biāo
表决 biǎojué
表露 biǎolù
表率 biǎoshuài
憋 biē
鳖 biē
别出心裁 biéchū-xīncái
别具一格 biéjù-yīgé
别开生面 biékāi-shēngmiàn
别墅 biéshù
别有用心 biéyǒu-yòngxīn
瘪 biě
宾馆 bīnguǎn
宾客 bīnkè
宾主 bīnzhǔ
滨 bīn
濒临 bīnlín
濒于 bīnyú
摈弃 bìnqì
鬓 bìn
冰窖 bīngjiào
冰晶 bīngjīng
冰冷 bīnglěng
冰天雪地 bīngtiān-xuědì
兵法 bīngfǎ
兵役 bīngyì
饼干 bǐnggān
屏息 bǐngxī
禀 bǐng
并肩 bìngjiān
并列 bìngliè
病房 bìngfáng
病菌 bìngjūn
病榻 bìngtà
病痛 bìngtòng
病症 bìngzhèng
摒弃 bìngqì
拨款 bōkuǎn
波段 bōduàn
波峰 bōfēng
波谷 bōgǔ
波及 bōjí
波澜 bōlán
波涛 bōtāo
波纹 bōwén
波折 bōzhé
钵 bō
剥离 bōlí
剥蚀 bōshí
菠萝 bōluó
播送 bōsòng
伯乐 Bólè
伯母 bómǔ
驳斥 bóchì
泊 bó
铂 bó
脖 bó
博爱 bó'ài
博大 bódà
博得 bódé
博览会 bólǎnhuì
搏击 bójī
膊 bó
箔 bó
帛 bó
跛 bǒ
哺乳 bǔrǔ
哺育 bǔyù
补课 bǔkè
补习 bǔxí
捕获 bǔhuò
卜 bǔ
不得了 bùdéliǎo
不得已 bùdéyǐ
不动声色 bùdòng-shēngsè
不胫而走 bùjìng'érzǒu
不屈 bùqū
不速之客 bùsùzhīkè
不像话 bùxiànghuà
不屑 bùxiè
不懈 bùxiè
不朽 bùxiǔ
不言而喻 bùyán'éryù
不以为然 bùyǐwéirán
不约而同 bùyuē'értóng
不只 bùzhǐ
不至于 bùzhìyú
布匹 bùpǐ
步履 bùlǚ
部件 bùjiàn
部属 bùshǔ
部下 bùxià
埠 bù
簿 bù
擦拭 cāshì

猜疑 cāiyí
才干 cáigàn
才智 cáizhì
财会 cáikuài
裁剪 cáijiǎn
裁军 cáijūn
采伐 cǎifá
采掘 cǎijué
采摘 cǎizhāi
彩虹 cǎihóng
彩塑 cǎisù
睬 cǎi
菜蔬 càishū
菜肴 càiyáo
参看 cānkàn
参议院 cānyìyuàn
参与 cānyù
参阅 cānyuè
餐具 cānjù
餐厅 cāntīng
残暴 cánbào
残缺 cánquē
蚕食 cánshí
蚕丝 cánsī
惭愧 cánkuì
惨白 cǎnbái
惨重 cǎnzhòng
仓促 cāngcù
仓皇 cānghuáng
沧桑 cāngsāng
苍老 cānglǎo
苍茫 cāngmáng
苍穹 cāngqióng
藏书 cángshū
操办 cāobàn
操劳 cāoláo
操练 cāoliàn
嘈杂 cáozá
草拟 cǎonǐ
草坪 cǎopíng
草率 cǎoshuài
厕所 cèsuǒ
测绘 cèhuì
策划 cèhuà
层出不穷 céngchū-bùqióng
蹭 cèng
叉腰 chāyāo
杈 chā
差错 chācuò
差额 chā'é
插队 chāduì
插话 chāhuà
插嘴 chāzuǐ
茬 chá
茶几 chájī
茶具 chájù
查处 cháchǔ
查禁 chájìn
查找 cházhǎo
察觉 chájué
杈 chà
岔 chà
刹 chà
诧异 chàyì
拆迁 chāiqiān
拆卸 chāixiè
差使 chāishǐ
柴油 cháiyóu
搀扶 chānfú
掺 chān
馋 chán
禅宗 chánzōng
缠绕 chánrào
蝉 chán
产销 chǎnxiāo
铲 chǎn
铲除 chǎnchú
阐释 chǎnshì
颤动 chàndòng
忏悔 chànhuǐ
昌 chāng
猖獗 chāngjué
娼妓 chāngjì
长臂猿 chángbìyuán
长笛 chángdí
长颈鹿 chángjǐnglù
长寿 chángshòu
长途 chángtú
长于 chángyú
肠胃 chángwèi
常人 chángrén
常住 chángzhù
尝新 chángxīn
偿还 chánghuán
场景 chángjǐng
敞开 chǎngkāi
畅快 chàngkuài
畅所欲言 chàngsuǒyùyán
倡导 chàngdǎo
倡议 chàngyì
唱片 chàngpiàn
抄袭 chāoxí
钞票 chāopiào
超产 chāochǎn
超前 chāoqián
超声波 chāoshēngbō
剿 chāo
巢穴 cháoxué

朝拜 cháobài
朝代 cháodài
朝野 cháoyě
嘲讽 cháofěng
嘲弄 cháonòng
潮汐 cháoxī
吵架 chǎojià
吵闹 chǎonào
吵嘴 chǎozuǐ
车祸 chēhuò
扯皮 chěpí
彻 chè
撤换 chèhuàn
撤退 chètuì
撤销 chèxiāo
澈 chè
抻 chēn
臣民 chénmín
尘埃 chén'āi
沉寂 chénjì
沉浸 chénjìn
沉闷 chénmèn
沉吟 chényín
沉郁 chényù
辰 chén
陈规 chénguī
陈迹 chénjì
晨曦 chénxī
衬托 chèntuō
趁机 chènjī
趁势 chènshì
称职 chènzhí
称道 chēngdào
称谓 chēngwèi
撑腰 chēngyāo
成材 chéngcái
成风 chéngfēng
成名 chéngmíng
成行 chéngxíng
成形 chéngxíng
成因 chéngyīn
丞相 chéngxiàng
诚然 chéngrán
诚挚 chéngzhì
承继 chéngjì
承袭 chéngxí
城堡 chéngbǎo
城郊 chéngjiāo
乘凉 chéngliáng
乘务员 chéngwùyuán
乘坐 chéngzuò
惩办 chéngbàn
惩治 chéngzhì
澄清 chéngqīng
橙 chéng
逞 chěng
吃苦 chīkǔ
嗤 chī
痴呆 chīdāi
驰名 chímíng
迟缓 chíhuǎn
持之以恒 chízhīyǐhéng
持重 chízhòng
齿龈 chǐyín
耻辱 chǐrǔ
斥责 chìzé
赤手空拳 chìshǒu-kōngquán
赤字 chìzì
炽烈 chìliè
炽热 chìrè
冲锋 chōngfēng
冲刷 chōngshuā
冲撞 chōngzhuàng
充斥 chōngchì
充塞 chōngsè
充血 chōngxuè
舂 chōng
憧憬 chōngjǐng
重叠 chóngdié
重逢 chóngféng
重围 chóngwéi
崇敬 chóngjìng
宠儿 chǒng'ér
抽搐 chōuchù
抽调 chōudiào
抽泣 chōuqì
抽穗 chōusuì
仇人 chóurén
绸缎 chóuduàn
稠密 chóumì
愁苦 chóukǔ
筹措 chóucuò
筹划 chóuhuà
丑恶 chǒu'è
丑陋 chǒulòu
臭氧 chòuyǎng
出差 chūchāi
出类拔萃 chūlèi-bácuì
出没 chūmò
出其不意 chūqíbùyì
出人意料 chūrényìliào
出众 chūzhòng
出资 chūzī
初冬 chūdōng
初恋 chūliàn
初夏 chūxià
除外 chúwài
除夕 chúxī

厨师 chúshī
锄 chú
雏形 chúxíng
橱窗 chúchuāng
处方 chǔfāng
处决 chǔjué
处世 chǔshì
处事 chǔshì
处置 chǔzhì
储藏 chǔcáng
处所 chùsuǒ
畜力 chùlì
触角 chùjiǎo
触目惊心 chùmù-jīngxīn
矗立 chùlì
揣 chuāi
揣测 chuǎicè
揣摩 chuǎimó
踹 chuài
川流不息 chuānliú-bùxī
穿梭 chuānsuō
穿越 chuānyuè
传奇 chuánqí
传诵 chuánsòng
传闻 chuánwén
船舱 chuáncāng
船台 chuántái
船舷 chuánxián
喘气 chuǎnqì
喘息 chuǎnxī
创口 chuāngkǒu
疮疤 chuāngbā
窗帘 chuānglián
床铺 chuángpù
创见 chuàngjiàn
创举 chuàngjǔ
炊烟 chuīyān
吹拂 chuīfú
吹牛 chuīniú
吹嘘 chuīxū
垂钓 chuídiào
垂危 chuíwēi
捶 chuí
锤炼 chuíliàn
春分 chūnfēn
春耕 chūngēng
春光 chūnguāng
纯净 chúnjìng
纯真 chúnzhēn
淳朴 chúnpǔ
醇 chún
蠢事 chǔnshì
戳穿 chuōchuān
啜泣 chuòqì
绰号 chuòhào
瓷器 cíqì
祠堂 cítáng
辞典 cídiǎn
辞退 cítuì
慈祥 cíxiáng
磁带 cídài
磁性 cíxìng
雌蕊 círuǐ
雌雄 cíxióng
此起彼伏 cǐqǐ-bǐfú
次第 cìdì
次品 cìpǐn
次日 cìrì
刺耳 cì'ěr
刺绣 cìxiù
赐予 cìyǔ
匆忙 cōngmáng
葱 cōng
聪慧 cōnghuì
从容 cóngróng
从军 cóngjūn
从头 cóngtóu
丛林 cónglín
丛生 cóngshēng
凑巧 còuqiǎo
粗笨 cūbèn
粗犷 cūguǎng
粗鲁 cūlǔ
粗略 cūlüè
醋 cù
簇拥 cùyōng
蹿 cuān
攒 cuán
篡夺 cuànduó
篡改 cuàngǎi
崔 Cuī
催化 cuīhuà
催眠 cuīmián
摧 cuī
脆弱 cuìruò
萃取 cuìqǔ
淬火 cuìhuǒ
翠绿 cuìlǜ
村民 cūnmín
村寨 cūnzhài
皴 cūn
存储 cúnchǔ
存亡 cúnwáng
存心 cúnxīn
搓 cuō
磋商 cuōshāng
撮 cuō
挫败 cuòbài

挫伤 cuòshāng
锉 cuò
错过 cuòguò
错觉 cuòjué
错综复杂 cuòzōng-fùzá
搭配 dāpèi
答辩 dábiàn
答话 dáhuà
打赌 dǎdǔ
打搅 dǎjiǎo
打捞 dǎlāo
打猎 dǎliè
打仗 dǎzhàng
大本营 dàběnyíng
大抵 dàdǐ
大凡 dàfán
大公无私 dàgōng-wúsī
大褂 dàguà
大将 dàjiàng
大惊小怪 dàjīng-xiǎoguài
大略 dàlüè
大气层 dàqìcéng
大肆 dàsì
大同小异 dàtóng-xiǎoyì
大显身手 dàxiǎn-shēnshǒu
大相径庭 dàxiāng-jìngtíng
大雪 dàxuě
呆板 dāibǎn
呆滞 dāizhì
歹徒 dǎitú
逮 dǎi
代表作 dàibiǎozuò
代数 dàishù
玳瑁 dàimào
带劲 dàijìn
贷 dài
待命 dàimìng
待业 dàiyè
怠工 dàigōng
怠慢 dàimàn
逮 dài
丹顶鹤 dāndǐnghè
担当 dāndāng
担架 dānjià
单薄 dānbó
单据 dānjù
单元 dānyuán
掸 dǎn
胆略 dǎnlüè
胆怯 dǎnqiè
胆小鬼 dǎnxiǎoguǐ
旦 dàn
诞辰 dànchén
淡薄 dànbó
淡漠 dànmò
弹片 dànpiàn
氮气 dànqì
当差 dāngchāi
当量 dāngliàng
当日 dāngrì
裆 dāng
党纪 dǎngjì
党务 dǎngwù
当夜 dàngyè
当真 dàngzhēn
荡漾 dàngyàng
档次 dàngcì
导师 dǎoshī
导游 dǎoyóu
捣毁 dǎohuǐ
捣乱 dǎoluàn
倒卖 dǎomài
倒塌 dǎotā
祷告 dǎogào
蹈 dǎo
倒挂 dàoguà
倒立 dàolì
倒影 dàoyǐng
倒转 dàozhuǎn
倒转 dàozhuàn
盗贼 dàozéi
悼念 dàoniàn
道歉 dàoqiàn
道谢 dàoxiè
得逞 déchěng
得救 déjiù
得天独厚 détiān-dúhòu
得心应手 déxīn-yìngshǒu
灯塔 dēngtǎ
登门 dēngmén
登载 dēngzǎi
等同 děngtóng
澄 dèng
瞪眼 dèngyǎn
凳 dèng
低沉 dīchén
低廉 dīlián
低劣 dīliè
低洼 dīwā
堤坝 dībà
滴灌 dīguàn
敌寇 díkòu
敌情 díqíng
涤纶 dílún
笛 dí
嫡 dí
诋毁 dǐhuǐ
抵偿 dǐcháng

抵触 dǐchù
抵押 dǐyā
地产 dìchǎn
地窖 dìjiào
地毯 dìtǎn
弟妹 dìmèi
帝王 dìwáng
递减 dìjiǎn
谛听 dìtīng
蒂 dì
缔结 dìjié
掂 diān
滇 Diān
颠簸 diānbǒ
颠倒 diāndǎo
颠覆 diānfù
巅 diān
典故 diǎngù
典雅 diǎnyǎ
点名 diǎnmíng
电磁场 diàncíchǎng
电焊 diànhàn
电缆 diànlǎn
电筒 diàntǒng
电信 diànxìn
电影院 diànyǐngyuàn
店铺 diànpù
垫圈 diànquān
惦念 diànniàn
奠基 diànjī
佃 diàn
殿下 diànxià
貂 diāo
碉堡 diāobǎo
雕琢 diāozhuó
刁难 diāonàn
叼 diāo
吊环 diàohuán
钓竿 diàogān
调度 diàodù
调集 diàojí
调遣 diàoqiǎn
掉头 diàotóu
跌落 diēluò
碟 dié
蝶 dié
叮咛 dīngníng
叮嘱 dīngzhǔ
顶替 dǐngtì
鼎盛 dǐngshèng
订购 dìnggòu
订阅 dìngyuè
定论 dìnglùn
定罪 dìngzuì
锭 dìng
丢掉 diūdiào
丢失 diūshī
东道主 dōngdàozhǔ
冬眠 dōngmián
董事会 dǒngshìhuì
懂事 dǒngshì
动画片 dònghuàpiàn
动乱 dòngluàn
动身 dòngshēn
动物园 dòngwùyuán
动辄 dòngzhé
冻疮 dòngchuāng
冻结 dòngjié
栋 dòng
洞察 dòngchá
洞穴 dòngxué
斗笠 dǒulì
抖擞 dǒusǒu
陡坡 dǒupō
陡峭 dǒuqiào
陡然 dǒurán
斗志 dòuzhì
逗 dòu
痘 dòu
窦 dòu
都城 dūchéng
督促 dūcù
督军 dūjūn
毒害 dúhài
毒品 dúpǐn
独裁 dúcái
独一无二 dúyī-wú'èr
独奏 dúzòu
读音 dúyīn
椟 dú
笃信 dǔxìn
堵截 dǔjié
堵塞 dǔsè
赌博 dǔbó
睹 dǔ
杜鹃 dùjuān
妒忌 dùjì
度量 dùliàng
度日 dùrì
渡船 dùchuán
渡口 dùkǒu
镀 dù
端详 duānxiáng
端庄 duānzhuāng
短促 duǎncù
段落 duànluò
断层 duàncéng
断绝 duànjué

断送 duànsòng
断言 duànyán
缎 duàn
煅 duàn
锻 duàn
堆砌 duīqì
对联 duìlián
对偶 duì'ǒu
对峙 duìzhì
队列 duìliè
兑换 duìhuàn
兑现 duìxiàn
敦促 dūncù
墩 dūn
囤 dùn
炖 dùn
钝 dùn
盾 dùn
顿悟 dùnwù
多寡 duōguǎ
多情 duōqíng
多谢 duōxiè
踱 duó
垛 duǒ
躲藏 duǒcáng
躲闪 duǒshǎn
剁 duò
垛 duò
舵 duò
堕落 duòluò
惰性 duòxìng
跺脚 duòjiǎo
鹅卵石 éluǎnshí
额头 étóu
额外 éwài
厄运 èyùn
扼要 èyào
恶毒 èdú
恶果 èguǒ
恶性 èxìng
恶作剧 èzuòjù
萼片 èpiàn
遏止 èzhǐ
愕然 èrán
腭 è
鄂 è
恩赐 ēncì
恩情 ēnqíng
恩人 ēnrén
儿孙 érsūn
而今 érjīn
耳光 ěrguāng
耳环 ěrhuán
耳目 ěrmù
饵 ěr
二胡 èrhú
发呆 fādāi
发酵 fājiào
发狂 fākuáng
发愣 fālèng
发怒 fānù
发票 fāpiào
发誓 fāshì
发泄 fāxiè
发言人 fāyánrén
乏力 fálì
伐木 fámù
罚金 fájīn
阀 fá
筏 fá
法纪 fǎjì
法术 fǎshù
法治 fǎzhì
发型 fàxíng
帆布 fānbù
帆船 fānchuán
番茄 fānqié
藩镇 fānzhèn
翻滚 fāngǔn
凡人 fánrén
烦闷 fánmèn
烦躁 fánzào
繁忙 fánmáng
繁茂 fánmào
烦琐 fánsuǒ
繁衍 fányǎn
繁杂 fánzá
反刍 fǎnchú
反倒 fǎndào
反响 fǎnxiǎng
反省 fǎnxǐng
返航 fǎnháng
返还 fǎnhuán
返青 fǎnqīng
泛滥 fànlàn
范例 fànlì
梵文 fànwén
犯人 fànrén
贩卖 fànmài
方略 fānglüè
方兴未艾 fāngxīng-wèi'ài
方圆 fāngyuán
芳香 fāngxiāng
防护林 fánghùlín
防卫 fángwèi
防线 fángxiàn
妨害 fánghài
房东 fángdōng

房租 fángzū
仿效 fǎngxiào
仿照 fǎngzhào
纺织品 fǎngzhīpǐn
放大镜 fàngdàjìng
放宽 fàngkuān
放任 fàngrèn
放肆 fàngsì
放纵 fàngzòng
非得 fēiděi
非难 fēinàn
非同小可 fēitóng-xiǎokě
绯红 fēihóng
飞驰 fēichí
飞溅 fēijiàn
飞禽 fēiqín
飞行员 fēixíngyuán
飞涨 fēizhǎng
妃 fēi
肥胖 féipàng
肥沃 féiwò
肥皂 féizào
诽谤 fěibàng
匪帮 fěibāng
匪徒 fěitú
翡翠 fěicuì
吠 fèi
肺结核 fèijiéhé
肺炎 fèiyán
废话 fèihuà
废品 fèipǐn
废水 fèishuǐ
废物 fèiwù
废渣 fèizhā
沸点 fèidiǎn
费解 fèijiě
费劲 fèijìn
分辨 fēnbiàn
分隔 fēngé
分蘖 fēnniè
分摊 fēntān
芬芳 fēnfāng
纷繁 fēnfán
纷飞 fēnfēi
纷纭 fēnyún
氛围 fēnwéi
酚 fēn
坟墓 fénmù
焚毁 fénhuǐ
焚烧 fénshāo
粉刺 fěncì
粉红 fěnhóng
粉饰 fěnshì
分外 fènwài
份额 fèn'é
奋不顾身 fènbùgùshēn
奋勇 fènyǒng
奋战 fènzhàn
粪便 fènbiàn
愤恨 fènhèn
愤慨 fènkǎi
丰厚 fēnghòu
丰满 fēngmǎn
丰盛 fēngshèng
丰硕 fēngshuò
丰腴 fēngyú
风采 fēngcǎi
风驰电掣 fēngchí-diànchè
风帆 fēngfān
风浪 fēnglàng
风起云涌 fēngqǐ-yúnyǒng
风雅 fēngyǎ
风韵 fēngyùn
枫 fēng
封面 fēngmiàn
疯 fēng
烽火 fēnghuǒ
锋利 fēnglì
锋芒 fēngmáng
蜂巢 fēngcháo
蜂窝 fēngwō
逢 féng
缝纫 féngrèn
讽 fěng
凤 fèng
奉命 fèngmìng
缝隙 fèngxì
佛典 fódiǎn
佛法 fófǎ
佛经 fójīng
佛寺 fósì
佛像 fóxiàng
否决 fǒujué
夫子 fūzǐ
肤浅 fūqiǎn
肤色 fūsè
孵 fū
敷衍 fūyǎn
弗 fú
伏击 fújī
服帖 fútiē
芙蓉 fúróng
扶持 fúchí
扶贫 fúpín
扶养 fúyǎng
拂晓 fúxiǎo
服饰 fúshì
氟 fú

俘获 fúhuò
浮雕 fúdiāo
浮现 fúxiàn
符 fú
辐 fú
福音 fúyīn
甫 fǔ
抚摩 fǔmó
抚慰 fǔwèi
俯冲 fǔchōng
俯瞰 fǔkàn
俯首 fǔshǒu
辅导 fǔdǎo
腐烂 fǔlàn
父辈 fùbèi
负荷 fùhè
负离子 fùlízǐ
负载 fùzài
妇科 fùkē
附和 fùhè
附属 fùshǔ
附庸 fùyōng
复仇 fùchóu
复发 fùfā
复兴 fùxīng
副本 fùběn
副刊 fùkān
副作用 fùzuòyòng
赋税 fùshuì
富饶 fùráo
富庶 fùshù
富翁 fùwēng
腹地 fùdì
腹泻 fùxiè
缚 fù
覆灭 fùmiè
改动 gǎidòng
改观 gǎiguān
改行 gǎiháng
改悔 gǎihuǐ
改写 gǎixiě
改装 gǎizhuāng
概况 gàikuàng
概述 gàishù
干瘪 gānbiě
干涸 gānhé
甘草 gāncǎo
甘薯 gānshǔ
坩埚 gānguō
柑橘 gānjú
竿 gān
杆菌 gǎnjūn
秆 gān
赶场 gǎnchǎng
赶集 gǎnjí
感冒 gǎnmào
感伤 gǎnshāng
感想 gǎnxiǎng
擀 gǎn
干劲 gànjìn
赣 gàn
刚健 gāngjiàn
刚劲 gāngjìng
肛门 gāngmén
纲要 gāngyào
钢材 gāngcái
钢筋 gāngjīn
缸 gāng
岗 gǎng
港湾 gǎngwān
杠杆 gànggǎn
高昂 gāo'áng
高傲 gāo'ào
高超 gāochāo
高档 gāodàng
高亢 gāokàng
高明 gāomíng
高血压 gāoxuèyā
羔羊 gāoyáng
膏 gāo
篙 gāo
糕点 gāodiǎn
镐 gǎo
稿费 gǎofèi
稿纸 gǎozhǐ
告辞 gàocí
告诫 gàojiè
告状 gàozhuàng
膏 gāo
戈壁 gēbì
搁置 gēzhì
割据 gējù
割裂 gēliè
歌喉 gēhóu
革除 géchú
阁下 géxià
格调 gédiào
隔断 géduàn
隔阂 géhé
隔绝 géjué
膈 gé
葛 gě
个别 gèbié
根基 gēnjī
根深蒂固 gēnshēn-dìgù
跟踪 gēnzōng
更换 gēnghuàn
更替 gēngtì

更正 gēngzhèng
庚 gēng
耕耘 gēngyún
羹 gēng
埂 gěng
耿 gěng
哽咽 gěngyè
梗 gěng
工匠 gōngjiàng
工序 gōngxù
工作日 gōngzuòrì
公报 gōngbào
公函 gōnghán
公积金 gōngjijīn
公仆 gōngpú
公务员 gōngwùyuán
公转 gōngzhuàn
公子 gōngzǐ
功臣 gōngchén
功勋 gōngxūn
功用 gōngyòng
攻读 gōngdú
攻克 gōngkè
攻势 gōngshì
供销 gōngxiāo
供需 gōngxū
宫殿 gōngdiàn
宫女 gōngnǚ
恭敬 gōngjìng
躬 gōng
龚 gōng
拱桥 gǒngqiáo
拱手 gǒngshǒu
共存 gòngcún
共事 gòngshì
共性 gòngxìng

贡 gòng
供奉 gòngfèng
供养 gòngyǎng
勾勒 gōulè
勾引 gōuyǐn
沟谷 gōugǔ
沟渠 gōuqú
篝火 gōuhuǒ
苟且 gǒuqiě
狗熊 gǒuxióng
构图 gòutú
构筑 gòuzhù
购置 gòuzhì
垢 gòu
估算 gūsuàn
姑且 gūqiě
姑息 gūxī
孤僻 gūpì
辜负 gūfù
古怪 gǔguài
古籍 gǔjí
古迹 gǔjì
股份 gǔfèn
股金 gǔjīn
骨气 gǔqì
骨髓 gǔsuǐ
鼓掌 gǔzhǎng
固守 gùshǒu
故此 gùcǐ
故障 gùzhàng
顾忌 gùjì
顾名思义 gùmíng-sīyì
雇佣 gùyōng
雇用 gùyòng
瓜子 guāzǐ
寡 guǎ

卦 guà
挂念 guàniàn
挂帅 guàshuài
乖 guāi
拐棍 guǎigùn
拐弯 guǎiwān
拐杖 guǎizhàng
怪异 guàiyì
关卡 guānqiǎ
关切 guānqiè
关头 guāntóu
关押 guānyā
观光 guānguāng
观摩 guānmó
观赏 guānshǎng
官场 guānchǎng
管家 guǎnjiā
管弦乐 guǎnxiányuè
贯通 guàntōng
惯例 guànlì
灌木 guànmù
灌输 guànshū
罐 guàn
光环 guānghuán
光临 guānglín
光束 guāngshù
光阴 guāngyīn
广袤 guǎngmào
归附 guīfù
归宿 guīsù
龟 guī
规范化 guīfànhuà
皈依 guīyī
瑰丽 guīlì
轨迹 guǐjì
鬼魂 guǐhún

鬼脸 guǐliǎn
鬼神 guǐshén
柜 guì
贵宾 guìbīn
贵贱 guìjiàn
贵姓 guìxìng
桂冠 guìguān
桂圆 guìyuán
滚烫 gǔntàng
棍棒 gùnbàng
锅炉 guōlú
国画 guóhuà
国籍 guójí
国难 guónàn
国庆 guóqìng
果皮 guǒpí
果园 guǒyuán
果真 guǒzhēn
过场 guòchǎng
过错 guòcuò
过滤 guòlǜ
过剩 guòshèng
过瘾 guòyǐn
过硬 guòyìng
哈密瓜 hāmìguā
孩提 háití
海岸线 hǎi'ànxiàn
海报 hǎibào
海滨 hǎibīn
海港 hǎigǎng
海参 hǎishēn
海市蜃楼 hǎishì-shènlóu
海峡 hǎixiá
海啸 hǎixiào
氦 hài
骇 hài

害羞 hàixiū
蚶 hān
酣睡 hānshuì
憨 hān
鼾声 hānshēng
含混 hánhùn
含蓄 hánxù
函授 hánshòu
涵义 hányì
韩 hán
寒潮 háncháo
寒假 hánjià
寒噤 hánjìn
寒暄 hánxuān
寒战 hánzhàn
罕 hǎn
喊叫 hǎnjiào
汗流浃背 hànliú-jiābèi
汗毛 hànmáo
旱灾 hànzāi
捍卫 hànwèi
悍然 hànrán
焊接 hànjiē
憾 hàn
行会 hánghuì
杭 háng
航程 hángchéng
航天 hángtiān
巷道 hàngdào
毫 háo
豪华 háohuá
豪迈 háomài
豪爽 háoshuǎng
壕沟 háogōu
嚎 háo
好歹 hǎodǎi

好似 hǎosì
郝 hǎo
号称 hàochēng
号角 hàojiǎo
好恶 hàowù
耗资 hàozī
浩大 hàodà
呵斥 hēchì
禾 hé
合算 hésuàn
合影 héyǐng
合奏 hézòu
何尝 hécháng
和蔼 hé'ǎi
和睦 hémù
和声 héshēng
河谷 hégǔ
河滩 hétān
核对 héduì
核子 hézǐ
贺喜 hèxǐ
喝彩 hècǎi
赫然 hèrán
褐 hè
鹤 hè
壑 hè
黑白 hēibái
黑板 hēibǎn
痕 hén
狠心 hěnxīn
恒温 héngwēn
恒心 héngxīn
横渡 héngdù
横亘 hénggèn
横扫 héngsǎo
横行 héngxíng

衡 héng
轰鸣 hōngmíng
轰然 hōngrán
烘托 hōngtuō
弘扬 hóngyáng
红领巾 hónglǐngjīn
红娘 hóngniáng
红润 hóngrùn
红晕 hóngyùn
宏大 hóngdà
虹 hóng
洪亮 hóngliàng
鸿沟 hónggōu
侯 hóu
喉舌 hóushé
吼叫 hǒujiào
后顾之忧 hòugùzhīyōu
后劲 hòujìn
后裔 hòuyì
厚薄 hòubó
候补 hòubǔ
候鸟 hòuniǎo
候审 hòushěn
呼号 hūháo
呼应 hūyìng
忽而 hū'ér
狐疑 húyí
弧光 húguāng
胡闹 húnào
糊 hú
唬 hǔ
护理 hùlǐ
花丛 huācóng
花旦 huādàn
花卉 huāhuì
花蕾 huālěi
花脸 huāliǎn
花鸟 huāniǎo
花瓶 huāpíng
花圃 huāpǔ
花蕊 huāruǐ
华贵 huáguì
华人 huárén
哗然 huárán
滑轮 huálún
滑雪 huáxuě
化纤 huàxiān
化妆品 huàzhuāngpǐn
画卷 huàjuàn
画片 huàpiàn
画外音 huàwàiyīn
桦 huà
淮 huái
槐 huái
坏蛋 huàidàn
欢呼 huānhū
欢快 huānkuài
欢腾 huānténg
欢欣 huānxīn
还击 huánjī
环绕 huánrào
缓冲 huǎnchōng
缓解 huǎnjiě
幻灯 huàndēng
幻影 huànyǐng
换取 huànqǔ
换算 huànsuàn
唤醒 huànxǐng
宦官 huànguān
涣散 huànsàn
患难 huànnàn
焕发 huànfā
焕然一新 huànrán-yīxīn
豢养 huànyǎng
荒诞 huāngdàn
荒谬 huāngmiù
荒僻 huāngpì
荒芜 huāngwú
慌乱 huāngluàn
慌张 huāngzhāng
皇冠 huángguān
皇室 huángshì
黄疸 huángdǎn
黄澄澄 huángdēngdēng
黄豆 huángdòu
黄莺 huángyīng
惶恐 huángkǒng
蝗虫 huángchóng
簧 huáng
恍然 huǎngrán
谎话 huǎnghuà
谎言 huǎngyán
晃动 huàngdòng
灰烬 huījìn
诙谐 huīxié
挥发 huīfā
挥霍 huīhuò
挥舞 huīwǔ
辉映 huīyìng
徽 huī
回荡 huídàng
回身 huíshēn
回升 huíshēng
回旋 huíxuán
回忆录 huíyìlù
回应 huíyìng
回转 huízhuǎn
洄游 huíyóu

蛔虫 huíchóng
悔改 huǐgǎi
毁坏 huǐhuài
汇编 huìbiān
汇率 huìlǜ
会聚 huìjù
会谈 huìtán
会晤 huìwù
讳言 huìyán
荟萃 huìcuì
绘制 huìzhì
贿赂 huìlù
彗星 huìxīng
惠 huì
喙 huì
慧 huì
昏暗 hūn'àn
昏睡 hūnshuì
荤 hūn
婚配 hūnpèi
浑浊 húnzhuó
魂魄 húnpò
混凝土 hùnníngtǔ
混杂 hùnzá
混浊 hùnzhuó
豁口 huōkǒu
活塞 huósāi
火把 huǒbǎ
火坑 huǒkēng
火器 huǒqì
火种 huǒzhǒng
伙 huǒ
货款 huòkuǎn
货源 huòyuán
获悉 huòxī
惑 huò

霍乱 huòluàn
豁免 huòmiǎn
几率 jīlǜ
讥讽 jīfěng
击败 jībài
击落 jīluò
饥 jī
机舱 jīcāng
机警 jījǐng
机缘 jīyuán
肌肤 jīfū
积存 jīcún
积蓄 jīxù
姬 jī
基本功 jīběngōng
基调 jīdiào
激昂 jīáng
激流 jīliú
激怒 jīnù
羁绊 jībàn
及格 jígé
吉利 jílì
吉普车 jípǔchē
吉他 jítā
汲取 jíqǔ
级别 jíbié
级差 jíchā
极限 jíxiàn
即刻 jíkè
即日 jírì
即时 jíshí
即兴 jíxìng
急促 jícù
急遽 jíjù
急切 jíqiè
急中生智 jízhōng-shēngzhì

疾驰 jíchí
疾苦 jíkǔ
棘手 jíshǒu
集训 jíxùn
集约 jíyuē
集装箱 jízhuāngxiāng
辑 jí
嫉妒 jídù
瘠 jí
几时 jǐshí
纪 jì
给养 jǐyǎng
脊髓 jǐsuǐ
戟 jǐ
麂 jǐ
伎俩 jìliǎng
纪年 jìnián
技法 jìfǎ
妓女 jìnǚ
季度 jìdù
剂量 jìliàng
迹象 jìxiàng
继承权 jìchéngquán
继任 jìrèn
祭坛 jìtán
寄予 jìyǔ
暨 jì
髻 jì
冀 jì
忌 jì
加倍 jiābèi
加油 jiāyóu
夹攻 jiāgōng
夹击 jiājī
佳肴 jiāyáo
枷锁 jiāsuǒ

家访 jiāfǎng
家眷 jiājuàn
家禽 jiāqín
家喻户晓 jiāyù-hùxiǎo
荚 jiá
颊 jiá
甲骨文 jiǎgǔwén
甲壳 jiǎqiào
贾 Jiǎ
钾肥 jiǎféi
假若 jiǎruò
假象 jiǎxiàng
驾驭 jiàyù
架设 jiàshè
假日 jiàrì
尖利 jiānlì
奸商 jiānshāng
歼 jiān
坚韧 jiānrèn
坚信 jiānxìn
坚毅 jiānyì
肩负 jiānfù
肩胛 jiānjiǎ
肩头 jiāntóu
间距 jiānjù
艰辛 jiānxīn
监察 jiānchá
监工 jiāngōng
兼备 jiānbèi
兼顾 jiāngù
兼职 jiānzhí
缄默 jiānmò
煎熬 jiānáo
柬 jiǎn
检察 jiǎnchá
检讨 jiǎntǎo
检阅 jiǎnyuè
减产 jiǎnchǎn
减速 jiǎnsù
剪裁 jiǎncái
简练 jiǎnliàn
简略 jiǎnlüè
简朴 jiǎnpǔ
见证 jiànzhèng
间断 jiànduàn
间隙 jiànxì
间歇 jiànxiē
建树 jiànshù
荐 jiàn
贱 jiàn
涧 jiàn
健儿 jiàn'ér
舰艇 jiàntǐng
渐次 jiàncì
谏 jiàn
践踏 jiàntà
鉴赏 jiànshǎng
箭头 jiàntóu
江湖 jiānghú
姜 jiāng
僵硬 jiāngyìng
缰 jiāng
疆域 jiāngyù
讲解 jiǎngjiě
讲座 jiǎngzuò
奖惩 jiǎngchéng
奖券 jiǎngquàn
奖章 jiǎngzhāng
桨 jiǎng
匠 jiàng
降临 jiànglín
降生 jiàngshēng
将领 jiànglǐng
绛 jiàng
酱油 jiàngyóu
犟 jiàng
交还 jiāohuán
交接 jiāojiē
交纳 jiāonà
交涉 jiāoshè
交响乐 jiāoxiǎngyuè
郊外 jiāowài
浇灌 jiāoguàn
娇嫩 jiāonèn
胶片 jiāopiàn
教书 jiāoshū
椒 jiāo
焦虑 jiāolù
焦躁 jiāozào
焦灼 jiāozhuó
跤 jiāo
礁石 jiāoshí
角膜 jiǎomó
狡猾 jiǎohuá
绞 jiǎo
矫健 jiǎojiàn
矫揉造作 jiǎoróu-zàozuò
矫正 jiǎozhèng
皎洁 jiǎojié
脚跟 jiǎogēn
脚掌 jiǎozhǎng
搅拌 jiǎobàn
剿 jiǎo
缴获 jiǎohuò
缴纳 jiǎonà
叫嚷 jiàorǎng
叫嚣 jiàoxiāo
校对 jiàoduì

较量 jiàoliàng
教官 jiàoguān
教诲 jiàohuì
教徒 jiàotú
教益 jiàoyì
窖 jiào
酵母 jiàomǔ
阶梯 jiētī
接洽 jiēqià
接替 jiētì
接种 jiēzhòng
秸秆 jiēgǎn
揭发 jiēfā
揭晓 jiēxiǎo
街市 jiēshì
节省 jiéshěng
节能 jiénéng
劫持 jiéchí
杰作 jiézuò
结伴 jiébàn
结识 jiéshí
结余 jiéyú
捷报 jiébào
捷径 jiéjìng
睫毛 jiémáo
截止 jiézhǐ
截至 jiézhì
竭 jié
解冻 jiědòng
解雇 jiěgù
介入 jièrù
戒严 jièyán
诫 jiè
届时 jièshí
界定 jièdìng
借贷 jièdài
借以 jièyǐ
金刚 jīngāng
金丝猴 jīnsīhóu
金星 jīnxīng
金字塔 jīnzìtǎ
津贴 jīntiē
矜持 jīnchí
筋骨 jīngǔ
禁 jīn
襟 jīn
尽早 jǐnzǎo
紧凑 jǐncòu
紧俏 jǐnqiào
紧缺 jǐnquē
紧缩 jǐnsuō
锦绣 jǐnxiù
谨 jǐn
尽情 jìnqíng
尽头 jìntóu
尽心 jìnxīn
进餐 jìncān
进贡 jìngòng
进货 jìnhuò
进行曲 jìnxíngqǔ
近邻 jìnlín
近旁 jìnpáng
劲头 jìntóu
晋升 jìnshēng
浸润 jìnrùn
靳 Jìn
禁锢 jìngù
禁区 jìnqū
京城 jīngchéng
京戏 jīngxì
经纪人 jīngjìrén
经络 jīngluò
经由 jīngyóu
荆棘 jīngjí
惊诧 jīngchà
惊骇 jīnghài
惊惶 jīnghuáng
惊吓 jīngxià
晶莹 jīngyíng
睛 jīng
精练 jīngliàn
精辟 jīngpì
精髓 jīngsuǐ
精益求精 jīngyìqiújīng
精湛 jīngzhàn
颈椎 jǐngzhuī
景观 jǐngguān
景况 jǐngkuàng
警官 jǐngguān
警戒 jǐngjiè
警犬 jǐngquǎn
警卫 jǐngwèi
劲旅 jìnglǚ
径直 jìngzhí
净土 jìngtǔ
竞选 jìngxuǎn
敬畏 jìngwèi
敬仰 jìngyǎng
静谧 jìngmì
静穆 jìngmù
境况 jìngkuàng
镜框 jìngkuàng
镜片 jìngpiàn
窘迫 jiǒngpò
纠葛 jiūgé
揪 jiū
久远 jiǔyuǎn
灸 jiǔ

韭菜 jiǔcài
酒吧 jiǔbā
酒席 jiǔxí
旧历 jiùlì
臼齿 jiùchǐ
救命 jiùmìng
厩 jiù
救援 jiùyuán
就地 jiùdì
就任 jiùrèn
就职 jiùzhí
舅妈 jiùmā
拘谨 jūjǐn
拘泥 jūnì
居室 jūshì
驹 jū
鞠躬尽瘁 jūgōng-jìncuì
局促 júcù
菊 jú
沮丧 jǔsàng
矩形 jǔxíng
举例 jǔlì
举足轻重 jǔzú-qīngzhòng
巨著 jùzhù
句法 jùfǎ
拒 jù
俱乐部 jùlèbù
剧变 jùbiàn
剧院 jùyuàn
据悉 jùxī
惧怕 jùpà
锯齿 jùchǐ
聚合 jùhé
聚居 jùjū
踞 jù
捐款 juānkuǎn
捐赠 juānzèng
卷烟 juǎnyān
倦 juàn
绢 juàn
眷恋 juànliàn
撅 juē
决断 juéduàn
决赛 juésài
诀别 juébié
抉择 juézé
角逐 juézhú
觉醒 juéxǐng
绝妙 juémiào
绝缘 juéyuán
倔强 juéjiàng
掘 jué
崛起 juéqǐ
厥 jué
蕨 jué
爵士乐 juéshìyuè
攫取 juéqǔ
倔 juè
军服 jūnfú
军粮 jūnliáng
军用 jūnyòng
军装 jūnzhuāng
均等 jūnděng
君子 jūnzǐ
钧 jūn
俊俏 jùnqiào
郡 jùn
峻 jùn
骏马 jùnmǎ
竣工 jùngōng
卡片 kǎpiàn
开春 kāichūn
开赴 kāifù
咯 kǎ
开掘 kāijué
开窍 kāiqiào
开庭 kāitíng
开脱 kāituō
开外 kāiwài
开业 kāiyè
开凿 kāizáo
揩 kāi
凯旋 kǎixuán
慨然 kǎirán
慨叹 kǎitàn
楷模 kǎimó
刊载 kānzǎi
看护 kānhù
看守 kānshǒu
勘测 kāncè
勘察 kānchá
堪 kān
坎 kǎn
砍伐 kǎnfá
看透 kàntòu
看中 kànzhòng
康复 kāngfù
慷慨 kāngkǎi
糠 kāng
亢奋 kàngfèn
抗衡 kànghéng
抗拒 kàngjù
考据 kǎojù
烤火 kǎohuǒ
靠拢 kàolǒng
苛刻 kēkè
苛求 kēqiú
柯 kē

科班 kēbān
科普 kēpǔ
磕头 kētóu
瞌睡 kēshuì
蝌蚪 kēdǒu
可耻 kěchǐ
可恶 kěwù
可行 kěxíng
渴求 kěqiú
克己 kèjǐ
刻薄 kèbó
刻不容缓 kèbùrónghuǎn
恪守 kèshǒu
客房 kèfáng
客户 kèhù
客运 kèyùn
课余 kèyú
垦荒 kěnhuāng
恳切 kěnqiè
坑道 kēngdào
吭声 kēngshēng
铿锵 kēngqiāng
空话 kōnghuà
空袭 kōngxí
孔隙 kǒngxì
恐吓 kǒnghè
恐龙 kǒnglóng
空地 kòngdì
空隙 kòngxì
控诉 kòngsù
抠 kōu
口角 kǒujiǎo
口诀 kǒujué
口令 kǒulìng
口吻 kǒuwěn
口罩 kǒuzhào
叩头 kòutóu
扣除 kòuchú
扣押 kòuyā
寇 kòu
枯竭 kūjié
枯萎 kūwěi
哭泣 kūqì
窟 kū
苦涩 kǔsè
苦衷 kǔzhōng
库房 kùfáng
裤腿 kùtuǐ
酷爱 kù'ài
酷似 kùsì
夸大 kuādà
夸奖 kuājiǎng
夸耀 kuāyào
垮台 kuǎtái
挎包 kuàbāo
跨度 kuàdù
快感 kuàigǎn
快艇 kuàitǐng
脍炙人口 kuàizhì-rénkǒu
宽广 kuānguǎng
宽容 kuānróng
宽恕 kuānshù
款待 kuǎndài
狂奔 kuángbēn
狂妄 kuángwàng
狂笑 kuángxiào
旷工 kuànggōng
旷野 kuàngyě
矿藏 kuàngcáng
矿山 kuàngshān
框架 kuàngjià
眶 kuàng
亏本 kuīběn
盔 kuī
窥探 kuītàn
奎 kuí
葵花 kuíhuā
傀儡 kuǐlěi
匮乏 kuìfá
溃疡 kuìyáng
愧 kuì
坤 kūn
昆曲 kūnqǔ
困惑 kùnhuò
扩充 kuòchōng
括号 kuòhào
廓 kuò
拉力 lālì
辣 là
来宾 láibīn
来龙去脉 láilóng-qùmài
来年 láinián
癞 lài
兰花 lánhuā
拦截 lánjié
拦阻 lánzǔ
栏杆 lángān
蓝图 lántú
览 lǎn
揽 lǎn
缆 lǎn
懒惰 lǎnduò
烂泥 lànní
滥用 lànyòng
郎 láng
狼狈 lángbèi
廊 láng
朗诵 lǎngsòng

浪漫 làngmàn
劳驾 láojià
劳模 láomó
劳作 láozuò
牢笼 láolóng
老伯 lǎobó
老天爷 lǎotiānyé
老鹰 lǎoyīng
烙印 làoyìn
涝 lào
乐趣 lèqù
勒索 lèsuǒ
勒 lēi
雷雨 léiyǔ
擂 léi
镭 léi
垒 lěi
累积 lěijī
累计 lěijì
肋骨 lèigǔ
泪痕 lèihén
类推 lèituī
擂 lèi
棱角 léngjiǎo
冷峻 lěngjùn
冷暖 lěngnuǎn
冷饮 lěngyǐn
厘 lí
离散 lísàn
离心力 líxīnlì
梨园 líyuán
黎明 límíng
礼拜 lǐbài
礼堂 lǐtáng
礼仪 lǐyí
里程碑 lǐchéngbēi
理睬 lǐcǎi
理发 lǐfà
理直气壮 lǐzhí-qìzhuàng
锂 lǐ
鲤 lǐ
力争 lìzhēng
历程 lìchéng
历尽 lìjìn
厉声 lìshēng
立功 lìgōng
吏 lì
利尿 lìniào
沥青 lìqīng
例证 lìzhèng
隶属 lìshǔ
荔枝 lìzhī
砾石 lìshí
连带 liándài
连环画 liánhuánhuà
连年 liánnián
连日 liánrì
连夜 liányè
怜悯 liánmǐn
帘 lián
涟漪 liányī
联欢 liánhuān
联赛 liánsài
廉洁 liánjié
镰刀 liándāo
敛 liǎn
脸颊 liǎnjiá
脸庞 liǎnpáng
脸谱 liǎnpǔ
练功 liàngōng
链条 liàntiáo
良久 liángjiǔ
良田 liángtián
凉爽 liángshuǎng
粮仓 liángcāng
两栖 liǎngqī
两样 liǎngyàng
亮相 liàngxiàng
谅解 liàngjiě
量变 liàngbiàn
量刑 liàngxíng
晾 liàng
撩 liāo
辽 liáo
疗程 liáochéng
疗养院 liáoyǎngyuàn
聊 liáo
撩 liáo
潦倒 liáodǎo
缭绕 liáorào
了结 liǎojié
了如指掌 liǎorúzhǐzhǎng
燎 liǎo
料想 liàoxiǎng
撂 liào
廖 Liào
瞭望 liàowàng
列席 lièxí
劣势 lièshì
烈火 lièhuǒ
烈日 lièrì
烈焰 lièyàn
猎狗 liègǒu
猎人 lièrén
裂缝 lièfèng
裂隙 lièxì
拎 līn
邻舍 línshè

林地 líndì
林荫道 línyīndào
临别 línbié
临终 línzhōng
淋漓尽致 línlí-jìnzhì
琳琅满目 línláng-mǎnmù
嶙峋 línxún
霖 lín
磷脂 línzhī
鳞片 línpiàn
吝啬 lìnsè
伶 líng
灵巧 língqiǎo
灵芝 língzhī
凌晨 língchén
陵墓 língmù
聆听 língtīng
羚羊 língyáng
绫 líng
零散 língsǎn
零星 língxīng
领带 lǐngdài
领教 lǐngjiào
领悟 lǐngwù
另行 lìngxíng
浏览 liúlǎn
留存 liúcún
留声机 liúshēngjī
留守 liúshǒu
流畅 liúchàng
流逝 liúshì
流言 liúyán
硫黄 liúhuáng
绺 liǔ
蹓 liù
龙船 lóngchuán
龙卷风 lóngjuǎnfēng
隆重 lóngzhòng
陇 Lǒng
垄 lǒng
笼络 lǒngluò
笼统 lǒngtǒng
楼阁 lóugé
楼梯 lóutī
篓 lǒu
陋 lòu
漏斗 lòudǒu
卢 Lú
芦笙 lúshēng
芦苇 lúwěi
炉灶 lúzào
颅 lú
卤水 lǔshuǐ
虏 lǔ
掳 lǔ
鲁莽 lǔmǎng
录取 lùqǔ
录像机 lùxiàngjī
录音机 lùyīnjī
录用 lùyòng
绿林 lùlín
禄 lù
路标 lùbiāo
路灯 lùdēng
路径 lùjìng
麓 lù
露骨 lùgǔ
吕 lǚ
捋 lǚ
旅程 lǚchéng
旅途 lǚtú
屡次 lǚcì
屡见不鲜 lǚjiàn-bùxiān
履 lǚ
虑 lǜ
绿地 lǜdì
绿洲 lǜzhōu
峦 luán
孪生 luánshēng
卵子 luǎnzǐ
掠 lüè
略微 lüèwēi
抡 lūn
沦陷 lúnxiàn
轮番 lúnfān
轮回 lúnhuí
论断 lùnduàn
论著 lùnzhù
捋 luō
罗列 luóliè
罗盘 luópán
锣鼓 luógǔ
箩筐 luókuāng
螺旋桨 luóxuánjiǎng
裸体 luǒtǐ
洛 Luò
落差 luòchā
落户 luòhù
落日 luòrì
摞 luò
抹布 mābù
麻痹 mábì
麻雀 máquè
马达 mǎdá
马褂 mǎguà
马匹 mǎpǐ
马蹄 mǎtí
玛瑙 mǎnǎo

埋头 máitóu
买主 mǎizhǔ
迈进 màijìn
脉搏 màibó
脉络 màiluò
蛮横 mánhèng
鳗 mán
满月 mǎnyuè
满载 mǎnzài
螨 mǎn
曼 màn
谩骂 mànmà
蔓延 mànyán
漫不经心 mànbùjīngxīn
漫画 mànhuà
慢条斯理 màntiáo-sīlǐ
忙乱 mángluàn
盲从 mángcóng
盲人 mángrén
蟒 mǎng
猫头鹰 māotóuyīng
毛笔 máobǐ
毛骨悚然 máogǔ-sǒngrán
毛囊 máonáng
矛头 máotóu
茅草 máocǎo
茅屋 máowū
锚 máo
卯 mǎo
铆 mǎo
茂密 màomì
茂盛 màoshèng
冒充 màochōng
贸然 màorán
貌似 màosì
没劲 méijìn
眉飞色舞 méifēi-sèwǔ
眉开眼笑 méikāi-yǎnxiào
眉眼 méiyǎn
梅花 méihuā
煤油 méiyóu
霉菌 méijūn
美观 měiguān
美酒 měijiǔ
美满 měimǎn
美女 měinǚ
昧 mèi
媚 mèi
闷热 mēnrè
门槛 ménkǎn
门徒 méntú
门诊 ménzhěn
萌动 méngdòng
萌生 méngshēng
蒙蔽 méngbì
盟国 méngguó
猛然 měngrán
蒙古包 měnggǔbāo
锰 měng
梦幻 mènghuàn
梦寐以求 mèngmèiyǐqiú
梦呓 mèngyì
眯 mī
弥散 mísàn
迷失 míshī
迷惘 míwǎng
猕猴 míhóu
糜烂 mílàn
觅 mì
秘诀 mìjué
密封 mìfēng
幂 mì
蜜月 mìyuè
眠 mián
绵羊 miányáng
棉田 miántián
棉花 mián·huā
棉絮 miánxù
免费 miǎnfèi
勉励 miǎnlì
缅怀 miǎnhuái
面粉 miànfěn
面具 miǎnjù
苗圃 miáopǔ
描画 miáohuà
描摹 miáomó
瞄准 miáozhǔn
渺小 miǎoxiǎo
藐视 miǎoshì
庙会 miàohuì
灭绝 mièjué
蔑视 mièshì
篾 miè
民警 mínjǐng
民生 mínshēng
民谣 mínyáo
民营 mínyíng
民政 mínzhèng
皿 mǐn
泯灭 mǐnmiè
闽 Mǐn
名次 míngcì
名副其实 míngfùqíshí
名列前茅 mínglièqiánmáo
名片 míngpiàn
名声 míngshēng
名誉 míngyù
名著 míngzhù

明了 míngliǎo
明晰 míngxī
明星 míngxīng
鸣叫 míngjiào
冥想 míngxiǎng
铭文 míngwén
命中 mìngzhòng
谬论 miùlùn
谬误 miùwù
摹 mó
摩登 módēng
磨炼 móliàn
磨损 mósǔn
魔鬼 móguǐ
魔爪 mózhǎo
抹杀 mǒshā
末梢 mòshāo
沫 mò
莫非 mòfēi
蓦然 mòrán
漠视 mòshì
墨水 mòshuǐ
默念 mòniàn
默契 mòqì
眸 móu
谋害 móuhài
谋求 móuqiú
模板 múbǎn
母校 mǔxiào
母语 mǔyǔ
牡蛎 mǔlì
拇指 mǔzhǐ
木柴 mùchái
木耳 mù'ěr
木偶 mù'ǒu
目不转睛 mùbùzhuǎnjīng
目瞪口呆 mùdèng-kǒudāi
沐浴 mùyù
牧场 mùchǎng
牧区 mùqū
募捐 mùjuān
墓地 mùdì
幕后 mùhòu
暮色 mùsè
穆斯林 mùsīlín
纳粹 Nàcuì
娜 nà
捺 nà
奶粉 nǎifěn
奶牛 nǎiniú
氖 nǎi
奈何 nàihé
耐用 nàiyòng
男生 nánshēng
南半球 nánbànqiú
难度 nándù
难听 nántīng
难友 nànyǒu
囊括 nángkuò
挠 náo
恼火 nǎohuǒ
恼怒 nǎonù
脑海 nǎohǎi
脑筋 nǎojīn
脑髓 nǎosuǐ
闹事 nàoshì
内疚 nèijiū
内情 nèiqíng
内省 nèixǐng
嫩绿 nènlǜ
能手 néngshǒu
尼姑 nígū
呢绒 níróng
泥浆 níjiāng
泥池 níchí
泥塑 nísù
倪 ní
霓虹灯 níhóngdēng
拟订 nǐdìng
拟定 nǐdìng
逆境 nìjìng
逆转 nìzhuǎn
腻 nì
溺爱 nì'ài
拈 niān
蔫 niān
年份 niánfèn
年轮 niánlún
年终 niánzhōng
黏 nián
捻 niǎn
碾 niǎn
撵 niǎn
廿 niàn
酿 niàng
鸟瞰 niǎokàn
尿素 niàosù
捏造 niēzào
聂 Niè
涅槃 nièpán
啮 niè
镍 niè
孽 niè
狞笑 níngxiào
凝神 níngshén
宁可 nìngkě
宁愿 nìngyuàn
牛犊 niúdú

牛皮 niúpí
牛仔裤 niúzǎikù
扭曲 niǔqū
纽扣 niǔkòu
拗 niù
农夫 nóngfū
农耕 nónggēng
农历 nónglì
浓淡 nóngdàn
浓密 nóngmì
浓缩 nóngsuō
浓重 nóngzhòng
弄虚作假 nòngxū-zuòjiǎ
奴仆 núpú
怒放 nùfàng
怒火 nùhuǒ
女郎 nǚláng
女生 nǚshēng
暖流 nuǎnliú
虐待 nüèdài
挪用 nuóyòng
诺言 nuòyán
懦弱 nuòruò
糯米 nuòmǐ
讴歌 ōugē
鸥 ōu
殴打 ōudǎ
呕吐 ǒutù
偶像 ǒuxiàng
藕 ǒu
趴 pā
爬行 páxíng
帕 pà
拍板 pāibǎn
排挤 páijǐ
排球 páiqiú
排忧解难 páiyōu-jiěnàn
派生 pàishēng
派头 pàitóu
攀登 pāndēng
攀谈 pāntán
攀缘 pānyuán
盘剥 pánbō
盘旋 pánxuán
判决书 pànjuéshū
判刑 pànxíng
叛变 pànbiàn
叛逆 pànnì
畔 pàn
膀 páng
庞 páng
旁白 pángbái
旁听 pángtīng
膀胱 pángguāng
磅礴 pángbó
刨 páo
咆哮 páoxiào
炮制 páozhì
袍 páo
泡菜 pàocài
泡沫 pàomò
炮兵 pàobīng
炮台 pàotái
胚芽 pēiyá
陪衬 péichèn
陪同 péitóng
培植 péizhí
赔款 péikuǎn
裴 Péi
佩戴 pèidài
配备 pèibèi
配角 pèijué
配偶 pèi'ǒu
配种 pèizhǒng
喷发 pēnfā
喷洒 pēnsǎ
盆景 pénjǐng
抨击 pēngjī
烹饪 pēngrèn
蓬松 péngsōng
硼 péng
篷 péng
膨大 péngdà
碰撞 pèngzhuàng
批驳 pībó
坯 pī
披露 pīlù
劈 pī
皮革 pígé
毗邻 pílín
疲乏 pífá
啤酒 píjiǔ
脾脏 pízàng
匹配 pǐpèi
劈 pǐ
癖 pǐ
屁 pì
辟 pì
媲美 pìměi
僻静 pìjìng
偏差 piānchā
偏激 piānjī
偏僻 piānpì
篇章 piānzhāng
片段 piànduàn
骗局 piànjú
漂移 piāoyí
飘带 piāodài

飘荡 piāodàng
飘动 piāodòng
飘零 piāolíng
飘然 piāorán
飘逸 piāoyì
朴 Piáo
瓢 piáo
漂白粉 piǎobáifěn
瞟 piǎo
票据 piàojù
撇 piē
瞥见 piējiàn
撇 piě
拼凑 pīncòu
拼音 pīnyīn
贫乏 pínfá
贫瘠 pínjí
频道 píndào
品尝 pǐncháng
品评 pǐnpíng
品位 pǐnwèi
品味 pǐnwèi
品行 pǐnxíng
聘请 pìnqǐng
平反 píngfǎn
平衡木 pínghéngmù
平缓 pínghuǎn
平庸 píngyōng
评定 píngdìng
评分 píngfēn
评估 pínggū
评弹 píngtán
坪 píng
凭吊 píngdiào
屏风 píngfēng
萍 píng

坡地 pōdì
泊 pō
泼 pō
迫不及待 pòbùjídài
破除 pòchú
破旧 pòjiù
破碎 pòsuì
魄 pò
剖析 pōuxī
仆 pū
扑克 pūkè
铺设 pūshè
仆役 púyì
蒲公英 púgōngyīng
朴实 pǔshí
圃 pǔ
浦 pǔ
普查 pǔchá
普选 pǔxuǎn
谱写 pǔxiě
堡 pù
瀑布 pùbù
沏 qī
栖息 qīxī
凄惨 qīcǎn
凄然 qīrán
戚 qī
期刊 qīkān
欺侮 qīwǔ
欺诈 qīzhà
漆黑 qīhēi
齐备 qíbèi
齐全 qíquán
奇妙 qímiào
歧视 qíshì
祈祷 qídǎo

祈求 qíqiú
畦 qí
棋盘 qípán
棋子 qízǐ
旗号 qíhào
旗袍 qípáo
鳍 qí
乞丐 qǐgài
乞讨 qǐtǎo
岂有此理 qǐyǒucǐlǐ
企鹅 qǐ'é
启程 qǐchéng
启事 qǐshì
起草 qǐcǎo
起哄 qǐhòng
起劲 qǐjìn
起居 qǐjū
起因 qǐyīn
绮丽 qǐlì
气喘 qìchuǎn
气囊 qìnáng
气馁 qìněi
气旋 qìxuán
迄今 qìjīn
汽缸 qìgāng
汽艇 qìtǐng
泣 qì
契 qì
器皿 qìmǐn
器械 qìxiè
器乐 qìyuè
掐 qiā
洽谈 qiàtán
恰巧 qiàqiǎo
恰如 qiàrú
恰似 qiàsì

千钧一发 qiānjūn-yīfà
千瓦 qiānwǎ
扦 qiān
迁就 qiānjiù
牵挂 qiānguà
牵涉 qiānshè
谦虚 qiānxū
谦逊 qiānxùn
签署 qiānshǔ
签约 qiānyuē
前锋 qiánfēng
前仆后继 qiánpū-hòujì
前奏 qiánzòu
虔诚 qiánchéng
钱币 qiánbì
乾坤 qiánkūn
潜藏 qiáncáng
潜伏 qiánfú
潜移默化 qiányí-mòhuà
黔 Qián
浅薄 qiǎnbó
浅显 qiǎnxiǎn
谴责 qiǎnzé
纤 qiàn
歉意 qiànyì
呛 qiāng
枪弹 qiāngdàn
枪支 qiāngzhī
腔调 qiāngdiào
强劲 qiángjìng
强壮 qiángzhuàng
墙根 qiánggēn
墙角 qiángjiǎo
抢夺 qiǎngduó
抢先 qiǎngxiān
抢险 qiǎngxiǎn
抢占 qiǎngzhàn
强求 qiǎngqiú
呛 qiàng
跷 qiāo
锹 qiāo
乔木 qiáomù
侨眷 qiáojuàn
侨民 qiáomín
翘 qiáo
巧合 qiǎohé
悄然 qiǎorán
悄声 qiǎoshēng
峭壁 qiàobì
窍门 qiàomén
翘 qiào
撬 qiào
鞘 qiào
切磋 qiēcuō
切割 qiēgē
切片 qiēpiàn
切忌 qièjì
妾 qiè
怯懦 qiènuò
窃取 qièqǔ
惬意 qièyì
钦差 qīnchāi
侵吞 qīntūn
侵袭 qīnxí
亲昵 qīnnì
亲身 qīnshēn
亲生 qīnshēng
亲子 qīnzǐ
禽兽 qínshòu
勤俭 qínjiǎn
擒 qín
噙 qín
寝室 qǐnshì
沁 qìn
青稞 qīngkē
青睐 qīnglài
青霉素 qīngméisù
青苔 qīngtái
轻而易举 qīng'éryìjǔ
轻浮 qīngfú
轻快 qīngkuài
轻描淡写 qīngmiáo-dànxiě
轻蔑 qīngmiè
轻音乐 qīngyīnyuè
轻盈 qīngyíng
氢弹 qīngdàn
倾诉 qīngsù
倾吐 qīngtǔ
倾泻 qīngxiè
倾心 qīngxīn
卿 qīng
清澈 qīngchè
清淡 qīngdàn
清净 qīngjìng
清冷 qīnglěng
清爽 qīngshuǎng
清闲 qīngxián
清真寺 qīngzhēnsì
情不自禁 qíngbùzìjīn
情怀 qínghuái
情侣 qínglǚ
情愿 qíngyuàn
晴朗 qínglǎng
擎 qíng
顷刻 qǐngkè
请假 qǐngjià
请愿 qǐngyuàn
庆贺 qìnghè

庆幸 qìngxìng
磬 qìng
穷尽 qióngjìn
穷苦 qióngkǔ
穷困 qióngkùn
琼 qióng
丘陵 qiūlíng
邱 Qiū
仇 Qiú
囚禁 qiújìn
囚徒 qiútú
求婚 qiúhūn
求教 qiújiào
求援 qiúyuán
球场 qiúchǎng
球赛 qiúsài
裘皮 qiúpí
区划 qūhuà
曲解 qūjiě
驱使 qūshǐ
屈辱 qūrǔ
祛 qū
蛆 qū
躯干 qūgàn
躯壳 qūqiào
曲调 qǔdiào
曲牌 qǔpái
取缔 qǔdì
取暖 qǔnuǎn
取舍 qǔshě
去路 qùlù
趣 qù
圈套 quāntào
权衡 quánhéng
权限 quánxiàn
全盘 quánpán
全权 quánquán
全线 quánxiàn
泉水 quánshuǐ
拳击 quánjī
痊愈 quányù
蜷缩 quánsuō
犬齿 quǎnchǐ
劝告 quàngào
劝说 quànshuō
劝慰 quànwèi
券 quàn
缺憾 quēhàn
缺口 quēkǒu
缺损 quēsǔn
瘸 qué
雀 què
确信 quèxìn
确凿 quèzáo
阙 què
裙 qún
群居 qúnjū
染料 rǎnliào
让步 ràngbù
饶恕 ráoshù
扰 rǎo
热忱 rèchén
热诚 rèchéng
热切 rèqiè
人称 rénchēng
人伦 rénlún
人选 rénxuǎn
人中 rénzhōng
仁慈 réncí
仁义 rényì
忍痛 rěntòng
刃 rèn
认错 rèncuò
认可 rènkě
任免 rènmiǎn
任凭 rènpíng
任用 rènyòng
韧带 rèndài
日程 rìchéng
日光 rìguāng
日后 rìhòu
日见 rìjiàn
日渐 rìjiàn
日历 rìlì
日食 rìshí
日用 rìyòng
荣幸 róngxìng
荣耀 róngyào
绒毛 róngmáo
容积 róngjī
容忍 róngrěn
容许 róngxǔ
溶化 rónghuà
熔化 rónghuà
融化 rónghuà
融洽 róngqià
冗长 rǒngcháng
柔美 róuměi
柔弱 róuruò
柔顺 róushùn
蹂躏 róulìn
肉眼 ròuyǎn
如实 rúshí
如释重负 rúshìzhòngfù
如意 rúyì
儒学 rúxué
蠕动 rúdòng
汝 rǔ

乳牛 rǔniú
乳汁 rǔzhī
辱 rǔ
入口 rùkǒu
入迷 rùmí
软骨 ruǎngǔ
软禁 ruǎnjìn
蕊 ruǐ
锐角 ruìjiǎo
瑞 ruì
闰 rùn
润滑 rùnhuá
若无其事 ruòwúqíshì
弱小 ruòxiǎo
仨 sā
撒谎 sāhuǎng
撒手 sāshǒu
卅 sà
腮 sāi
赛场 sàichǎng
三轮车 sānlúnchē
散伙 sànhuǒ
散落 sànluò
丧事 sāngshì
丧葬 sāngzàng
桑 sāng
嗓音 sǎngyīn
丧气 sàngqì
搔 sāo
骚动 sāodòng
骚扰 sāorǎo
缫 sāo
臊 sāo
扫描 sǎomiáo
扫兴 sǎoxìng
臊 sào

色调 sèdiào
色盲 sèmáng
色泽 sèzé
涩 sè
瑟 sè
森严 sēnyán
僧尼 sēngní
杀戮 shālù
杉木 shānmù
沙丘 shāqiū
沙哑 shāyǎ
纱锭 shādìng
刹车 shāchē
煞 shā
傻瓜 shǎguā
煞 shà
霎时 shàshí
筛选 shāixuǎn
山坳 shān'ào
山川 shānchuān
山涧 shānjiàn
山峦 shānluán
山楂 shānzhā
杉 shān
衫 shān
珊瑚 shānhú
扇动 shāndòng
煽动 shāndòng
闪耀 shǎnyào
陕 Shǎn
扇贝 shànbèi
善意 shànyì
禅 shàn
擅长 shàncháng
膳 shàn
赡养 shànyǎng

伤疤 shāngbā
伤痕 shānghén
商贩 shāngfàn
商贾 shānggǔ
商榷 shāngquè
晌 shǎng
赏赐 shǎngcì
赏识 shǎngshí
上场 shàngchǎng
上吊 shàngdiào
上将 shàngjiàng
上缴 shàngjiǎo
上旬 shàngxún
尚且 shàngqiě
捎 shāo
烧酒 shāojiǔ
烧香 shāoxiāng
勺 sháo
少儿 shào'ér
少将 shàojiàng
哨兵 shàobīng
奢侈 shēchǐ
舌苔 shétāi
舍弃 shěqì
设防 shèfáng
社交 shèjiāo
社团 shètuán
射箭 shèjiàn
射手 shèshǒu
涉外 shèwài
赦免 shèmiǎn
摄取 shèqǔ
麝 shè
申明 shēnmíng
申诉 shēnsù
伸缩 shēnsuō

身长 shēncháng
身价 shēnjià
呻吟 shēnyín
绅士 shēnshì
砷 shēn
深奥 shēn'ào
深层 shēncéng
深切 shēnqiè
深邃 shēnsuì
深重 shēnzhòng
神经病 shénjīngbìng
神经质 shénjīngzhì
神龛 shénkān
神明 shénmíng
神往 shénwǎng
神韵 shényùn
神州 shénzhōu
审核 shěnhé
审批 shěnpī
审慎 shěnshèn
审讯 shěnxùn
肾脏 shènzàng
甚而 shèn'ér
渗入 shènrù
慎 shèn
升降 shēngjiàng
升腾 shēngténg
生计 shēngjì
生肖 shēngxiào
生硬 shēngyìng
声称 shēngchēng
声援 shēngyuán
声乐 shēngyuè
笙 shēng
绳索 shéngsuǒ
省城 shěngchéng
省份 shěngfèn
省略 shěnglüè
圣诞节 shèngdànjié
圣母 shèngmǔ
圣旨 shèngzhǐ
胜任 shèngrèn
胜仗 shèngzhàng
盛大 shèngdà
盛开 shèngkāi
盛名 shèngmíng
尸 shī
失传 shīchuán
失恋 shīliàn
失散 shīsàn
失意 shīyì
失职 shīzhí
失踪 shīzōng
师资 shīzī
诗集 shījí
诗篇 shīpiān
施加 shījiā
施展 shīzhǎn
湿热 shīrè
十足 shízú
什 shí
石雕 shídiāo
石窟 shíkū
石墨 shímò
时区 shíqū
时日 shírì
时事 shíshì
时针 shízhēn
时钟 shízhōng
识破 shípò
实惠 shíhuì
实事 shíshì
实习 shíxí
实战 shízhàn
拾掇 shíduo
食谱 shípǔ
食物链 shíwùliàn
食欲 shíyù
蚀 shí
史册 shǐcè
史前 shǐqián
史诗 shǐshī
矢 shǐ
使节 shǐjié
使者 shǐzhě
始祖 shǐzǔ
驶 shǐ
屎 shǐ
士气 shìqì
士族 shìzú
示意 shìyì
示众 shìzhòng
世道 shìdào
世俗 shìsú
仕 shì
市郊 shìjiāo
市镇 shìzhèn
式样 shìyàng
事理 shìlǐ
事项 shìxiàng
侍从 shìcóng
侍奉 shìfèng
侍候 shìhòu
饰 shì
试剂 shìjì
试探 shìtàn
试行 shìxíng
试纸 shìzhǐ

视察 shìchá
视网膜 shìwǎngmó
拭 shì
适度 shìdù
适时 shìshí
适中 shìzhōng
恃 shì
逝 shì
舐 shì
嗜好 shìhào
誓言 shìyán
噬 shì
螫 shì
收藏 shōucáng
收缴 shōujiǎo
收敛 shōuliǎn
收听 shōutīng
收养 shōuyǎng
手背 shǒubèi
手稿 shǒugǎo
手腕 shǒuwàn
手足 shǒuzú
守法 shǒufǎ
守候 shǒuhòu
守卫 shǒuwèi
首届 shǒujiè
首脑 shǒunǎo
首尾 shǒuwěi
首席 shǒuxí
寿 shòu
受挫 shòucuò
受贿 shòuhuì
受戒 shòujiè
受惊 shòujīng
受累 shòulèi
受气 shòuqì
受罪 shòuzuì
授课 shòukè
授予 shòuyǔ
售 shòu
兽医 shòuyī
瘦弱 shòuruò
书架 shūjià
书卷 shūjuàn
书刊 shūkān
书桌 shūzhuō
抒发 shūfā
枢纽 shūniǔ
倏然 shūrán
梳理 shūlǐ
舒畅 shūchàng
舒展 shūzhǎn
疏散 shūsàn
疏通 shūtōng
孰 shú
赎罪 shúzuì
熟人 shúrén
暑假 shǔjià
署名 shǔmíng
蜀 shǔ
曙光 shǔguāng
述评 shùpíng
树丛 shùcóng
树冠 shùguān
竖立 shùlì
恕 shù
庶民 shùmín
数额 shù'é
刷新 shuāxīn
衰败 shuāibài
衰竭 shuāijié
衰弱 shuāiruò
摔跤 shuāijiāo
帅 shuài
率先 shuàixiān
栓 shuān
涮 shuàn
双重 shuāngchóng
双亲 shuāngqīn
霜冻 shuāngdòng
霜期 shuāngqī
爽朗 shuǎnglǎng
水泵 shuǐbèng
水龙头 shuǐlóngtóu
水路 shuǐlù
水鸟 shuǐniǎo
水渠 shuǐqú
水獭 shuǐtǎ
水仙 shuǐxiān
水箱 shuǐxiāng
水性 shuǐxìng
水域 shuǐyù
水闸 shuǐzhá
税利 shuìlì
税率 shuìlǜ
睡梦 shuìmèng
吮 shǔn
顺便 shùnbiàn
顺从 shùncóng
顺应 shùnyìng
舜 Shùn
瞬时 shùnshí
说唱 shuōchàng
说谎 shuōhuǎng
说理 shuōlǐ
硕大 shuòdà
司空见惯 sīkōng-jiànguàn
丝绸 sīchóu

丝线 sīxiàn
私事 sīshì
私塾 sīshú
私自 sīzì
思辨 sībiàn
思忖 sīcǔn
思念 sīniàn
斯文 sīwén
厮杀 sīshā
撕毁 sīhuǐ
嘶哑 sīyǎ
死板 sǐbǎn
死寂 sǐjì
死神 sǐshén
四季 sìjì
寺庙 sìmiào
似是而非 sìshì'érfēi
伺机 sìjī
祀 sì
饲 sì
俟 sì
嗣 sì
肆无忌惮 sìwú-jìdàn
肆意 sìyì
松软 sōngruǎn
松散 sōngsǎn
松懈 sōngxiè
怂恿 sǒngyǒng
耸立 sǒnglì
讼 sòng
送别 sòngbié
送行 sòngxíng
诵读 sòngdú
颂扬 sòngyáng
搜捕 sōubǔ
搜刮 sōuguā
苏醒 sūxǐng
酥 sū
俗话 súhuà
俗语 súyǔ
诉说 sùshuō
肃穆 sùmù
肃清 sùqīng
素养 sùyǎng
速成 sùchéng
宿营 sùyíng
粟 sù
塑像 sùxiàng
溯 sù
酸痛 suāntòng
酸枣 suānzǎo
蒜 suàn
算盘 suànpán
算术 suànshù
绥 suí
随处 suíchù
随从 suícóng
随身 suíshēn
随心所欲 suíxīnsuǒyù
隧道 suìdào
孙女 sūnnǚ
损坏 sǔnhuài
笋 sǔn
唆使 suōshǐ
梭 suō
蓑衣 suōyī
缩减 suōjiǎn
索取 suǒqǔ
琐事 suǒshì
锁链 suǒliàn
他乡 tāxiāng
塌 tā
拓 tà
榻 tà
踏步 tàbù
胎盘 tāipán
台灯 táidēng
台阶 táijiē
抬升 táishēng
太子 tàizǐ
态势 tàishì
汰 tài
泰山 tàishān
坍塌 tāntā
贪婪 tānlán
贪污 tānwū
探听 tàntīng
滩涂 tāntú
瘫痪 tānhuàn
坛 tán
谈心 tánxīn
弹劾 tánhé
弹力 tánlì
谭 Tán
潭 tán
坦率 tǎnshuài
叹气 tànqì
炭 tàn
探究 tànjiū
探听 tàntīng
探询 tànxún
堂皇 tánghuáng
搪瓷 tángcí
搪塞 tángsè
糖尿病 tángniàobìng
倘使 tǎngshǐ
淌 tǎng
烫伤 tàngshāng

绦虫 tāochóng
逃窜 táocuàn
逃命 táomìng
逃难 táonàn
陶器 táoqì
陶醉 táozuì
淘气 táoqì
讨伐 tǎofá
讨好 tǎohǎo
套用 tàoyòng
特区 tèqū
特约 tèyuē
疼爱 téng'ài
腾空 téngkōng
滕 Téng
藤萝 téngluó
剔除 tīchú
梯形 tīxíng
提成 tíchéng
提纲 tígāng
提问 tíwèn
啼哭 tíkū
啼笑皆非 tíxiào-jiēfēi
题词 tící
蹄 tí
体魄 tǐpò
体育场 tǐyùchǎng
体育馆 tǐyùguǎn
剃头 tìtóu
天赋 tiānfù
天花板 tiānhuābǎn
天经地义 tiānjīng-dìyì
天堂 tiāntáng
天子 tiānzǐ
添置 tiānzhì
田埂 tiángěng
田园 tiányuán
恬静 tiánjìng
甜美 tiánměi
填补 tiánbǔ
填空 tiánkòng
填塞 tiánsè
舔 tiǎn
条理 tiáolǐ
调皮 tiáopí
调试 tiáoshì
挑拨 tiǎobō
挑衅 tiǎoxìn
眺望 tiàowàng
跳水 tiàoshuǐ
贴切 tiēqiè
帖 tiē
铁轨 tiěguǐ
铁青 tiěqīng
铁丝 tiěsī
铁锹 tiěxiān
帖 tiè
厅堂 tīngtáng
听从 tīngcóng
听任 tīngrèn
廷 tíng
亭 tíng
庭院 tíngyuàn
停泊 tíngbó
停放 tíngfàng
挺拔 tǐngbá
挺立 tǐnglì
艇 tǐng
通畅 tōngchàng
通气 tōngqì
通俗 tōngsú
同龄 tónglíng
同盟 tóngméng
佟 Tóng
铜臭 tóngxiù
童子 tóngzǐ
瞳孔 tóngkǒng
统筹 tǒngchóu
统帅 tǒngshuài
统率 tǒngshuài
捅 tǒng
痛斥 tòngchì
偷懒 tōulǎn
偷窃 tōuqiè
头盔 tóukuī
头绪 tóuxù
投奔 tóubèn
投靠 tóukào
投掷 tóuzhì
透彻 tòuchè
秃顶 tūdǐng
突起 tūqǐ
突围 tūwéi
图谋 túmóu
图腾 túténg
图像 túxiàng
徒步 túbù
徒刑 túxíng
途 tú
涂料 túliào
屠宰 túzǎi
土著 tǔzhù
吐露 tǔlù
吐血 tùxiě
湍急 tuānjí
团聚 tuánjù
推崇 tuīchóng
推敲 tuīqiāo

推算 tuīsuàn
推卸 tuīxiè
颓然 tuírán
颓丧 tuísàng
腿脚 tuǐjiǎo
退还 tuìhuán
退缩 tuìsuō
蜕变 tuìbiàn
褪 tuì
吞并 tūnbìng
吞没 tūnmò
吞噬 tūnshì
吞咽 tūnyàn
屯 tún
囤积 túnjī
臀 tún
拖累 tuōlěi
拖延 tuōyán
脱身 tuōshēn
脱险 tuōxiǎn
驮 tuó
驼背 tuóbèi
妥善 tuǒshàn
椭圆 tuǒyuán
拓 tuò
唾液 tuòyè
挖潜 wāqián
洼地 wādì
蛙 wā
瓦解 wǎjiě
瓦砾 wǎlì
瓦斯 wǎsī
袜 wà
外宾 wàibīn
外观 wàiguān
外行 wàiháng
外延 wàiyán
外祖父 wàizǔfù
外祖母 wàizǔmǔ
弯路 wānlù
剜 wān
湾 wān
丸 wán
完结 wánjié
完满 wánmǎn
玩弄 wánnòng
玩耍 wánshuǎ
顽固 wángù
顽皮 wánpí
宛如 wǎnrú
挽回 wǎnhuí
挽留 wǎnliú
惋惜 wǎnxī
皖 wǎn
万恶 wàn'è
万紫千红 wànzǐ-qiānhóng
腕 wàn
蔓 wàn
汪洋 wāngyáng
亡灵 wánglíng
王宫 wánggōng
王冠 wángguān
王后 wánghòu
王子 wángzǐ
网罗 wǎngluó
枉 wǎng
往返 wǎngfǎn
往年 wǎngnián
往日 wǎngrì
往昔 wǎngxī
妄图 wàngtú
忘恩负义 wàng'ēn-fùyì
忘怀 wànghuái
旺季 wàngjì
危及 wēijí
危难 wēinàn
威吓 wēihè
威望 wēiwàng
微妙 wēimiào
巍峨 wēi'é
韦 wéi
为害 wéihài
违抗 wéikàng
违约 wéiyuē
围攻 wéigōng
围困 wéikùn
桅杆 wéigān
帷幕 wéimù
唯恐 wéikǒng
维系 wéixì
伪造 wěizào
伪装 wěizhuāng
苇 wěi
尾随 wěisuí
纬线 wěixiàn
委派 wěipài
委婉 wěiwǎn
萎缩 wěisuō
卫士 wèishì
未尝 wèicháng
未遂 wèisuì
味觉 wèijué
胃液 wèiyè
蔚蓝 wèilán
慰藉 wèijiè
慰问 wèiwèn
温存 wēncún
温馨 wēnxīn

瘟疫 wēnyì
文教 wénjiào
文凭 wénpíng
文娱 wényú
纹理 wénlǐ
闻名 wénmíng
蚊帐 wénzhàng
紊乱 wěnluàn
稳产 wěnchǎn
稳妥 wěntuǒ
问答 wèndá
问候 wènhòu
问卷 wènjuàn
翁 wēng
瓮 wèng
涡流 wōliú
窝头 wōtóu
蜗牛 wōniú
卧床 wòchuáng
乌鸦 wūyā
乌贼 wūzéi
污秽 wūhuì
污辱 wūrǔ
巫师 wūshī
呜咽 wūyè
诬蔑 wūmiè
屋脊 wūjǐ
无赖 wúlài
无奈 wúnài
无能 wúnéng
无暇 wúxiá
无须 wúxū
毋 wú
梧桐 wútóng
五行 wǔxíng
午餐 wǔcān
伍 wǔ
武断 wǔduàn
武功 wǔgōng
捂 wǔ
舞动 wǔdòng
舞会 wǔhuì
舞姿 wǔzī
务必 wùbì
物件 wùjiàn
悟性 wùxìng
晤 wù
雾气 wùqì
夕阳 xīyáng
兮 xī
西红柿 xīhóngshì
西域 xīyù
吸毒 xīdú
吸吮 xīshǔn
希冀 xījì
昔日 xīrì
析出 xīchū
唏嘘 xīxū
奚落 xīluò
悉 xī
惜 xī
稀薄 xībó
稀有 xīyǒu
犀利 xīlì
溪流 xīliú
熄灯 xīdēng
膝 xī
嬉戏 xīxì
袭 xí
习气 xíqì
席卷 xíjuǎn
洗涤 xǐdí
铣 xǐ
喜庆 xǐqìng
戏弄 xìnòng
戏谑 xìxuè
细胞核 xìbāohé
细腻 xìnì
匣 xiá
峡谷 xiágǔ
狭长 xiácháng
遐想 xiáxiǎng
辖区 xiáqū
霞 xiá
下跌 xiàdiē
下马 xiàmǎ
下台 xiàtái
吓人 xiàrén
仙鹤 xiānhè
仙女 xiānnǚ
先锋 xiānfēng
先例 xiānlì
先驱 xiānqū
纤细 xiānxì
掀 xiān
鲜嫩 xiānnèn
闲散 xiánsǎn
闲暇 xiánxiá
贤 xián
咸菜 xiáncài
涎 xián
娴熟 xiánshú
衔接 xiánjiē
舷窗 xiánchuāng
嫌弃 xiánqì
显赫 xiǎnhè
险峻 xiǎnjùn
现成 xiànchéng

限定 xiàndìng
宪兵 xiànbīng
陷阱 xiànjǐng
霰 xiàn
乡亲 xiāngqīn
乡镇 xiāngzhèn
相称 xiāngchèn
相处 xiāngchǔ
相得益彰 xiāngdé-yìzhāng
香蕉 xiāngjiāo
香水 xiāngshuǐ
厢房 xiāngfáng
镶嵌 xiāngqiàn
详尽 xiángjìn
祥 xiáng
翔 xiáng
享福 xiǎngfú
享乐 xiǎnglè
响动 xiǎngdòng
饷 xiǎng
想念 xiǎngniàn
向导 xiàngdǎo
向日葵 xiàngrìkuí
项链 xiàngliàn
巷 xiàng
相貌 xiàngmào
相片 xiàngpiàn
象形 xiàngxíng
像样 xiàngyàng
肖 xiāo
消磨 xiāomó
消遣 xiāoqiǎn
消瘦 xiāoshòu
萧条 xiāotiáo
硝烟 xiāoyān
销毁 xiāohuǐ
箫 xiāo
潇洒 xiāosǎ
嚣张 xiāozhāng
小吃 xiǎochī
小丑 xiǎochǒu
小偷 xiǎotōu
小腿 xiǎotuǐ
小夜曲 xiǎoyèqǔ
晓 xiǎo
孝敬 xiàojìng
孝子 xiàozǐ
肖像 xiàoxiàng
校舍 xiàoshè
哮喘 xiàochuǎn
笑脸 xiàoliǎn
效劳 xiàoláo
效用 xiàoyòng
啸 xiào
楔 xiē
歇脚 xiējiǎo
协和 xiéhé
协奏曲 xiézòuqǔ
邪路 xiélù
胁迫 xiépò
挟 xié
偕 xié
斜坡 xiépō
协调 xiétiáo
携手 xiéshǒu
写生 xiěshēng
泄漏 xièlòu
泄露 xièlòu
泻 xiè
卸 xiè
屑 xiè
械斗 xièdòu
亵渎 xièdú
谢绝 xièjué
心不在焉 xīnbùzàiyān
心悸 xīnjì
心坎 xīnkǎn
心旷神怡 xīnkuàng-shényí
心声 xīnshēng
芯 xīn
辛酸 xīnsuān
欣慰 xīnwèi
新潮 xīncháo
新郎 xīnláng
薪金 xīnjīn
信奉 xìnfèng
信函 xìnhán
信赖 xìnlài
兴办 xīngbàn
兴旺 xīngwàng
星辰 xīngchén
星座 xīngzuò
腥 xīng
刑场 xíngchǎng
刑侦 xíngzhēn
邢 Xíng
行船 xíngchuán
行径 xíngjìng
行医 xíngyī
型号 xínghào
醒悟 xǐngwù
兴高采烈 xìnggāo-cǎiliè
兴致 xìngzhì
杏仁 xìngrén
幸存 xìngcún
幸运 xìngyùn
性急 xìngjí
姓氏 xìngshì

凶残 xiōngcán
凶恶 xiōng'è
凶猛 xiōngměng
匈奴 Xiōngnú
汹涌 xiōngyǒng
胸襟 xiōngjīn
胸膛 xiōngtáng
胸有成竹 xiōngyǒuchéngzhú
雄辩 xióngbiàn
雄浑 xiónghún
熊猫 xióngmāo
休假 xiūjià
修缮 xiūshàn
修饰 xiūshì
修筑 xiūzhù
羞愧 xiūkuì
羞涩 xiūsè
朽 xiǔ
袖珍 xiùzhēn
绣花 xiùhuā
锈 xiù
嗅觉 xiùjué
戌 xū
须知 xūzhī
虚幻 xūhuàn
虚拟 xūnǐ
虚弱 xūruò
虚伪 xūwěi
嘘 xū
许久 xǔjiǔ
许诺 xǔnuò
旭日 xùrì
序幕 xùmù
序曲 xùqǔ
叙事 xùshì
畜牧 xùmù
绪 xù
续 xù
絮 xù
蓄积 xùjī
宣泄 xuānxiè
喧哗 xuānhuá
喧嚣 xuānxiāo
玄 xuán
悬浮 xuánfú
悬殊 xuánshū
旋即 xuánjí
旋涡 xuánwō
选民 xuǎnmín
选票 xuǎnpiào
癣 xuǎn
炫耀 xuànyào
绚丽 xuànlì
眩晕 xuànyùn
旋风 xuànfēng
渲染 xuànrǎn
削价 xuējià
靴 xuē
薛 Xuē
穴位 xuéwèi
学费 xuéfèi
学历 xuélì
雪茄 xuějiā
雪亮 xuěliàng
雪山 xuěshān
血汗 xuèhàn
血浆 xuèjiāng
血脉 xuèmài
血统 xuètǒng
血型 xuèxíng
勋章 xūnzhāng
熏陶 xūntáo
薰 xūn
循 xún
旬 xún
寻常 xúncháng
寻觅 xúnmì
巡警 xúnjǐng
巡逻 xúnluó
训斥 xùnchì
讯号 xùnhào
汛期 xùnqī
迅猛 xùnměng
驯服 xùnfú
驯养 xùnyǎng
逊色 xùnsè
压榨 yāzhà
押韵 yāyùn
牙龈 yáyín
蚜虫 yáchóng
崖 yá
哑 yǎ
雅致 yǎzhì
轧 yà
亚麻 yàmá
咽喉 yānhóu
殷红 yānhóng
烟尘 yānchén
烟斗 yāndǒu
焉 yān
淹没 yānmò
腌 yān
湮没 yānmò
燕 Yān
延期 yánqī
延误 yánwù
严惩 yánchéng
严谨 yánjǐn

言辞 yáncí
岩洞 yándòng
岩浆 yánjiāng
炎热 yánrè
沿途 yántú
沿线 yánxiàn
沿用 yányòng
研读 yándú
研讨 yántǎo
盐分 yánfèn
阎 Yán
筵席 yánxí
颜料 yánliào
檐 yán
俨然 yǎnrán
衍 yǎn
掩蔽 yǎnbì
掩映 yǎnyìng
眼睑 yǎnjiǎn
眼眶 yǎnkuàng
眼帘 yǎnlián
眼窝 yǎnwō
演技 yǎnjì
演算 yǎnsuàn
演戏 yǎnxì
厌烦 yànfán
厌倦 yànjuàn
砚 yàn
艳丽 yànlì
宴席 yànxí
验收 yànshōu
谚语 yànyǔ
堰 yàn
雁 yàn
焰 yàn
燕麦 yànmài

央求 yāngqiú
秧田 yāngtián
扬言 yángyán
阳台 yángtái
杨柳 yángliǔ
佯 yáng
洋葱 yángcōng
洋溢 yángyì
仰慕 yǎngmù
养老 yǎnglǎo
养育 yǎngyù
痒 yǎng
样板 yàngbǎn
漾 yàng
夭折 yāozhé
要挟 yāoxié
邀 yāo
尧 Yáo
姚 Yáo
窑洞 yáodòng
谣言 yáoyán
摇篮 yáolán
摇曳 yáoyè
徭役 yáoyì
舀 yǎo
药材 yàocái
药方 yàofāng
要点 yàodiǎn
要好 yàohǎo
要领 yàolǐng
耀眼 yàoyǎn
掖 yē
噎 yē
冶 yě
野菜 yěcài
野心 yěxīn

业绩 yèjì
叶绿素 yèlǜsù
曳 yè
夜班 yèbān
夜校 yèxiào
掖 yè
液晶 yèjīng
腋 yè
一筹莫展 yīchóu-mòzhǎn
一帆风顺 yīfān-fēngshùn
一概 yīgài
一目了然 yīmù-liǎorán
一瞥 yīpiē
一丝不苟 yīsī-bùgǒu
伊 yī
衣料 yīliào
衣着 yīzhuó
医治 yīzhì
依恋 yīliàn
休佃 xiūdiàn
仪表 yíbiǎo
夷 yí
宜人 yírén
贻误 yíwù
胰岛素 yídǎosù
移交 yíjiāo
遗迹 yíjì
遗漏 yílòu
遗失 yíshī
疑虑 yílǜ
疑心 yíxīn
已往 yǐwǎng
倚靠 yǐkào
艺人 yìrén
忆 yì
议程 yìchéng

议题 yìtí
屹立 yìlì
异化 yìhuà
异同 yìtóng
异性 yìxìng
异议 yìyì
抑或 yìhuò
抑扬顿挫 yìyáng-dùncuò
抑郁 yìyù
邑 yì
役使 yìshǐ
译文 yìwén
驿站 yìzhàn
疫苗 yìmiáo
逸 yì
翌日 yìrì
意料 yìliào
意向 yìxiàng
意愿 yìyuàn
溢 yì
毅力 yìlì
臆造 yìzào
因袭 yīnxí
阴沉 yīnchén
阴冷 yīnlěng
阴霾 yīnmái
阴森 yīnsēn
音标 yīnbiāo
音符 yīnfú
音量 yīnliàng
音讯 yīnxùn
姻缘 yīnyuán
殷切 yīnqiè
吟 yín
银杏 yínxìng
淫秽 yínhuì
寅 yín
尹 yǐn
引擎 yǐnqíng
引申 yǐnshēn
引诱 yǐnyòu
饮料 yǐnliào
隐患 yǐnhuàn
隐瞒 yǐnmán
瘾 yǐn
印发 yìnfā
印染 yìnrǎn
印行 yìnxíng
荫庇 yìnbì
应届 yīngjiè
英俊 yīngjùn
英明 yīngmíng
婴 yīng
樱花 yīnghuā
鹦鹉 yīngwǔ
膺 yīng
迎风 yíngfēng
迎头 yíngtóu
荧屏 yíngpíng
盈亏 yíngkuī
萤 yíng
营垒 yínglěi
萦绕 yíngrào
蝇 yíng
赢利 yínglì
影射 yǐngshè
应对 yìngduì
应邀 yìngyāo
映照 yìngzhào
硬度 yìngdù
硬性 yìngxìng
拥戴 yōngdài
痈 yōng
庸俗 yōngsú
壅 yōng
臃肿 yōngzhǒng
永生 yǒngshēng
甬道 yǒngdào
咏叹调 yǒngtàndiào
勇猛 yǒngměng
蛹 yǒng
踊跃 yǒngyuè
用场 yòngchǎng
用劲 yòngjìn
用具 yòngjù
佣金 yòngjīn
优待 yōudài
优厚 yōuhòu
优胜 yōushèng
忧虑 yōulǜ
幽暗 yōu'àn
幽灵 yōulíng
悠闲 yōuxián
悠扬 yōuyáng
由衷 yóuzhōng
邮寄 yóujì
邮政 yóuzhèng
犹疑 yóuyí
油井 yóujǐng
油墨 yóumò
油腻 yóunì
油漆 yóuqī
游荡 yóudàng
游客 yóukè
友邦 yǒubāng
友情 yǒuqíng
有的放矢 yǒudì-fàngshǐ
有形 yǒuxíng

有幸 yǒuxìng
酉 yǒu
黝黑 yǒuhēi
右倾 yòuqīng
幼儿园 yòu'éryuán
幼稚 yòuzhì
诱惑 yòuhuò
釉 yòu
迂回 yūhuí
淤泥 yūní
余粮 yúliáng
鱼鳞 yúlín
渔网 yúwǎng
俞 yú
渔村 yúcūn
隅 yú
逾期 yúqī
愉悦 yúyuè
榆 yú
虞 yú
愚昧 yúmèi
与日俱增 yǔrì-jùzēng
宇航 yǔháng
羽毛球 yǔmáoqiú
雨季 yǔjì
雨伞 yǔsǎn
禹 yǔ
语重心长 yǔzhòng-xīncháng
与会 yùhuì
郁闷 yùmèn
育才 yùcái
狱 yù
浴场 yùchǎng
浴室 yùshì
预兆 yùzhào
欲念 yùniàn
谕 yù
遇难 yùnàn
喻 yù
愈合 yùhé
寓所 yùsuǒ
寓言 yùyán
豫 yù
御 yù
誉 yù
渊博 yuānbó
元旦 Yuándàn
元首 yuánshǒu
元宵 yuánxiāo
园丁 yuándīng
园艺 yuányì
垣 yuán
原稿 yuángǎo
原型 yuánxíng
原野 yuányě
圆场 yuánchǎng
圆圈 yuánquān
圆舞曲 yuánwǔqǔ
圆桌 yuánzhuō
援兵 yuánbīng
缘由 yuányóu
猿猴 yuánhóu
源头 yuántóu
远航 yuǎnháng
远近 yuǎnjìn
苑 yuàn
怨恨 yuànhèn
院落 yuànluò
约定 yuēdìng
约会 yuēhuì
月色 yuèsè
乐谱 yuèpǔ
乐团 yuètuán
岳母 yuèmǔ
阅兵 yuèbīng
阅历 yuèlì
悦耳 yuè'ěr
越轨 yuèguǐ
晕 yūn
云端 yúnduān
云集 yúnjí
允 yǔn
陨石 yǔnshí
运筹 yùnchóu
运载 yùnzài
晕 yùn
酝酿 yùnniàng
韵味 yùnwèi
蕴含 yùnhán
蕴涵 yùnhán
咂 zā
杂费 záfèi
杂技 zájì
杂粮 záliáng
杂事 záshì
灾荒 zāihuāng
灾祸 zāihuò
哉 zāi
栽植 zāizhí
栽种 zāizhòng
宰相 zǎixiàng
崽 zǎi
再会 zàihuì
在行 zàiháng
在职 zàizhí
在座 zàizuò
载体 zàitǐ
攒 zǎn

暂且 zànqiě
赞赏 zànshǎng
赞颂 zànsòng
赞许 zànxǔ
脏腑 zàngfǔ
葬送 zàngsòng
遭殃 zāoyāng
凿 záo
早春 zǎochūn
早点 zǎodiǎn
早熟 zǎoshú
枣 zǎo
澡 zǎo
造福 zàofú
造句 zàojù
造诣 zàoyì
噪声 zàoshēng
燥 zào
躁 zào
责怪 zéguài
责令 zélìng
责骂 zémà
择优 zéyōu
泽 zé
仄 zè
增生 zēngshēng
增收 zēngshōu
增援 zēngyuán
增值 zēngzhí
憎恨 zēnghèn
憎恶 zēngwù
赠送 zèngsòng
扎根 zhāgēn
轧 zhá
闸门 zhámén
铡 zhá
眨眼 zhǎyǎn
乍 zhà
诈骗 zhàpiàn
榨取 zhàqǔ
蚱蜢 zhàměng
摘除 zhāichú
斋 zhāi
宅 zhái
择菜 zháicài
债券 zhàiquàn
占卜 zhānbǔ
沾染 zhānrǎn
粘连 zhānlián
毡 zhān
瞻仰 zhānyǎng
斩 zhǎn
辗转 zhǎnzhuǎn
战俘 zhànfú
战壕 zhànháo
站岗 zhàngǎng
蘸 zhàn
张贴 zhāngtiē
章节 zhāngjié
樟脑 zhāngnǎo
长辈 zhǎngbèi
长者 zhǎngzhě
涨潮 zhǎngcháo
掌舵 zhǎngduò
掌管 zhǎngguǎn
掌心 zhǎngxīn
障 zhàng
丈量 zhàngliáng
杖 zhàng
账本 zhàngběn
招标 zhāobiāo
招募 zhāomù
招致 zhāozhì
昭 zhāo
朝气 zhāoqì
朝夕 zhāoxī
着火 zháohuǒ
着迷 zháomí
爪牙 zhǎoyá
找寻 zhǎoxún
沼气 zhǎoqì
召唤 zhàohuàn
召见 zhàojiàn
兆 zhào
诏书 zhàoshū
照办 zhàobàn
照旧 zhàojiù
照料 zhàoliào
罩 zhào
肇事 zhàoshì
遮蔽 zhēbì
遮盖 zhēgài
遮掩 zhēyǎn
折叠 zhédié
折扣 zhékòu
哲人 zhérén
辙 zhé
褶皱 zhězhòu
浙 Zhè
蔗糖 zhètáng
贞操 zhēncāo
侦探 zhēntàn
珍藏 zhēncáng
珍品 zhēnpǐn
珍稀 zhēnxī
真迹 zhēnjì
真切 zhēnqiè
真挚 zhēnzhì

砧 zhēn
斟酌 zhēnzhuó
臻 zhēn
诊所 zhěnsuǒ
枕 zhěn
阵营 zhènyíng
振作 zhènzuò
朕 zhèn
震颤 zhènchàn
震耳欲聋 zhèn'ěr-yùlóng
震撼 zhènhàn
镇定 zhèndìng
正月 zhēngyuè
争辩 zhēngbiàn
争吵 zhēngchǎo
争光 zhēngguāng
争气 zhēngqì
征购 zhēnggòu
征途 zhēngtú
症结 zhēngjié
蒸馏水 zhēngliúshuǐ
蒸腾 zhēngténg
拯救 zhěngjiù
整编 zhěngbiān
整形 zhěngxíng
整修 zhěngxiū
正中 zhèngzhōng
正宗 zhèngzōng
证券 zhèngquàn
郑重 zhèngzhòng
政变 zhèngbiàn
政论 zhènglùn
支架 zhījià
支票 zhīpiào
只身 zhīshēn
汁液 zhīyè
知了 zhīliǎo
知心 zhīxīn
肢体 zhītǐ
脂粉 zhīfěn
执拗 zhíniù
执政 zhízhèng
执着 zhízhuó
直播 zhíbō
直爽 zhíshuǎng
侄 zhí
值勤 zhíqín
值日 zhírì
职称 zhíchēng
植被 zhíbèi
只管 zhǐguǎn
旨意 zhǐyì
址 zhǐ
纸浆 zhǐjiāng
指控 zhǐkòng
指南针 zhǐnánzhēn
指引 zhǐyǐn
趾 zhǐ
至上 zhìshàng
志趣 zhìqù
志愿军 zhìyuànjūn
帜 zhì
制裁 zhìcái
质朴 zhìpǔ
质问 zhìwèn
炙 zhì
治水 zhìshuǐ
致敬 zhìjìng
致意 zhìyì
桎梏 zhìgù
掷 zhì
窒息 zhìxī
滞销 zhìxiāo
置换 zhìhuàn
稚嫩 zhìnèn
中间人 zhōngjiānrén
中秋 zhōngqiū
中庸 zhōngyōng
中转 zhōngzhuǎn
忠厚 zhōnghòu
忠贞 zhōngzhēn
终归 zhōngguī
终结 zhōngjié
终了 zhōngliǎo
盅 zhōng
钟点 zhōngdiǎn
衷心 zhōngxīn
肿胀 zhǒngzhàng
种姓 zhǒngxìng
冢 zhǒng
中风 zhòngfēng
中意 zhòngyì
仲裁 zhòngcái
众生 zhòngshēng
种田 zhòngtián
重担 zhòngdàn
重任 zhòngrèn
重用 zhòngyòng
舟 zhōu
洲 zhōu
周而复始 zhōu'érfùshǐ
周末 zhōumò
周旋 zhōuxuán
周折 zhōuzhé
粥 zhōu
轴线 zhóuxiàn
肘 zhǒu
咒骂 zhòumà

昼 zhòu
皱纹 zhòuwén
骤然 zhòurán
诛 zhū
珠宝 zhūbǎo
株连 zhūlián
诸侯 zhūhóu
诸如此类 zhūrú-cǐlèi
蛛网 zhūwǎng
竹竿 zhúgān
烛 zhú
主干 zhǔgàn
主攻 zhǔgōng
主顾 zhǔgù
主角 zhǔjué
主人翁 zhǔrénwēng
主宰 zhǔzǎi
拄 zhǔ
嘱托 zhǔtuō
伫立 zhùlì
助教 zhùjiào
助长 zhùzhǎng
住宿 zhùsù
住址 zhùzhǐ
贮备 zhùbèi
注定 zhùdìng
注目 zhùmù
注释 zhùshì
驻防 zhùfáng
驻守 zhùshǒu
驻扎 zhùzhā
著称 zhùchēng
著述 zhùshù
蛀 zhù
铸造 zhùzào
抓获 zhuāhuò

爪 zhuǎ
拽 zhuài
专长 zhuāncháng
专程 zhuānchéng
专横 zhuānhèng
专栏 zhuānlán
砖头 zhuāntóu
转播 zhuǎnbō
转告 zhuǎngào
转交 zhuǎnjiāo
转让 zhuǎnràng
转脸 zhuǎnliǎn
转瞬 zhuǎnshùn
转折 zhuǎnzhé
传记 zhuànjì
转轴 zhuànzhóu
撰写 zhuànxiě
篆刻 zhuànkè
妆 zhuāng
庄园 zhuāngyuán
装扮 zhuāngbàn
装潢 zhuānghuáng
装束 zhuāngshù
壮观 zhuàngguān
壮举 zhuàngjǔ
撞击 zhuàngjī
追捕 zhuībǔ
追溯 zhuīsù
追踪 zhuīzōng
椎 zhuī
锥 zhuī
坠落 zhuìluò
缀 zhuì
赘述 zhuìshù
准时 zhǔnshí
准许 zhǔnxǔ

拙 zhuō
灼热 zhuórè
茁壮 zhuózhuàng
卓著 zhuózhù
浊 zhuó
酌 zhuó
啄 zhuó
着力 zhuólì
着落 zhuóluò
着眼 zhuóyǎn
姿 zī
兹 zī
资历 zīlì
滋润 zīrùn
滋长 zīzhǎng
籽 zǐ
紫外线 zǐwàixiàn
自卑 zìbēi
自给 zìjǐ
自尽 zìjìn
自满 zìmǎn
自始至终 zìshǐ-zhìzhōng
自私 zìsī
自以为是 zìyǐwéishì
自重 zìzhòng
字条 zìtiáo
字义 zìyì
渍 zì
宗派 zōngpài
棕榈 zōnglǘ
踪迹 zōngjì
踪影 zōngyǐng
鬃 zōng
总称 zǒngchēng
总得 zǒngděi
总共 zǒnggòng

总计 zǒngjì
纵横 zònghéng
纵容 zòngróng
纵使 zòngshǐ
走访 zǒufǎng
走私 zǒusī
奏鸣曲 zòumíngqǔ
奏效 zòuxiào
揍 zòu
租借 zūjiè
租赁 zūlìn
租用 zūyòng
足迹 zújì
足见 zújiàn
卒 zú
诅咒 zǔzhòu
阻隔 zǔgé
阻拦 zǔlán
阻塞 zǔsè
组装 zǔzhuāng
祖传 zǔchuán
钻探 zuāntàn
钻头 zuàntóu
攥 zuàn
嘴脸 zuǐliǎn
罪孽 zuìniè
罪状 zuìzhuàng
醉人 zuìrén
尊称 zūnchēng
尊贵 zūnguì
遵从 zūncóng
遵照 zūnzhào
左翼 zuǒyì
佐 zuǒ
撮 zuǒ
作恶 zuò'è
作怪 zuòguài
做客 zuòkè
作祟 zuòsuì
坐落 zuòluò
坐舱 zuòcāng
座谈 zuòtán
做戏 zuòxì

附录 2　普通话水平测试用必读轻声词表

一、助词和语气词

似的　懒得　为了　除了

二、量词"个"

这个

三、方位名词和趋向动词

后头　里头　前头　上头　晚上　早上　乡下

四、叠音词

舅舅　姥姥　婆婆　娃娃　爸爸　弟弟　姑姑　哥哥　姐姐
妈妈　妹妹　奶奶　叔叔　太太　谢谢　星星　爷爷　老太太
猩猩

五、称呼人的名词

裁缝　弟兄　寡妇　闺女　伙计　家伙　老婆　老爷　特务
爱人　大夫　姑娘　护士　朋友　师傅　兄弟　先生　学生
丈夫　财主　道士　干事　姐夫　奴才　女婿　师父　少爷
上司　秀才　哑巴　祖宗　丈人　状元　大爷　东家　对头
废物　公公　怪物　皇上　老子　媒人　媳妇　老头子

六、称呼物的名词

苍蝇　灯笼　风筝　甘蔗　高粱　烧饼　核桃　骆驼　牲口
唾沫　相声　钥匙　招牌　芝麻　点心　豆腐　萝卜　月亮
庄稼　簸箕　棒槌　扁担　刺猬　柴火　膏药　胡琴　蛤蟆
戒指　嫁妆　口袋　疟疾　铺盖　牌楼　石榴　首饰　扫帚
衙门　烟筒　胭脂　秧歌　月饼　作坊　帐篷　栅栏　胡萝卜

七、称呼身体器官的名词

脊梁　眉毛　屁股　嘴巴　指甲　指头　耳朵　骨头　胳膊

脑袋　舌头　头发　尾巴　眼睛　下巴

八、联绵词

疙瘩　窟窿　篱笆　喇叭　蘑菇　嘟囔　吆喝　张罗

九、联合结构的合成词

动静　叫唤　衣裳　窗户　东西　关系　告诉　名字　买卖
热闹　认识　收拾　喜欢　学问　衣服　知识　拨弄　算计
挑剔　稀罕

十、常见的词缀和类似词缀的词尾

多么　什么　那么　这么　怎么　你们　人们　他们　她们
它们　我们　咱们　跟头　念头　拳头　枕头　罐头　码头
馒头　木头　石头　锄头　浪头　丫头　妥当　稳当　行当
福气　运气　客气　力气　脾气　阔气　秀气　小气　帮手
铁匠　扎实　结实　老实　壮实　爽快　凉快　勤快　木匠
石匠　含糊　迷糊　模糊　娘家　婆家　亲家　折腾　部分
养活　暖和　快活　忙活　记性　白净　转悠　工夫　功夫
凑合　在乎　把子　班子　鞭子　辫子　步子　村子　绸子
尺子　窗子　带子　钉子　笛子　胆子　担子　稻子　凳子
豆子　缎子　肚子　蛾子　贩子　疯子　斧子　份子　杆子
格子　鸽子　钩子　盖子　柜子　根子　弓子　锅子　果子
棍子　鬼子　稿子　谷子　架子　夹子　尖子　口子　篮子
笼子　帘子　两口子　林子　翎子　聋子　炉子　路子　轮子
骡子　栗子　领子　面子　麻子　拍子　牌子　盆子　胖子
圈子　曲子　钳子　茄子　身子　婶子　虱子　梳子　扇子
傻子　孙子　条子　亭子　头子　蚊子　靴子　小子　袖子
燕子　鸭子　柚子　珠子　镇子　庄子　侄子　爪子　柱子
一辈子　包子　杯子　被子　本子　鼻子　脖子　虫子　刀子
肚子　儿子　房子　个子　孩子　猴子　橘子　句子　镜子
饺子　裤子　筷子　例子　帽子　脑子　瓶子　盘子　旗子
裙子　日子　沙子　狮子　勺子　绳子　嗓子　嫂子　兔子
毯子　屋子　袜子　箱子　样子　叶子　院子　椅子　影子
桌子　种子　竹子　句子　小伙子　案子　板子　梆子　膀子
棒子　把子　饼子　豹子　车子　肠子　场子　厂子　池子
锤子　袋子　调子　单子　底子　杆子　杠子　褂子　罐子

汉子	盒子	幌子	金子	剪子	茧子	毽子	卷子	轿子
空子	扣子	框子	料子	麦子	镊子	骗子	片子	票子
皮子	痞子	狍子	棚子	褥子	塞子	哨子	柿子	桃子
梯子	台子	坛子	蹄子	摊子	挑子	位子	瞎子	席子
匣子	性子	银子	椰子	寨子	帐子	主子	锥子	粽子
不由得	不在乎							

十一、习惯读轻声的词

巴掌	包涵	比方	别扭	称呼	打发	打量	大方	打算
耽误	地道	地方	动弹	规矩	机灵	街坊	记号	见识
明白	欺负	人家	收成	疏忽	岁数	心思	委屈	冤枉
云彩	应酬	琢磨	本事	答应	打扮	打听	队伍	对付
故事	糊涂	活泼	合同	咳嗽	困难	粮食	麻烦	马虎
便宜	漂亮	亲戚	清楚	生意	舒服	时候	事情	商量
位置	休息	消息	笑话	行李	意思	主意	招呼	补丁
差事	畜生	耷拉	打点	提防	官司	火候	厚道	架势
将就	交情	累赘	厉害	利索	利落	麻利	眯缝	苗条
名堂	难为	能耐	念叨	盘算	舒坦	拾掇	使唤	思量
吓唬	字号	眨巴	红火	精神	痢疾	连累	溜达	冒失
门道	苗头	晌午	烧饼	实在	世故	跳蚤	挖苦	自在

附录 3　普通话水平测试用儿化词语表

一、韵母末尾音素是元音 a、o、e、ê 、u 的，儿化时在原韵母后直接加卷舌动作

a>ar	刀把儿 dāobàr	号码儿 hàomǎr
	戏法儿 xìfǎr	在哪儿 zàinǎr
	找碴儿 zhǎochár	打杂儿 dǎzár
	板擦儿 bǎncār	
ia>iar	掉价儿 diàojiàr	一下儿 yīxiàr
	豆芽儿 dòuyár	
ua>uar	脑瓜儿 nǎoguār	大褂儿 dàguàr
	麻花儿 máhuār	笑话儿 xiàohuar
	牙刷儿 yáshuār	
ie>ier	半截儿 bànjiér	小鞋儿 xiǎoxiér
üe>üer	旦角儿 dànjuér	主角儿 zhǔjuér
e>er	模特儿 mótèr	逗乐儿 dòulèr
	唱歌儿 chànggēr	挨个儿 āigèr
	打嗝儿 dǎgér	饭盒儿 fànhér
	在这儿 zàizhèr	
u>ur	碎步儿 suìbùr	没谱儿 méipǔr
	儿媳妇儿 érxífur	梨核儿 líhúr
	泪珠儿 lèizhūr	有数儿 yǒushùr
ao>aor	红包儿 hóngbāor	灯泡儿 dēngpàor
	半道儿 bàndàor	手套儿 shǒutàor
	跳高儿 tiàogāor	叫好儿 jiàohǎor
	口罩儿 kǒuzhàor	绝着儿 juézhāor
	口哨儿 kǒushàor	蜜枣儿 mìzǎor
iao>iaor	鱼漂儿 yúpiāor	火苗儿 huǒmiáor
	跑调儿 pǎodiàor	面条儿 miàntiáor
	豆角儿 dòujiǎor	开窍儿 kāiqiàor
ou>our	衣兜儿 yīdōur	老头儿 lǎotóur
	年头儿 niántóur	小偷儿 xiǎotōur
	门口儿 ménkǒur	纽扣儿 niǔkòur

	线轴儿 xiànzhóur	小丑儿 xiǎochǒur
	加油儿 jiāyóur	
iou>iour	顶牛儿 dǐngniúr	抓阄儿 zhuājiūr
	棉球儿 miánqiúr	
uo>uor	火锅儿 huǒguōr	做活儿 zuòhuór
	大伙儿 dàhuǒr	邮戳儿 yóuchuōr
	小说儿 xiǎoshuōr	被窝儿 bèiwōr
(o)>or	耳膜儿 ěrmór	粉末儿 fěnmòr

二、韵母主要元音是 i、ü 的，儿化时在原韵母后面加 er

i>i:er	针鼻儿 zhēnbír	垫底儿 diàndǐr
	肚脐儿 dùqír	玩意儿 wányìr
ü>ü:er	毛驴儿 máolǘr	小曲儿 xiǎoqǔr
	痰盂儿 tányúr	

三、韵母的韵尾是 i、n 的(in、ün 除外)，儿化时丢掉韵尾在主要元音上加卷舌动作

ai>ar	名牌 míngpáir	鞋带儿 xiédàir
	壶盖儿 húgàir	小孩儿 xiǎoháir
	加塞儿 jiāsāir	
an>ar	快板儿 kuàibǎnr	老伴儿 lǎobànr
	蒜瓣儿 suànbànr	脸盘儿 liǎnpánr
	脸蛋儿 liǎndànr	收摊儿 shōutānr
	栅栏儿 zhàlanr	包干儿 bāogānr
	笔杆儿 bǐgǎnr	门槛儿 ménkǎnr
ian>iar	小辫儿 xiǎobiànr	照片儿 zhàopiānr
	扇面儿 shànmiànr	差点儿 chàdiǎnr
	一点儿 yīdiǎnr	雨点儿 yǔdiǎnr
	聊天儿 liáotiānr	拉链儿 lāliànr
	冒尖儿 màojiānr	坎肩儿 kǎnjiānr
	牙签儿 yáqiānr	露馅儿 lòuxiànr
	心眼儿 xīnyǎnr	
uai>uar	一块儿 yīkuàir	
uan>uar	茶馆儿 cháguǎnr	饭馆儿 fànguǎnr
	火罐儿 huǒguànr	落款儿 luòkuǎnr
	打转儿 dǎzhuànr	

	好玩儿 hǎowánr	大腕儿 dàwàr
üan>üar	烟卷儿 yānjuǎnr	手绢儿 shǒujuànr
	出圈儿 chūquānr	包圆儿 bāoyuánr
	人缘儿 rényuánr	绕远儿 ràoyuǎnr
	杂院儿 záyuànr	
ei>er	刀背儿 dāobèir	摸黑儿 mōhēir
en>er	老本儿 lǎoběnr	花盆儿 huāpénr
	嗓门儿 sǎngménr	把门儿 bǎménr
	哥们儿 gēmenr	纳闷儿 nàmènr
	后跟儿 hòugēnr	高跟儿鞋 gāogēnrxié
	别针儿 biézhēnr	一阵儿 yīzhènr
	走神儿 zǒushénr	大婶儿 dàshěnr
	小人儿书 xiǎorénrshū	杏仁儿 xìngrénr
	刀刃儿 dāorènr	份儿 fènr
uei>uer	跑腿儿 pǎotuǐr	一会儿 yīhuìr
	耳垂儿 ěrchuír	墨水儿 mòshuǐr
	围嘴儿 wéizuǐr	走味儿 zǒuwèir
uen>uer	打盹儿 dǎdǔnr	胖墩儿 pàngdūnr
	砂轮儿 shālúnr	冰棍儿 bīnggùnr
	没准儿 méizhǔnr	开春儿 kāichūnr

四、韵尾是 ng 的(ing 除外),儿化时丢掉韵尾 ng,并将前面的元音鼻化加卷舌动作

ang>ar(鼻化)	药方儿 yàofāngr	赶趟儿 gǎntàngr
	香肠儿 xiāngchángr	瓜瓤儿 guārángr
iang>iar(鼻化)	鼻梁儿 bíliángr	透亮儿 tòuliàngr
	花样儿 huāyàngr	
uang>uar(鼻化)	蛋黄儿 dànhuángr	打晃儿 dǎhuàngr
	天窗儿 tiānchuāngr	
eng>er(鼻化)	钢镚儿 gāngbèngr	夹缝儿 jiāfèngr
	脖颈儿 bógěngr	提成儿 tíchéngr
ueng>uer(鼻化)	小瓮儿 xiǎowèngr	
ong>or(鼻化)	果冻儿 guǒdòngr	门洞儿 méndòngr
	胡同儿 hútòngr	抽空儿 chōukòngr
	酒盅儿 jiǔzhōngr	小葱儿 xiǎocōngr
iong>ior(鼻化)	小熊儿 xiǎoxióngr	

五、韵母是 in、ün 的，儿化时丢掉韵尾 n，在 i、ü 等主要元音后加 er

in>i：er	有劲儿 yǒujìnr	送信儿 sòngxìnr
	脚印儿 jiǎoyìnr	
ün>ü：er	合群儿 héqúnr	

六、韵母是 ing 的，儿化时丢掉韵尾加 er，并将前面的元音鼻化

ing>i：er（鼻化）	花瓶儿 huāpíngr	打鸣儿 dǎmíngr
	图钉儿 túdīngr	门铃儿 ménlíngr
	眼镜儿 yǎnjìngr	蛋清儿 dànqīngr
	火星儿 huǒxīngr	人影儿 rényǐngr
	杏儿 xìngr	

七、韵母是舌尖前元音-i（前）和舌尖后元音-i（后）的，去掉韵母加 er

-i（前）>er	瓜子儿 guāzǐr	石子儿 shízǐr
	没词儿 méicír	挑刺儿 tiāocìr
-i（后）>er	墨汁儿 mòzhīr	锯齿儿 jùchǐr
	记事儿 jìshìr	

附录4　普通话水平测试用朗读作品50篇

朗读说明

(1)朗读作品共50篇,供普通话水平测试第四项——朗读短文测试使用。为适应测试需要,必要时对原作品做了部分更动。

(2)每篇作品在第400个音节后用“//”标注。

(3)为适应朗读的需要,作品中的数字一律采用汉字的书写方式书写,如“2000年”写作“二〇〇〇年”;“50%”写作“百分之五十”。

(4)加注的汉语接单原则上依据《汉语拼音词法基本规则》拼写。

(5)拼音一般只标本调,不标变调。

(6)作品中的必读轻声音节,拼音不标调号。一般轻读,间或重读的音节,拼音加注调号,并在拼音前加圆点提示,如:“因为”,拼音写作“yīn·wèi”。

(7)作品中的儿化音节分两种情况。一是书面上加“儿”,但口语里一般儿化的音节,拼音时也在基本形式后加r,如:“辣味”,拼音写作“làwèir”。

作品 1 号

照北京的老规矩[1]，春节差不多在腊月的初旬就开始了。“腊七腊八，冻死寒鸦”，这是一年里最冷的时候。在腊八这天，家家都熬腊八粥。粥是用各种米，各种豆，与各种干果熬成的。这不是粥，而是小型的农业展览会。

除此之外，这一天还要泡腊八蒜。把蒜瓣[2]放进[3]醋里，封起来，为过年吃饺子用。到年底，蒜泡得色如翡翠，醋也有了些辣味[4]，色味双美，使人忍不住要多吃几个饺子。在北京，过年时，家家吃饺子。

孩子们准备过年，第一件大事就是买杂拌儿[5]。这是用花生、胶枣、榛子[6]、栗子等干果与蜜饯[7]掺和[8]成的。孩子们喜欢吃这些零七八碎儿[9]。第二件大事是买爆竹[10]，特别是男孩子们。恐怕第三件事才是买各种玩意儿[11]——风筝[12]、空竹、口琴等。

孩子们欢喜，大人们也忙乱。他们必须预备过年吃的、喝的、穿的、用的，好在新年时显出万象更新的气象。

腊月二十三过小年，差不多就是过春节的“彩排”。天一擦黑儿[13]，鞭炮响起来，便有了过年的味道。这一天，是要吃糖的，街上早有好多卖麦芽糖与江米糖的，糖形或为长方块[14]或为瓜形，又甜又黏[15]，小孩子们最喜欢。

过了二十三，大家更忙。必须大扫除一次，还要把肉、鸡、鱼、青菜、年糕什么的都预备充足——店//铺多数正月初一到初五关门，到正月初六才开张。

节选自老舍《北京的春天》

示范音频

语音提示

1. 规矩　guīju
2. 蒜瓣　suànbànr
3. 放进　fàngjìn
4. 辣味　làwèir
5. 杂拌儿　zábànr
6. 榛子　zhēnzi
7. 蜜饯　mìjiàn
8. 掺和　chānhuo
9. 零七八碎儿　língqī-bāsuìr
10. 爆竹　bàozhú
11. 玩意儿　wányìr
12. 风筝　fēngzheng
13. 擦黑儿　cāhēir
14. 长方块　chángfāngkuāir
15. 又甜又黏　yòu tián yòu nián

作品 2 号

盼望[1]着，盼望着，东风来了，春天的脚步近了。

一切都像刚睡醒的样子，欣欣然张开了眼。山朗润起来了，水涨起来了，太阳的脸红起来了。

小草偷偷地从土里钻出来，嫩嫩的，绿绿的。园子里，田野里，瞧去，一大片一大片满是的。坐着，躺着，打两个滚[2]，踢几脚球[3]，赛几趟跑，捉几回迷藏。风轻悄悄的，草软绵绵的。

……

“吹面不寒杨柳风”，不错的，像母亲的手抚摸着你。风里带来些新翻的泥土的气息，混着青草味儿[4]，还有各种花的香，都在微微湿润的空气里酝酿[5]。鸟儿[6]将巢安在繁花绿叶[7]当中，高兴起来了，呼朋引伴地卖弄清脆的喉咙，唱出宛转[8]的曲子，跟轻风流水应和着。牛背上牧童的短笛，这时候也成天嘹亮地响着。

雨是最寻常的，一下就是三两天。可别恼。看，像牛毛，像花针，像细丝，密密地斜织着，人家屋顶上全笼着一层薄烟[9]。树叶儿却绿得发亮，小草儿也青得逼你的眼。傍晚时候，上灯了，一点点黄晕[10]的光，烘托出一片安静而和平的夜。在乡下[11]，小路上，石桥边，有撑起伞慢慢走着的人，地里还有工作的农民，披着蓑戴着笠。他们的房屋，稀稀疏疏的，在雨里静默着。

天上风筝[12]渐渐多了，地上孩子也多了。城里乡下，家家户户，老老小小，//也赶趟儿似的，一个个都出来了。舒活舒活筋骨，抖擞抖擞精神，各做各的一份儿事去。“一年之计在于春”，刚起头儿，有的是工夫，有的是希望。

春天像刚落地的娃娃，从头到脚都是新的，它生长着。

春天像小姑娘，花枝招展的，笑着，走着。

春天像健壮的青年，有铁一般的胳膊和腰脚，领着我们上前去。

节选自朱自清《春》

示范音频

语音提示

1. 盼望　pànwàng
2. 打两个滚　dǎ liǎng gè gǔnr
3. 踢几脚球　tī jǐ jiǎo qiúr
4. 青草味儿　qīngcǎo wèir
5. 酝酿　yùnniàng
6. 鸟儿　niǎo'ér
7. 繁花绿叶　fánhuā-lǜyè
8. 宛转　wǎnzhuǎn
9. 薄烟　bóyān
10. 黄晕　huángyùn
11. 乡下　xiāngxia
12. 风筝　fēngzheng

作品 3 号

燕子去了，有再来的时候；杨柳枯了，有再青的时候；桃花谢了，有再开的时候。但是，聪明的，你告诉我，我们的日子为什么一去不复返呢？——是有人偷了他们罢：那是谁？又藏在何处呢？是他们自己逃走了罢：现在又到了哪里呢？

去的尽管[1]去了，来的尽管来着；去来的中间，又怎样地匆匆呢？早上我起来的时候，小屋里射进两三方斜斜的太阳。太阳他有脚啊，轻轻悄悄[2]地挪移[3]了；我也茫茫然[4]跟着旋转[5]。于是——洗手的时候，日子从水盆里过去；吃饭的时候，日子从饭碗里过去；默默时，便从凝然[6]的双眼前过去。我觉察他去的匆匆了，伸出手遮挽时，他又从遮挽[7]着的手边过去，天黑时，我躺在床上，他便伶伶俐俐[8]地从我身上跨过，从我脚边飞去了。等我睁开眼和太阳再见，这算又溜走了一日。我掩着面叹息，但是新来的日子的影儿[9]又开始在叹息里闪过了。

在逃去如飞的日子里，在千门万户的世界里的我能做些什么呢？只有徘徊[10]罢了，只有匆匆罢了；在八千多日的匆匆里，除徘徊外，又剩些什么呢？过去的日子如轻烟，被微风吹散了，如薄雾[11]，被初阳蒸融[12]了；我留着些什么痕迹[13]呢？我何曾留着像游丝样的痕迹呢？我赤裸裸[14]来//到这世界，转眼间也将赤裸裸的回去罢？但不能平的，为什么偏白白走这一遭啊？

你聪明的，告诉我，我们的日子为什么一去不复返呢？

节选自朱自清《匆匆》

示范音频

语音提示

1. 尽管　jǐnguǎn
2. 轻轻悄悄　qīngqīngqiāoqiāo
3. 挪移　nuóyí
4. 茫茫然　mángmángrán
5. 旋转　xuánzhuǎn
6. 凝然　níngrán
7. 遮挽　zhēwǎn
8. 伶伶俐俐　línglínglìlì
9. 影儿　yǐng'ér
10. 徘徊　páihuái
11. 薄雾　bówù
12. 蒸融　zhēngróng
13. 痕迹　hénjì
14. 赤裸裸　chìluǒluǒ

作品 4 号

有的人在工作、学习中缺乏耐性和韧性[1]，他们一旦碰了钉子，走了弯路，就开始怀疑自己是否有研究才能。其实，我可以告诉大家，许多有名的科学家和作家，都是经过很多次失败，走过很多弯路才成功的。有人看见一个作家写出一本好小说，或者看见一个科学家发表几篇有分量[2]的论文，便仰慕不已，很想自己能够信手拈来[3]，妙手成章[4]，一觉醒来，誉满天下。其实，成功的作品和论文只不过是作家、学者们整个创作[5]和研究中的极小部分，甚至数量上还不及失败作品的十分之一。大家看到的只是他们成功的作品，而失败的作品是不会公开发表出来的。

要知道，一个科学家在攻克科学堡垒[6]的长征[7]中，失败的次数[8]和经验，远比成功的经验要丰富[9]、深刻得多。失败虽然不是什么令人快乐的事情，但也决不应该因此气馁[10]。在进行[11]研究时，研究方向不正确，走了些岔路[12]，白费了许多精力，这也是常有的事。但不要紧，可以再调换[13]方向进行研究。更重要的是要善于吸取失败的教训，总结已有的经验，再继续前进[14]。

根据我自己的体会，所谓天才，就是坚持不断的努力[15]。有些人也许觉得我在数学方面有什么天分[16]，//其实从我身上是找不到这种天分的。我读小学时，因为成绩不好，没有拿到毕业证书，只拿到一张修业证书。初中一年级时，我的数学也是经过补考才及格的。但是说来奇怪，从初中二年级以后，我就发生了一个根本转变，因为我认识到既然我的资质差些，就应该多用点儿时间来学习。别人学一小时，我就学两小时，这样，我的数学成绩得以不断提高。

一直到现在我也贯彻这个原则：别人看一篇东西要三小时，我就花三个半小时。经过长期积累，就多少可以看出成绩来。并且在基本技巧烂熟之后，往往能够一个钟头就看懂一篇人家看十天半月也解不透的文章。所以，前一段时间的加倍努力，在后一段时间能收到预想不到的效果。

是的，聪明在于学习，天才在于积累。

节选自华罗庚《聪明在于学习，天才在于积累》

示范音频

语音提示

1. 韧性　rènxìng
2. 分量　fèn·liàng
3. 信手拈来　xìnshǒu-niānlái
4. 妙手成章　miàoshǒu-chéngzhāng
5. 创作　chuàngzuò
6. 堡垒　bǎolěi
7. 长征　chángzhēng
8. 次数　cìshù
9. 丰富　fēngfù
10. 气馁　qìněi
11. 进行　jìnxíng
12. 岔路　chàlù
13. 调换　diàohuàn
14. 前进　qiánjìn
15. 努力　nǔlì
16. 天分　tiānfèn

作品 5 号

去过故宫大修现场的人，就会发现这里和外面工地的劳作景象有个明显的区别：这里没有起重机，建筑材料都是以手推车的形式送往工地，遇到人力无法运送的木料时，工人们会使用百年不变的工具——滑轮组。故宫修缮[1]，尊重着“四原”原则，即原材料、原工艺、原结构、原型制。在不影响体现传统工艺技术手法特点的地方[2]，工匠可以用电动工具，比如开荒料、截头[3]。大多数时候工匠[4]都用传统工具：木匠画线用的是墨斗[5]、画签、毛笔、方尺、杖竿[6]、五尺；加工制作木构件使用的工具有锛[7]、凿、斧、锯、刨[8]等等。

最能体现大修难度的便是瓦作中“苫背[9]”的环节。“苫背”是指在房顶做灰背的过程，它相当于为木建筑添上防水层。有句口诀是三浆三压[10]，也就是上三遍石灰浆，然后再压上三遍。但这是个虚数。今天是晴天，干得快，三浆三压硬度就能符合[11]要求，要是赶上阴天，说不定就要六浆六压。任何一个环节的疏漏都可能导致漏雨，而这对建筑的损坏是致命的。

“工”字早在殷墟[12]甲骨卜辞[13]中就已经出现过。《周官》与《春秋左传[14]》记载[15]周王朝与诸侯都设有掌管营造的机构。无数的名工巧匠为我们留下了那么多宏伟的建筑，但却//很少被列入史籍，扬名于后世。

匠人之所以称之为“匠”，其实不仅仅是因为他们拥有了某种娴熟的技能，毕竟技能还可以通过时间的累积“熟能生巧”，但蕴藏在“手艺”之上的那种对建筑本身的敬畏和热爱却需要从历史的长河中去寻觅。

将壮丽的紫禁城完好地交给未来，最能仰仗的便是这些默默奉献的匠人。故宫的修护注定是一场没有终点的接力，而他们就是最好的接力者。

节选自单霁翔《大匠无名》

示范音频

语音提示

1. 修缮　xiūshàn
2. 地方　dìfang
3. 截头　jiétóu
4. 木匠　mùjiang
5. 墨斗　mòdǒu
6. 杖竿　zhànggān
7. 锛　bēn
8. 刨　bào
9. 苫背　shànbèi
10. 三浆三压　sānjiāng-sānyā
11. 符合　fúhé
12. 殷墟　Yīnxū
13. 卜辞　bǔcí
14. 左传　Zuǒzhuàn
15. 记载　jìzǎi

作品 6 号

立春过后，大地渐渐从沉睡中苏醒过来。冰雪融化，草木萌发，各种花次第开放。再过两个月，燕子翩然[1]归来。不久，布谷鸟也来了。于是转入[2]炎热的夏季，这是植物孕育[3]果实的时期。到了秋天，果实成热[4]，植物的叶子渐渐变黄，在秋风中簌簌[5]地落下来。北雁南飞[6]，活跃在田间草际的昆虫也都销声匿迹[7]。到处呈现[8]一片衰草连天[9]的景象，准备迎接风雪载途[10]的寒冬。在地球上温带和亚热带[11]区域里，年年如是，周而复始[12]。

几千年来，劳动人民注意了草木荣枯、候鸟去来等自然现象同气候的关系，据以安排农事。杏花开了，就好像大自然在传语[13]要赶快耕地；桃花开了，又好像在暗示要赶快种谷子。布谷鸟开始唱歌，劳动人民懂得它在唱什么："阿公阿婆，割麦插禾。"这样看来，花香鸟语，草长莺飞[14]，都是大自然的语言。

这些自然现象，我国古代劳动人民称它为物候[15]。物候知识在我国起源很早。古代流传下来的许多农谚[16]就包含了丰富的物候知识。到了近代，利用物候知识来研究农业生产，已经发展为一门科学，就是物候学。物候学记录植物的生长荣枯，动物的养育往来，如桃花开、燕子来等自然现象，从而了解随着时节//推移的气候变化和这种变化对动物植物的影响。

节选自竺可桢《大自然的语言》

示范音频

语音提示

1. 翩然　piānrán
2. 转入　zhuǎnrù
3. 孕育　yùnyù
4. 成熟　chéngshú
5. 簌簌　sùsù
6. 北雁南飞　běiyàn-nánfēi
7. 销声匿迹　xiāoshēng-nìjì
8. 呈现　chéngxiàn
9. 衰草连天　shuāicǎo-liántiān
10. 风雪载途　fēngxuě-zàitú
11. 亚热带　yàrèdài
12. 周而复始　zhōu'érfùshǐ
13. 传语　chuányǔ
14. 草长莺飞　cǎozhǎng-yīngfēi
15. 物候　wùhòu
16. 农谚　nóngyàn

作品 7 号

当高速列车从眼前呼啸而过时，那种转瞬即逝[1]的感觉让人们不得不发问：高速列车跑得那么快，司机能看清路吗？

高速列车的速度非常快，最低时速标准是二百公里。且不说能见度低的雾霾[2]天，就是晴空万里的大白天，即使是视力好的司机，也不能保证正确识别地面的信号。当肉眼看到前面有障碍时，已经来不及反应。专家告诉我，目前，我国时速三百公里以上的高铁线路不设置[3]信号机，高速列车不用看信号行车，而是通过列控系统自动识别前进方向。其工作流程为，由铁路专用的全球数字[4]移动通信系统来实现数据传输[5]，控制中心实时[6]接收无线电波信号，由计算机[7]自动排列出每趟列车的最佳运行速度和最小行车间隔[8]距离，实现实时追踪[9]控制，确保高速列车间隔合理地安全运行。当然，时速二百至二百五十公里的高铁线路，仍然[10]设置信号灯控制装置[11]，由传统的轨道电路进行信号传输。

中国自古就有“千里眼”的传说[12]，今日高铁让古人的传说成为现实。

所谓“千里眼”，即高铁沿线[13]的摄像头，几毫米见方的石子儿[14]也逃不过它的法眼。通过摄像头实时采集沿线高速列车运行的信息，一旦//出现故障或者异物侵限，高铁调度指挥中心监控终端的界面上就会出现一个红色的框将目标锁定，同时，监控系统马上报警显示。调度指挥中心会迅速把指令传递给高速列车司机。

节选自王雄《当今“千里眼”》

示范音频

语音提示

1. 转瞬即逝　zhuǎnshùn-jíshì
2. 雾霾　wùmái
3. 设置　shèzhì
4. 数字　shùzì
5. 传输　chuánshū
6. 实时　shíshí
7. 计算机　jìsuànjī
8. 间隔　jiàngé
9. 追踪　zhuīzōng
10. 仍然　réngrán
11. 装置　zhuāngzhì
12. 传说　chuánshuō
13. 沿线　yánxiàn
14. 石子儿　shízǐr

作品 8 号

从肇庆[1]市驱车半小时左右，便来到东郊风景名胜鼎湖山。下了几天的小雨刚停，满山笼罩着轻纱似的[2]薄雾[3]。

过了寒翠桥，就听到淙淙[4]的泉声。进山一看，草丛石缝，到处都涌流着清亮的泉水。草丰林茂，一路上泉水时隐时现，泉声不绝于耳。有时几股泉水交错流泻[5]，遮断路面，我们得寻找着垫脚的石块[6]跳跃着前进。愈往上走树愈密，绿阴愈浓。湿漉漉[7]的绿叶，犹如大海的波浪，一层一层涌向山顶。泉水隐到了浓阴的深处，而泉声却更加清纯悦耳。忽然，云中传来钟声，顿时山鸣谷应，悠悠扬扬。安详厚重的钟声和欢快活泼[8]的泉声，在雨后宁静的暮色中，汇成一片美妙的音响。

我们循着钟声，来到了半山腰的庆云寺[9]。这是一座建于明代、规模宏大的岭南[10]著名古刹。庭院里繁花似锦，古树参天。有一株与古刹[11]同龄的茶花，还有两株从斯里兰卡[12]引种[13]的、有二百多年树龄的菩提树[14]。我们决定就在这座寺院里借宿。

入夜，山中万籁俱寂，只有泉声一直传送到枕边。一路上听到的各种泉声，这时候躺在床上，可以用心细细地聆听[15]、辨识、品味。那像小提琴一样轻柔的，是草丛中流淌的小溪的声音；那像琵琶[16]一样清脆的，//是在石缝间跌落的涧水的声音；那像大提琴一样厚重回响的，是无数道细流汇聚于空谷的声音；那像铜管齐鸣一样雄浑磅礴的，是飞瀑急流跌入深潭的声音。还有一些泉声忽高忽低，忽急忽缓，忽清忽浊，忽扬忽抑，是泉水正在绕过树根，拍打卵石，穿越草丛，流连花间……

蒙胧中，那滋润着鼎湖山万木，孕育出蓬勃生机的清泉，仿佛汩汩地流进了我的心田。

节选自谢大光《鼎湖山听泉》

示范音频

语音提示

1. 肇庆　Zhàoqìng
2. 似的　shìde
3. 薄雾　bówù
4. 淙淙　cóngcóng
5. 交错流泻　jiāocuò liúxiè
6. 石块　shíkuàir
7. 湿漉漉　shīlùlù
8. 活泼　huópo
9. 庆云寺　Qìngyún Sì
10. 岭南　lǐngnán
11. 古刹　gǔchà
12. 斯里兰卡　Sīlǐlánkǎ
13. 引种　yǐnzhòng
14. 菩提树　pútíshù
15. 聆听　língtīng
16. 琵琶　pí·pá

作品 9 号

我常想读书人是世间幸福人，因为[1]他除了拥有现实的世界之外，还拥有另一个更为浩瀚[2]也更为丰富的世界。现实的世界是人人都有的，而后一个世界却为读书人所独有。由此我想，那些失去或不能阅读的人是多么的不幸，他们的丧失[3]是不可补偿的。世间有诸多[4]的不平等，财富的不平等，权力的不平等，而阅读能力[5]的拥有或丧失却体现为精神[6]的不平等。

一个人的一生，只能经历自己拥有的那一份欣悦，那一份苦难[7]，也许再加上他亲自闻知的那一些关于自身以外的经历和经验。然而，人们通过阅读，却能进入不同时空的诸多他人的世界。这样，具有阅读能力的人，无形间获得了超越有限生命的无限可能性。阅读不仅使他多识了草木虫鱼之名，而且可以上溯[8]远古下及未来，饱览存在的与非存在的奇风异俗。

更为重要的是，读书加惠于人们的不仅是知识的增广[9]，而且还在于精神的感化与陶冶[10]。人们从读书学做人，从那些往哲先贤[11]以及当代才俊[12]的著述[13]中学得他们的人格。人们从《论语[14]》中学得智慧的思考，从《史记》中学得严肃的历史精神，从《正气歌》中学得人格的刚烈，从马克思学得人世//的激情，从鲁迅学得批判精神，从托尔斯泰学得道德的执着。歌德的诗句刻写着睿智的人生，拜伦的诗句呼唤着奋斗的热情。一个读书人，一个有机会拥有超乎个人生命体验的幸运人。

节选自谢冕《读书人是幸福人》

示范音频

语音提示

1. 因为　yīn · wèi
2. 浩瀚　hàohàn
3. 丧失　sàngshī
4. 诸多　zhūduō
5. 能力　nénglì
6. 精神　jīngshén
7. 苦难　kǔnàn
8. 上溯　shàngsù
9. 增广　zēngguǎng
10. 陶冶　táoyě
11. 先贤　xiānxián
12. 才俊　cáijùn
13. 著述　zhùshù
14. 论语　Lúnyǔ

作品 10 号

我爱月夜，但我也爱星天。从前在家乡七八月的夜晚在庭院里纳凉[1]的时候，我最爱看天上密密麻麻的繁星[2]。望着星天，我就会忘记一切，仿佛[3]回到了母亲的怀里似的[4]。

三年前在南京我住的地方[5]有一道后门，每晚我打开后门，便看见一个静寂[6]的夜。下面是一片菜园，上面是星群密布的蓝天。星光在我们的肉眼里虽然微小，然而它使我们觉得光明无处不在。那时候我正在读一些天文学的书，也认得一些星星，好像它们就是我的朋友，它们常常在和我谈话一样。

如今在海上，每晚和繁星相对，我把它们认得很熟了。我躺在舱面上，仰望[7]天空。深蓝色的天空里悬着无数半明半昧[8]的星。船在动，星也在动，它们是这样低，真是摇摇欲坠呢！渐渐地我的眼睛[9]模糊[10]了，我好像看见无数萤火虫[11]在我的周围飞舞。海上的夜是柔和的，是静寂的，是梦幻[12]的。我望着许多认识的星，我仿佛看见它们在对我眨眼，我仿佛听见它们在小声说话。这时我忘记了一切。在星的怀抱中我微笑着，我沉睡[13]着。我觉得自己是一个小孩子，现在睡在母亲的怀里了。

有一夜，那个在哥伦波[14]上船的英国人指给我看天上的巨人。他用手指着：//那四颗明亮的星是头，下面的几颗是身子，这几颗是手，那几颗是腿和脚，还有三颗星算是腰带。经他这一番指点，我果然看清楚了那个天上的巨人。看，那个巨人还在跑呢！

节选自巴金《繁星》

示范音频

语音提示

1. 纳凉　nàliáng
2. 繁星　fánxīng
3. 仿佛　fǎngfú
4. 似的　shìde
5. 地方　dìfang
6. 静寂　jìngjì
7. 仰望　yǎngwàng
8. 半明半昧　bànmíng-bànmèi
9. 眼睛　yǎnjing
10. 模糊　móhu
11. 萤火虫　yínghuǒchóng
12. 梦幻　mènghuàn
13. 沉睡　chénshuì
14. 哥伦波　Gēlúnbō

作品 11 号

钱塘江[1]大潮，自古以来被称为天下奇观。

农历[2]八月十八是一年一度的观潮日。这一天早上，我们来到了海宁市的盐官镇[3]，据说这里是观潮最好的地方[4]。我们随着观潮的人群，登上了海塘大堤[5]。宽阔的钱塘江横卧在眼前。江面很平静，越往东越宽，在雨后的阳光下，笼罩着一层蒙蒙的薄雾[6]。镇海古塔、中山亭和观潮台屹立[7]在江边。远处，几座小山在云雾中若隐若现。江潮还没有来，海塘大堤上早已人山人海。大家昂首东望，等着，盼着。

午后一点左右，从远处传来隆隆[8]的响声，好像闷雷滚动[9]。顿时人声鼎沸[10]，有人告诉我们，潮来了！我们踮[11]着脚往东望去，江面还是风平浪静，看不出有什么变化。过了一会儿[12]，响声越来越大，只见东边水天相接的地方出现了一条白线，人群又沸腾起来。

那条白线很快地向我们移来，逐渐拉长，变粗，横贯江面。再近些，只见白浪翻滚，形成一堵两丈多高的水墙。浪潮越来越近，犹如千万匹白色战马齐头并进，浩浩荡荡地飞奔而来；那声音如同山崩地裂[13]，好像大地都被震得颤动起来。

霎时[14]，潮头奔腾西去，可是余波还在漫天卷地[15]般涌来，江面上依旧风号浪吼[16]。过了好久，钱塘江才恢复了//平静。看看堤下，江水已经涨了两丈来高了。

节选自赵宗成、朱明元《观潮》

示范音频

语音提示

1. 钱塘江　Qiántáng Jiāng
2. 农历　nónglì
3. 盐官镇　Yánguān Zhèn
4. 地方　dìfang
5. 大堤　dàdī
6. 薄雾　bówù
7. 屹立　yìlì
8. 隆隆　lónglóng
9. 闷雷滚动　mènléi gǔndòng
10. 人声鼎沸　rénshēng-dǐngfèi
11. 踮　diǎn
12. 一会儿　yīhuìr
13. 山崩地裂　shānbēng-dìliè
14. 霎时　shàshí
15. 漫天卷地　màntiān-juǎndì
16. 风号浪吼　fēngháo-lànghǒu

作品 12 号

我和几个孩子站在一片园子里，感受秋天的风。园子里长着几棵高大的梧桐树[1]，我们的脚底下，铺了一层厚厚的梧桐叶。叶枯黄，脚踩在上面嘎吱嘎吱[2]脆响[3]。风还在一个劲儿[4]地刮，吹打着树上可怜的几片叶子，那上面，就快成光秃秃的了。

我给孩子们上写作课，让孩子们描摹[5]这秋天的风。以为他们一定会说寒冷、残酷和荒凉之类的，结果却出乎我的意料。

一个孩子说，秋天的风，像把大剪刀，它剪呀剪的，就把树上的叶子全剪光了。

我赞许了这个比喻。有二月春风似剪刀之说，秋天的风，何尝不是一把剪刀呢？只不过，它剪出来的不是花红叶绿[6]，而是败柳残荷。

剪完了，它让阳光来住，这个孩子突然接着说一句。他仰向[7]我的小脸[8]，被风吹着，像只通红[9]的小苹果。我怔住[10]，抬头看树，那上面，果真的，爬满阳光啊，每根枝条上都是。失与得，从来都是如此均衡[11]，树在失去叶子的同时，却承接了满树的阳光。

一个孩子说，秋天的风，像个魔术师，它会变出好多好吃的，菱角[12]呀，花生呀，苹果呀，葡萄呀。还有桂花，可以做桂花糕。我昨天吃了桂花糕，妈妈说，是风变出来的。

我笑了。小可爱，经你这么一说，秋天的风，还真是香的。我和孩//子们一起嗅，似乎就闻见了风的味道，像块蒸得热气腾腾的桂花糕。

节选自丁立梅《孩子和秋风》

示范音频

语音提示

1. 梧桐树 wútóngshù
2. 嘎吱嘎吱 gāzhī gāzhī
3. 脆响 cuìxiǎng
4. 一个劲儿 yī gèjìnr
5. 描摹 miáomó
6. 花红叶绿 huāhóng-yèlǜ
7. 仰向 yǎngxiàng
8. 小脸 xiǎoliǎn
9. 通红 tōnghóng
10. 怔住 zhèngzhù
11. 均衡 jūnhéng
12. 菱角 língjiao

作品 13 号

夕阳落山不久，西方的天空，还燃烧[1]着一片橘红色的晚霞。大海，也被这霞光染成了红色，而且[2]比天空的景色更要壮观[3]。因为[4]它是活动的，每当一排排波浪涌起的时候，那映照在浪峰上的霞光，又红又亮，简直就像一片片霍霍燃烧着的火焰，闪烁[5]着，消失了。而后面的一排，又闪烁着，滚动着，涌了过来。

天空的霞光渐渐地淡下去了，深红的颜色变成了绯红[6]，绯红又变为浅红。最后，当这一切红光都消失了的时候，那突然显得高而远了的天空，则呈现出一片肃穆[7]的神色[8]。最早出现的启明星，在这蓝色的天幕上闪烁起来了。它是那么大，那么亮，整个广漠[9]的天幕上只有它在那里放射着令人注目的光辉，活像一盏悬挂在高空的明灯。

夜色加浓，苍空中的“明灯”越来越多了。而城市各处的真的灯火也次第[10]亮了起来，尤其是围绕[11]在海港周围山坡上的那一片灯光，从半空倒映[12]在乌蓝的海面上，随着波浪，晃动[13]着，闪烁着，像一串流动着的珍珠，和那一片片密布在苍穹[14]里的星斗[15]互相辉映，煞是好看。

在这幽美的夜色中，我踏着软绵绵的沙滩，沿着海边，慢慢地向前走去。海水，轻轻地抚摸着细软[16]的沙滩，发出温柔的//刷刷声。晚来的海风，清新而又凉爽。我的心里，有着说不出的兴奋和愉快。

夜风轻飘飘地吹拂着，空气中飘荡着一种大海和田禾相混合的香味，柔软的沙滩上还残留着白天太阳炙晒的余温。那些在各个工作岗位上劳动了一天的人们，三三两两地来到这软绵绵的沙滩上，他们浴着凉爽的海风，望着那缀满了星星的夜空，尽情地说笑，尽情地休憩。

节选自生命选自峻青《海滨仲夏夜》

示范音频

语音提示

1. 燃烧 ránshāo
2. 而且 érqiě
3. 壮观 zhuàngguān
4. 因为 yīn·wèi
5. 闪烁 shǎnshuò
6. 绯红 fēihóng
7. 肃穆 sùmù
8. 神色 shénsè
9. 广漠 guǎngmò
10. 次第 cìdì
11. 围绕 wéirào
12. 倒映 dàoyìng
13. 晃动 huàngdòng
14. 苍穹 cāngqióng
15. 星斗 xīngdǒu
16. 细软 xìruǎn

作品 14 号

生命在海洋里诞生绝不是偶然的，海洋的物理和化学性质，使它成为孕育[1]原始生命的摇篮。

我们知道，水是生物的重要组成部分，许多动物组织的含水量在百分之八十以上，而一些海洋生物的含水量高达百分之九十五。水是新陈代谢的重要媒介，没有它，体内的一系列生理和生物化学反应就无法进行[2]，生命也就停止。因此，在短时期内动物缺水要比缺少食物更加危险。水对今天的生命是如此重要，它对脆弱的原始生命，更是举足轻重[3]了。生命在海洋里诞生，就不会有缺水之忧。

水是一种良好的溶剂。海洋中含有许多生命所必需的无机盐，如氯化钠[4]、氯化钾、碳酸盐[5]、磷酸盐[6]，还有溶解氧[7]，原始生命可以毫不费力地从中吸取它所需要的元素。

水具有很高的热容量[8]，加之海洋浩大，任凭夏季烈日曝晒[9]，冬季寒风扫荡，它的温度变化却比较[10]小。因此，巨大的海洋就像是天然的“温箱”，是孕育原始生命的温床[11]。

阳光虽然为生命所必需，但是阳光中的紫外线却有扼杀[12]原始生命的危险。水能有效地吸收紫外线，因而又为原始生命提供[13]了天然的“屏障[14]”。

这一切都是原始生命得以产生和发展的必要条件。//

节选自童裳亮《海洋与生命》

示范音频

语音提示

1. 孕育　yùnyù
2. 进行　jìnxíng
3. 举足轻重　jǔzú-qīngzhòng
4. 氯化钠　lǜhuànà
5. 碳酸盐　tànsuānyán
6. 磷酸盐　línsuānyán
7. 溶解氧　róngjiěyǎng
8. 热容量　rèróngliàng
9. 曝晒　pùshài
10. 比较　bǐjiào
11. 温床　wēnchuáng
12. 扼杀　èshā
13. 提供　tígōng
14. 屏障　píngzhàng

作品 15 号

在我国历史地理中，有三大都城密集区，它们是：关中盆地、洛阳盆地、北京小平原。其中每一个地区都曾诞生过四个以上大型王朝的都城[1]。而关中盆地、洛阳盆地是前朝历史的两个都城密集区[2]，正是它们构成了早期文明核心地带中最重要的内容。

为什么这个地带会成为华夏文明最先进的地区？这主要是由两个方面的条件促成[3]的，一个是自然环境方面的，一个是人文环境方面的。

在自然环境方面，这里是我国温带季风气候带的南部，降雨、气温、土壤等条件都可以满足旱作农业的需求[4]。中国北方的古代农作物，主要是一年生的粟[5]和黍[6]。黄河中下游的自然环境为粟黍作物的种植[7]和高产提供[8]了得天独厚的条件。农业生产的发达，会促进整个社会经济的发展，从而推动社会的进步。

在人文环境方面，这里是南北方、东西方大交流的轴心[9]地区。在最早的六大新石器文化分布形势图中可以看到，中原处于[10]这些文化分布的中央地带。无论是考古发现还是历史传说[11]，都有南北文化长距离交流、东西文化相互碰撞的证据[12]。中原地区在空间上恰恰[13]位居中心，成为信息最发达、眼界最宽广[14]、活动最//繁忙、竞争最激烈的地方。正是这些活动，推动了各项人文事务的发展，文明的方方面面就是在处理各类事务的过程中被开创出来的。

节选自唐晓峰《华夏文明的发展与融合》

示范音频

语音提示

1. 都城 dūchéng
2. 密集区 mìjíqū
3. 促成 cùchéng
4. 需求 xūqiú
5. 粟 sù
6. 黍 shǔ
7. 种植 zhòngzhí
8. 提供 tígōng
9. 轴心 zhóuxīn
10. 处于 chǔyú
11. 传说 chuánshuō
12. 证据 zhèngjù
13. 恰恰 qiàqià
14. 宽广 kuānguǎng

作品 16 号

于很多中国人而言，火车就是故乡。在中国人的心中，故乡的地位尤为重要，老家的意义非同寻常[1]，所以，即便[2]是坐过无数次火车，但印象最深刻的，或许还是返乡那一趟车。那一列列返乡的火车所停靠的站台边，熙攘[3]的人流中，匆忙的脚步里，张望[4]的目光下，涌动[5]着的都是思乡[6]的情绪[7]。每一次看见返乡那趟火车，总觉得是那样可爱与亲切，仿佛[8]看见了千里之外的故乡。上火车后，车启动的一刹那[9]，在车轮与铁轨碰撞[10]的"况且"声中，思乡的情绪便陡然[11]在车厢里弥漫[12]开来。你知道，它将驶向的，是你最熟悉[13]也最温暖的故乡。再过几个或者十几个小时，你就会回到故乡的怀抱。这般感受，相信在很多人的身上都曾发生过。尤其在春节、中秋等传统节日到来之际，亲人团聚的时刻，更为强烈。

火车是故乡，火车也是远方[14]。速度的提升，铁路的延伸，让人们通过火车实现了向远方自由流动的梦想。今天的中国老百姓，坐着火车，可以去往九百六十多万平方公里土地上的天南地北，来到祖国东部的平原，到达祖国南方[15]的海边，走进祖国西部的沙漠，踏上祖国北方的草原，去观三山五岳[16]，去看大江大河……

火车与空//间有着密切的联系，与时间的关系也让人觉得颇有意思。那长长的车厢，仿佛一头连着中国的过去，一头连着中国的未来。

节选自舒翼《记忆像铁轨一样长》

示范音频

语音提示

1. 非同寻常　fēitóng-xúncháng
2. 即便　jíbiàn
3. 熙攘　xīrǎng
4. 张望　zhāngwàng
5. 涌动　yǒngdòng
6. 思乡　sīxiāng
7. 情绪　qíngxù
8. 仿佛　fǎngfú
9. 一刹那　yīchànà
10. 碰撞　pèngzhuàng
11. 陡然　dǒurán
12. 弥漫　mímàn
13. 熟悉　shúxī
14. 远方　yuǎnfāng
15. 南方　nánfāng
16. 三山五岳　sānshān-wǔyuè

作品 17 号

奶奶给我讲过这样一件事：有一次她去商店，走在她前面的一位阿姨推开沉重[1]的大门，一直等到她跟上来才松开手。当奶奶向她道谢的时候，那位阿姨轻轻地说："我的妈妈和您的年龄[2]差不多，我希望她遇到这种时候，也有人为她开门。"听了这件事，我的心温暖[3]了许久[4]。

一天，我陪患病[5]的母亲去医院输液，年轻的护士[6]为母亲扎了两针也没有扎进血管[7]里，眼见针眼[8]处鼓起青包。我正要抱怨几句，一抬头看见了母亲平静的眼神——她正在[9]注视[10]着护士额头上密密的汗珠，我不禁[11]收住了涌到嘴边的话。只见母亲轻轻地对护士说："不要紧，再来一次！"第三针果然成功了。那位护士终于长出了一口气，她连声[12]说："阿姨，真对不起。我是来实习的，这是我第一次给病人扎针[13]，太紧张[14]了。要不是您的鼓励，我真不敢给您扎了。"母亲用另一只手拉着我，平静地对护士说："这是我的女儿，和你差不多大小，正在医科大学读书，她也将面对自己的第一个患者。我真希望她第一次扎针的时候，也能得到患者的宽容和鼓励。"听了母亲的话，我的心里充满了温暖与幸福。

是啊，如果我们在生活中能将心比心[15]，就会对老人生出[16]一份//尊重，对孩子增加一份关爱，就会使人与人之间多一些宽容和理解。

节选自姜桂华《将心比心》

示范音频

语音提示

1. 沉重　chénzhòng
2. 年龄　niánlíng
3. 温暖　wēnnuǎn
4. 许久　xǔjiǔ
5. 患病　huànbìng
6. 护士　hùshì
7. 血管　xuèguǎn
8. 针眼　zhēnyǎnr
9. 正在　zhèngzài
10. 注视　zhùshì
11. 不禁　bùjīn
12. 连声　liánshēng
13. 扎针　zhāzhēn
14. 紧张　jǐnzhāng
15. 将心比心　jiāngxīn-bǐxīn
16. 生出　shēngchū

作品 18 号

晋祠[1]之美，在山，在树，在水。

这里的山，巍巍的，有如一道屏障；长长的，又如伸开的两臂，将晋祠拥在怀中。春日黄花满山，径幽香远[2]；秋来草木萧疏，天高水清。无论什么时候拾级[3]登山都会心旷神怡。

这里的树，以古老苍劲[4]见长。有两棵老树：一棵是周柏[5]，另一棵是唐槐。那周柏，树干劲直[6]，树皮皱裂[7]，顶上挑着几根青青的疏枝，偃卧[8]于石阶旁。那唐槐，老干粗大，虬枝盘屈[9]，一簇簇柔条，绿叶如盖。还有水边殿外的松柏槐柳[10]，无不显出苍劲的风骨。以造型奇特见长的，有的偃如[11]老妪负水[12]，有的挺如壮士托天，不一而足。圣母殿前的左扭柏，拔地而起，直冲云霄，它的树皮上的纹理一齐向左边拧去，一圈一圈，丝纹不乱，像地下旋起了一股烟，又似天上垂下了一根绳。晋祠在古木的荫护[13]下，显得分外幽静、典雅。

这里的水，多、清、静、柔。在园里信步，但见这里一泓深潭[14]，那里一条小渠。桥下有河，亭中有井，路边有溪。石间细流脉脉[15]，如线如缕[16]；林中碧波闪闪，如锦如缎。这些水都来自“难老泉[17]”。泉上有亭，亭上悬挂着清代著名学者傅山写的“难老泉”三个字。这么多的水长流不息，日日夜夜发出叮叮咚咚的响声。水的清澈[18]真令人叫绝，无论//多深的水，只要光线好，游鱼碎石，历历可见。水的流势都不大，清清的微波，将长长的草蔓拉成一缕缕的丝，铺在河底，挂在岸边，合着那些金鱼、青苔以及石栏的倒影，织成一条条大飘带，穿亭绕榭，冉冉不绝。当年李白来到这里，曾赞叹说：“晋祠流水如碧玉。”当你沿着流水去观赏那亭台楼阁时，也许会这样问：这几百间建筑怕都是在水上漂着的吧！

节选自梁衡《晋祠》

示范音频

语音提示

1. 晋祠　Jìncí
2. 径幽香远　jìngyōu-xiāngyuǎn
3. 拾级　shèjí
4. 苍劲　cāngjìng
5. 周柏　zhōubǎi
6. 劲直　jìngzhí
7. 皱裂　zhòuliè
8. 偃卧　yǎnwò
9. 虬枝盘屈　qiúzhī pánqū
10. 槐柳　huáiliǔ
11. 偃如　yǎn rú
12. 老妪负水　lǎoyù fù shuǐ
13. 荫护　yìnhù
14. 一泓深潭　yīhóng shēntán
15. 细流脉脉　xìliú mòmò
16. 如线如缕　rú xiàn rú lǚ
17. 难老泉　Nánlǎoquán
18. 清澈　qīngchè

作品 19 号

人们常常把人与自然对立起来，宣称[1]要征服自然。殊不知[2]在大自然面前，人类永远只是一个天真幼稚的孩童，只是大自然机体上普通的一部分，正像一株小草只是她的普通一部分一样。如果说自然的智慧是大海，那么，人类的智慧就只是大海中的一个小水滴，虽然这个水滴也能映照大海，但毕竟不是大海，可是，人们竟然不自量力[3]地宣称要用这滴水来代替大海。

看着人类这种狂妄[4]的表现，大自然一定会窃笑[5]——就像母亲面对无知的孩子那样的笑。人类的作品飞上了太空，打开了一个个微观世界，于是人类沾沾自喜[6]，以为揭开了大自然的秘密。可是，在自然看来，人类上下翻飞[7]的这片巨大空间，不过是咫尺之间[8]而已，就如同鲲鹏[9]看待斥鷃[10]一般，只是蓬蒿[11]之间罢了。即使[12]从人类自身智慧发展史的角度看，人类也没有理由过分自傲：人类的知识与其祖先[13]相比诚然[14]有了极大的进步，似乎有嘲笑古人的资本；可是，殊不知对于后人而言我们也是古人，一万年以后的人们也同样会嘲笑今天的我们，也许在他们看来，我们的科学观念[15]还幼稚得很，我们的航天器[16]在他们眼中不过是个非常简单的//儿童玩具。

节选自严春友《敬畏自然》

示范音频

语音提示

1. 宣称　xuānchēng
2. 殊不知　shūbùzhī
3. 不自量力　bùzìliànglì
4. 狂妄　kuángwàng
5. 窃笑　qièxiào
6. 沾沾自喜　zhānzhān-zìxǐ
7. 上下翻飞　shàngxià fānfēi
8. 咫尺之间　zhǐchǐ zhījiān
9. 鲲鹏　kūnpéng
10. 斥鷃　chìyàn
11. 蓬蒿　pénghāo
12. 即使　jíshǐ
13. 祖先　zǔxiān
14. 诚然　chéngrán
15. 观念　guānniàn
16. 航天器　hángtiānqì

作品 20 号

舞台上的幕布拉开了，音乐奏起来了。演员们踩着音乐的拍子，以庄重[1]而有节奏的步法走到灯光前面来了。灯光射在他们五颜六色的服装和头饰上，一片金碧辉煌[2]的彩霞[3]。

当女主角[4]穆桂英以轻盈[5]而矫健的步子出场的时候，这个平静的海面陡然[6]动荡起来了，它上面卷起了一阵暴风雨：观众像触了电似的[7]迅即[8]对这位女英雄[9]报以雷鸣般的掌声。她开始唱了。她圆润[10]的歌喉在夜空中颤动，听起来辽远而又切近[11]，柔和而又铿锵[12]。戏词像珠子似的从她的一笑一颦[13]中，从她优雅的"水袖"中，从她婀娜[14]的身段中，一粒一粒地滚下来，滴在地上，溅到空中，落进每一个人的心里，引起一片深远的回音。这回音听不见，却淹没[15]了刚才涌起的那一阵热烈的掌声。

观众像着了魔一样，忽然变得鸦雀无声。他们看得入了神。他们的感情和舞台上女主角的感情融在了一起。女主角的歌舞渐渐进入高潮。观众的情感也渐渐进入高潮。潮在涨[16]。没有谁能控制住它。这个一度平静下来的人海忽然又动荡起来了。戏就在这时候要到达顶点。我们的女主角在这时候就像一朵盛开的鲜花，观众想把这朵鲜花捧在手里，不让//它消逝。他们不约而同地从座位上立起来，像潮水一样，涌到我们这位艺术家面前。舞台已经失去了界限，整个的剧场成了一个庞大的舞台。

我们这位艺术家是谁呢？他就是梅兰芳同志。半个世纪的舞台生涯过去了，六十六岁的高龄，仍然能创造出这样富有朝气的美丽形象，表现出这样充沛的青春活力，这不能不说是奇迹。这奇迹的产生是必然的，因为我们拥有这样热情的观众和这样热情的艺术家。

节选自叶君健《看戏》

示范音频

语音提示

1. 庄重　zhuāngzhòng
2. 金碧辉煌　jīnbì-huīhuáng
3. 彩霞　cǎixiá
4. 女主角　nǚzhǔjué
5. 轻盈　qīngyíng
6. 陡然　dǒurán
7. 似的　shìde
8. 迅即　xùnjí
9. 女英雄　nǚyīngxióng
10. 圆润　yuánrùn
11. 切近　qièjìn
12. 铿锵　kēngqiāng
13. 一笑一颦　yī xiào yī pín
14. 婀娜　ēnuó
15. 淹没　yānmò
16. 涨　zhǎng

作品 21 号

十年，在历史上不过是一瞬间[1]。只要稍加注意，人们就会发现：在这一瞬间里，各种事物都悄悄经历了自己的千变万化。

这次重新访日，我处处感到亲切和熟悉[2]，也在许多方面发觉了日本的变化。就拿奈良[3]的一个角落来说吧，我重游了为之[4]感受很深的唐招提寺[5]，在寺内各处匆匆走了一遍，庭院依旧，但意想不到还看到了一些新的东西[6]。其中之一，就是近几年从中国移植来的“友谊[7]之莲”。

在存放鉴真[8]遗像的那个院子里，几株中国莲昂然[9]挺立，翠绿的宽大荷叶正迎风而舞，显得十分愉快。开花的季节已过，荷花朵朵已变为莲蓬累累[10]。莲子[11]的颜色正在由青转紫，看来已经成熟[12]了。

我禁不住想：“因”已转化为“果”。

中国的莲花开在日本，日本的樱花开在中国，这不是偶然。我希望这样一种盛况延续不衰。

在这些日子里，我看到了不少多年不见的老朋友，又结识了一些新朋友。大家喜欢涉及的话题之一，就是古长安和古奈良。那还用得着问吗，朋友们缅怀[13]过去，正是瞩望[14]未来。瞩目于未来的人们必将获得未来。

我不例外，也希望一个美好的未来。

为//了中日人民之间的友谊，我将不会浪费今后生命的每一瞬间。

节选自严文井《莲花和樱花》

示范音频

语音提示

1. 瞬间　shùnjiān
2. 熟悉　shúxī
3. 奈良　Nàiliáng
4. 为之　wèizhī
5. 唐招提寺　Táng Zhāotí Sì
6. 东西　dōngxi
7. 友谊　yǒuyì
8. 鉴真　Jiànzhēn
9. 昂然　ángrán
10. 莲蓬累累　liánpéng léiléi
11. 莲子　liánzǐ
12. 成熟　chéngshú
13. 缅怀　miǎnhuái
14. 瞩望　zhǔwàng

作品 22 号

我打猎归来，沿着花园的林阴路走着。狗跑在我前边。

突然，狗放慢脚步，蹑足潜行[1]，好像嗅到了前边有什么野物。

我顺着林阴路望去，看见了一只嘴边还带黄色、头上生着柔毛的小麻雀。风猛烈地吹打着林阴路上的白桦树[2]，麻雀从巢里跌落[3]下来，呆呆地伏在地上，孤立无援地张开两只羽毛还未丰满的小翅膀[4]。

我的狗慢慢向它靠近。忽然，从附近[5]一棵树上飞下一只黑胸脯[6]的老麻雀，像一颗石子似的[7]落到狗的跟前。老麻雀全身倒竖[8]着羽毛，惊恐万状，发出绝望、凄惨的叫声，接着向露出[9]牙齿、大张着的狗嘴扑去。

老麻雀是猛扑下来救护幼雀的。它用身体掩护着自己的幼儿……但它整个小小的身体因恐怖而战栗[10]着，它小小的声音也变得粗暴嘶哑[11]，它在牺牲[12]自己！

在它看来，狗该是多么庞大的怪物[13]啊！然而，它还是不能站在自己高高的、安全的树枝上……一种比它的理智更强烈的力量，使它从那儿扑下身来。

我的狗站住了，向后退了退……看来，它也感到了这种力量。

我赶紧唤住惊慌失措[14]的狗，然后我怀着崇敬的心情，走开了。

是啊，请不要见笑。我崇敬那只小小的、英勇的鸟儿[15]，我崇敬它那种爱的冲动[16]和力量。

爱，我想，比//死和死的恐惧更强大。只有依靠它，依靠这种爱，生命才能维持下去，发展下去。

节选自[俄]屠格涅夫《麻雀》，巴金译

示范音频

语音提示

1. 蹑足潜行　nièzú-qiánxíng
2. 白桦树　báihuàshù
3. 跌落　diēluò
4. 翅膀　chìbǎng
5. 附近　fùjìn
6. 胸脯　xiōngpú
7. 似的　shìde
8. 倒竖　dàoshù
9. 露出　lòuchū
10. 战栗　zhànlì
11. 嘶哑　sīyǎ
12. 牺牲　xīshēng
13. 怪物　guàiwu
14. 惊慌失措　jīnghuāng-shīcuò
15. 鸟儿　niǎo’ér
16. 冲动　chōngdòng

作品 23 号

在浩瀚无垠[1]的沙漠里，有一片美丽的绿洲，绿洲里藏着一颗闪光的珍珠。这颗珍珠就是敦煌莫高窟[2]。它坐落在我国甘肃省敦煌市三危山和鸣沙山[3]的怀抱中。

鸣沙山东麓[4]是平均高度为十七米的崖壁。在一千六百多米长的崖壁上，凿有大小洞窟七百余个，形成了规模宏伟的石窟群。其中四百九十二个洞窟中，共有彩色塑像[5]两千一百余尊，各种壁画共四万五千多平方米。莫高窟是我国古代无数艺术匠师留给人类的珍贵文化遗产。

莫高窟的彩塑，每一尊都是一件精美的艺术品。最大的有九层楼那么高，最小的还不如一个手掌大。这些彩塑个性鲜明，神态各异。有慈眉善目的菩萨[6]，有威风凛凛[7]的天王，还有强壮勇猛的力士……

莫高窟壁画的内容丰富多彩，有的是描绘古代劳动人民打猎、捕鱼、耕田、收割的情景，有的是描绘人们奏乐、舞蹈、演杂技的场面，还有的是描绘大自然的美丽风光。其中最引人注目的是飞天。壁画上的飞天，有的臂挎[8]花篮，采摘鲜花；有的反弹琵琶[9]，轻拨银弦[10]；有的倒悬身子[11]，自天而降；有的彩带飘拂[12]，漫天遨游[13]；有的舒展着双臂，翩翩起舞[14]。看着这些精美动人的壁画，就像走进了//灿烂辉煌的艺术殿堂。

莫高窟里还有一个面积不大的洞窟——藏经洞。洞里曾藏有我国古代的各种经卷、文书、帛画、刺绣、铜像等共六万多件。由于清朝政府腐败无能，大量珍贵的文物被外国强盗掠走。仅存的部分经卷，现在陈列于北京故宫等处。

莫高窟是举世闻名的艺术宝库。这里的每一尊彩塑、每一幅壁画、每一件文物，都是中国古代人民智慧的结晶。

节选自《莫高窟》

示范音频

语音提示

1. 浩瀚无垠　hàohàn wúyín
2. 敦煌莫高窟 Dūnhuáng Mògāokū
3. 鸣沙山　Míngshā Shān
4. 东麓　dōnglù
5. 彩色塑像　cǎisè sùxiàng
6. 菩萨　pú·sà
7. 威风凛凛　wēifēng-lǐnlǐn
8. 挎　kuà
9. 琵琶　pí·pá
10. 轻拨银弦　qīng bō yínxián
11. 倒悬身子　dǎo xuán shēnzǐ
12. 飘拂　piāofú
13. 漫天遨游　màntiān áoyóu
14. 翩翩起舞　piānpiān-qǐwǔ

作品 24 号

森林涵养[1]水源，保持水土，防止水旱灾害的作用非常大。据专家测算，一片十万亩面积的森林，相当于一个两百万立方米的水库，这正如农谚[2]所说的："山上多栽树，等于修水库。雨多它能吞，雨少它能吐。"

说起森林的功劳，那还多得很。它除了为人类提供[3]木材及许多种生产、生活的原料之外，在维护生态环境方面也是功劳卓著。它用另一种"能吞能吐[4]"的特殊功能孕育[5]了人类。因为[6]地球在形成之初，大气中的二氧化碳含量很高，氧气很少，气温也高，生物是难以生存的。大约在四亿年之前，陆地才产生了森林。森林慢慢将大气中的二氧化碳吸收，同时吐出新鲜氧气，调节气温：这才具备了人类生存的条件，地球上才最终有了人类。

森林，是地球生态系统的主体，是大自然的总调度室[7]，是地球的绿色之肺。森林维护地球生态环境的这种"能吞能吐"的特殊功能是其他任何物体都不能取代的。然而，由于地球上的燃烧物增多，二氧化碳的排放量[8]急剧增加[9]，使得地球生态环境急剧恶化，主要表现为全球气候变暖，水分蒸发加快，改变了气流的循环[10]，使气候变化加剧[11]，从而引发热浪、飓风[12]、暴雨、洪涝[13]及干旱[14]。

为了//使地球的这个"能吞能吐"的绿色之肺恢复健壮，以改善生态环境，抑制全球变暖，减少水旱等自然灾害，我们应该大力造林、护林，使每一座荒山都绿起来。

节选自《"能吞能吐"的森林》

示范音频

语音提示

1. 涵养　hányǎng
2. 农谚　nóngyàn
3. 提供　tígōng
4. 能吞能吐　néngtūn-néngtǔ
5. 孕育　yùnyù
6. 因为　yīn·wèi
7. 调度室　diàodùshì
8. 排放量　páifàngliàng
9. 增加　zēngjiā
10. 循环　xúnhuán
11. 加剧　jiājù
12. 飓风　jùfēng
13. 洪涝　hónglào
14. 干旱　gānhàn

作品 25 号

中国没有人不爱荷花的。可我们楼前池塘中独独缺少荷花。每次看到或想到，总觉得是一块心病。有人从湖北来，带来了洪湖[1]的几颗莲子[2]，外壳呈黑色，极硬。据说，如果埋在淤泥[3]中，能够千年不烂。我用铁锤在莲子上砸开了一条缝[4]，让莲芽[5]能够破壳而出，不至永远埋在泥中。把五六颗敲破的莲子投入池塘中，下面就是听天由命了。

这样一来，我每天就多了一件工作：到池塘边上去看上几次。心里总是希望，忽然有一天，“小荷才露尖尖角”，有翠绿[6]的莲叶长出水面。可是，事与愿违[7]，投下去的第一年，一直到秋凉落叶，水面上也没有出现什么东西[8]。但是到了第三年，却忽然出了奇迹。有一天，我忽然发现，在我投莲子的地方[9]长出了几个圆圆的绿叶，虽然颜色极惹人喜爱，但是却细弱单薄[10]，可怜兮兮[11]地平卧在水面上，像水浮莲[12]的叶子一样。

真正的奇迹出现在第四年上。到了一般荷花长叶的时候，在去年飘浮[13]着五六个叶片的地方，一夜之间，突然长出了一大片绿叶，叶片扩张的速度，范围的扩大，都是惊人地快。几天之内，池塘内不小一部分[14]，已经全为绿叶所覆盖。而且原来平卧在水面上的像是水浮莲一样的//叶片，不知道是从哪里聚集来了力量，有一些竟然跃出了水面，长成了亭亭的荷叶。这样一来，我心中的疑云一扫而光：池塘中生长的真正是洪湖莲花的子孙了。我心中狂喜，这几年总算是没有白等。

节选自季羡林《清塘荷韵》

示范音频

语音提示

1. 洪湖　Hóng Hú
2. 莲子　liánzǐ
3. 淤泥　yūní
4. 一条缝　yī tiáo féngr
5. 莲芽　liányár
6. 翠绿　cuìlǜ
7. 事与愿违　shìyǔyuànwéi
8. 东西　dōngxi
9. 地方　dìfang
10. 单薄　dānbó
11. 可怜兮兮　kěliánxīxī
12. 水浮莲　shuǐfúlián
13. 飘浮　piāofú
14. 部分　bùfen

作品 26 号

在原始社会里，文字还没有创造出来，却先有了歌谣[1]一类的东西。这也就是文艺。

文字创造出来以后，人就用它把所见所闻所想所感的一切记录下来。一首歌谣，不但口头唱，还要刻呀，漆呀，把它保留在什么东西上。这样，文艺和文字就并了家。

后来纸和笔普遍地使用了，而且发明了印刷术[2]。凡是需要记录下来的东西，要多少份就可以有多少份。于是所谓文艺，从外表说，就是一篇稿子，一部书，就是许多文字的集合体[3]。

文字是一道桥梁[4]，通过了这一道桥梁，读者才和作者会面。不但会面，并且了解作者的心情，和作者的心情相契合[5]。

就作者的方面说，文艺的创作决不是随便取许多文字来集合在一起。作者着手[6]创作，必然对于人生先有所见，先有所感。他把这些所见所感写出来，不作抽象的分析，而作具体的描写，不作刻板的记载[7]，而作想象的安排。他准备写的不是普通的论说文、记叙文；他准备写的是文艺。他动手写，不但选择那些最适当[8]的文字，让它们集合起来，还要审查那些写下来的文字，看有没有应当修改或是增减[9]的。总之，作者想做到的是：写下来的文字正好传达出他的所见所感。

就读者的//方面说，读者看到的是写在纸面或者印在纸面的文字，但是看到文字并不是他们的目的。他们要通过文字去接触作者的所见所感。

节选自叶圣陶《驱遣我们的想象》

示范音频

语音提示

1. 歌谣　gēyáo
2. 印刷术　yìnshuāshù
3. 集合体　jíhétǐ
4. 桥梁　qiáoliáng
5. 契合　qìhé
6. 着手　zhuóshǒu
7. 记载　jìzǎi
8. 适当　shìdàng
9. 增减　zēngjiǎn

作品 27 号

语言，也就是说话，好像是极其稀松平常[1]的事儿。可是仔细想想，实在是一件了不起的大事。正是因为[2]说话跟吃饭、走路一样的平常，人们才不去想它究竟是怎么回事儿。其实这三件事儿都是极不平常的，都是使人类不同于别的动物的特征[3]。

记得在小学里读书的时候，班上有一位“能文”的大师兄，在一篇作文的开头写下这么两句：“鹦鹉[4]能言，不离于禽[5]；猩猩[6]能言，不离于兽[7]。”我们看了都非常佩服[8]。后来知道这两句是有来历的，只是字句有些出入。又过了若干年，才知道这两句话都有问题。鹦鹉能学人说话，可只是作为现成的公式来说，不会加以变化。只有人们说话是从具体情况出发，情况一变，话也跟着变。

西方学者拿黑猩猩做实验，它们能学会极其有限的一点儿符号[9]语言，可是学不会把它变成有声语言。人类语言之所以能够“随机应变[10]”，在于一方面能把语音分析成若干音素[11]，又把这些音素组合成音节，再把音节连缀[12]起来。另一方面，又能分析外界事物及其变化，形成无数的“意念[13]”，一一配以语音，然后综合运用，表达各种复杂的意思[14]。一句话，人类语言的特点就在于能用变化无穷的语音，表达变化无穷的//意义。这是任何其他动物办不到的。

节选自吕叔湘《人类的语言》

示范音频

语音提示

1. 稀松平常　xīsōng píngcháng
2. 因为　yīn·wèi
3. 特征　tèzhēng
4. 鹦鹉　yīngwǔ
5. 不离于禽　bù lí yú qín
6. 猩猩　xīngxing
7. 不离于兽　bù lí yú shòu
8. 佩服　pèi·fú
9. 符号　fúhào
10. 随机应变　suíjī-yìngbiàn
11. 音素　yīnsù
12. 连缀　liánzhuì
13. 意念　yìniàn
14. 意思　yìsi

作品 28 号

父亲喜欢下象棋。那一年，我大学回家度假，父亲教我下棋。

我们俩摆好棋，父亲让我先走三步，可不到三分钟，三下五除二，我的兵将损失大半，棋盘上空荡荡的，只剩下老帅、士和一车两卒[1]在孤军奋战。我还不肯罢休，可是已无力回天，眼睁睁[2]看着父亲“将军[3]”，我输了。

我不服气，摆棋再下。几次交锋，基本上都是不到十分钟我就败下阵来。我不禁[4]有些泄气。父亲对我说：“你初学下棋，输是正常[5]的。但是你要知道输在什么地方[6]；否则，你就是再下上十年，也还是输。”

“我知道，输在棋艺上。我技术上不如你，没经验。”

“这只是次要因素，不是最重要的。”

“那最重要的是什么？”我奇怪地问。

“最重要的是你的心态不对。你不珍惜你的棋子[7]。”

“怎么不珍惜呀？我每走一步，都想半天。”我不服气地说。

“那是后来，开始你是这样吗？我给你计算过，你三分之二的棋子是在前三分之一的时间内丢失的。这期间你走棋不假思索[8]，拿起来就走，失了也不觉得可惜。因为[9]你觉得棋子很多，失一两个不算什么。”

我看看父亲，不好意思[10]地低下头。“后三分之二的时间，你又犯了相反的错误：对棋子过于珍惜，每走一步，都思前想后，患得患失，一个棋也不想失，//结果一个一个都失去了。”

节选自林夕《人生如下棋》

示范音频

语音提示

1. 一车两卒　yī jū liǎng zú
2. 眼睁睁　yǎnzhēngzhēng
3. 将军　jiāngjūn
4. 不禁　bùjīn
5. 正常　zhèngcháng
6. 地方　dìfang
7. 棋子　qízǐ
8. 不假思索　bùjiǎ-sīsuǒ
9. 因为　yīn·wèi
10. 不好意思　bù hǎoyìsi

作品 29 号

仲夏，朋友相邀游十渡。在城里住久了，一旦进入山水之间，竟有一种生命复苏的快感。

下车后，我们舍弃了大路，挑选了一条半隐半现在庄稼地[1]里的小径，弯弯绕绕地来到了十渡渡口。夕阳下的拒马河慷慨地撒出一片散金碎玉[2]，对我们表示欢迎。

岸边山崖上刀斧痕[3]犹存的崎岖[4]小道，高低凸凹[5]，虽没有“难于上青天”的险恶，却也有踏空了滚到拒马河洗澡的风险。狭窄处[6]只能手扶岩石贴壁而行。当“东坡草堂”几个红漆大字赫然[7]出现在前方岩壁时，一座镶嵌[8]在岩崖间[9]的石砌茅草屋同时跃进眼底。草屋被几级石梯托得高高的，屋下俯瞰[10]着一湾河水，屋前顺山势辟出[11]了一片空地，算是院落吧！右侧有一小小的蘑菇形[12]的凉亭，内设石桌石凳，亭顶褐黄色[13]的茅草像流苏般向下垂泻，把现实和童话串成[14]了一体。草屋的构思者最精彩的一笔，是设在院落边沿的柴门和篱笆[15]，走近这儿，便有了“花径不曾缘客扫，蓬门今始为君开”的意思。

当我们重登凉亭时，远处的蝙蝠山[16]已在夜色下化为剪影，好像就要展翅扑来。拒马河趁人们看不清它的容貌时豁开[17]了嗓门儿[18]韵味十足地唱呢！偶有不安分的小鱼儿和青蛙蹦跳//成声，像是为了强化这夜曲的节奏。此时，只觉世间唯有水声和我，就连偶尔从远处赶来歇脚的晚风，也悄无声息。

当我渐渐被夜的凝重与深邃所融蚀，一缕新的思绪涌动时，对岸沙滩上燃起了篝火，那鲜亮的火光，使夜色有了躁动感。篝火四周，人影绰约，如歌似舞。朋友说，那是北京的大学生们，结伴来这儿度周末的。遥望那明灭无定的火光，想象着篝火映照的青春年华，也是一种意想不到的乐趣。

节选自刘延《十渡游趣》

示范音频

语音提示

1. 庄稼地　zhuāngjiadì
2. 散金碎玉　sǎnjīn-suìyù
3. 刀斧痕　dāofǔhén
4. 崎岖　qíqū
5. 凸凹　tū'āo
6. 狭窄处　xiázhǎichù
7. 赫然　hèrán
8. 镶嵌　xiāngqiàn
9. 岩崖间　yányá jiān
10. 俯瞰　fǔkàn
11. 辟出　pìchū
12. 蘑菇形　móguxíng
13. 褐黄色　hèhuángsè
14. 串成　chuànchéng
15. 篱笆　líba
16. 蝙蝠山　Biānfú Shān
17. 豁开　huōkāi
18. 嗓门儿　sǎngménr

作品 30 号

在闽西南[1]和粤东北的崇山峻岭[2]中，点缀[3]着数以千计的圆形围屋或土楼，这就是被誉为“世界民居奇葩[4]”的客家民居。

客家人是古代从中原繁盛的地区迁到南方的。他们的居住地大多在偏僻[5]、边远的山区，为了防备盗匪的骚扰[6]和当地人的排挤，便建造了营垒式住宅，在土中掺[7]石灰，用糯米饭、鸡蛋清作黏合剂[8]，以竹片、木条作筋骨，夯筑[9]起墙厚一米，高十五米以上的土楼。它们大多为三至六层楼，一百至二百多间房屋如橘瓣状[10]排列，布局均匀，宏伟壮观。大部分土楼有两三百年甚至五六百年的历史，经受无数次地震撼动、风雨侵蚀[11]以及炮火攻击而安然无恙[12]，显示了传统建筑文化的魅力。

客家先民崇尚圆形，认为圆是吉祥、幸福和安宁的象征。土楼围成圆形的房屋均按八卦布局排列，卦与卦之间设有防火墙[13]，整齐划一。

客家人在治家、处事[14]、待人、立身等方面，无不体现出明显的文化特征。比如，许多房屋大门上刻着这样的正楷对联：“承前祖德勤和俭，启后子孙读与耕”，表现了先辈希望子孙和睦相处[15]、勤俭持家的愿望。楼内房间大小一模一样[16]，他们不分贫富、贵贱，每户人家平等地分到底层至高层各//一间房。各层房屋的用途惊人地统一，底层是厨房兼饭堂，二层当贮仓，三层以上作卧室，两三百人聚居一楼，秩序井然，毫不混乱。土楼内所保留的民俗文化，让人感受到中华传统文化的深厚久远。

节选自张宇生《世界民居奇葩》

示范音频

语音提示

1. 闽西南　Mǐnxīnán
2. 崇山峻岭　chóngshān-jùnlǐng
3. 点缀　diǎnzhuì
4. 奇葩　qípā
5. 偏僻　piānpì
6. 骚扰　sāorǎo
7. 掺　chān
8. 黏合剂　niánhéjì
9. 夯筑　hāngzhù
10. 橘瓣状　júbànzhuàng
11. 侵蚀　qīnshí
12. 安然无恙　ānrán-wúyàng
13. 防火墙　fánghuǒqiáng
14. 处事　chǔshì
15. 和睦相处　hémù xiāngchǔ
16. 一模一样　yīmú-yīyàng

作品 31 号

我国的建筑，从古代的宫殿到近代的一般住房，绝大部分是对称[1]的，左边怎么样，右边也怎么样。苏州园林可绝不讲究对称，好像故意避免似的。东边有了一个亭子或者一道回廊，西边决不会来一个同样的亭子或者一道同样的回廊。这是为什么？我想，用图画来比方[2]，对称的建筑是图案画，不是美术画，而园林是美术画，美术画要求自然之趣，是不讲究对称的。

苏州园林里都有假山和池沼[3]。

假山的堆叠，可以说是一项艺术而不仅是技术。或者是重峦叠嶂[4]，或者是几座小山配合着竹子花木，全在乎设计者和匠师们生平多阅历，胸中有丘壑[5]，才能使游览者攀登的时候忘却苏州城市，只觉得身在山间。

至于池沼，大多引用活水。有些园林池沼宽敞。就把池沼作为全园的中心，其他景物配合着布置。水面假如成河道模样[6]，往往安排桥梁。假如安排两座以上的桥梁，那就一座一个样，决不雷同。

池沼或河道的边沿[7]很少砌齐整的石岸，总是高低屈曲[8]任其自然。还在那儿布置几块玲珑[9]的石头[10]，或者种些花草。这也是为了取得从各个角度看都成一幅画[11]的效果。池沼里养着金鱼或各色鲤鱼，夏秋季节荷花或睡莲开//放，游览者看“鱼戏莲叶间”，又是入画的一景。

节选自叶圣陶《苏州园林》

示范音频

语音提示

1. 对称　duìchèn
2. 比方　bǐfang
3. 池沼　chízhǎo
4. 重峦叠嶂　chòngluán-diézhàng
5. 丘壑　qiūhè
6. 模样　múyàng
7. 边沿　biānyán
8. 屈曲　qūqū
9. 玲珑　línglóng
10. 石头　shítou
11. 一幅画　yīfú huà

作品 32 号

泰山极顶看日出，历来被描绘成十分壮观的奇景。有人说：登泰山而看不到日出，就像一出大戏没有戏眼，味儿[1]终究有点[2]寡淡。

我去爬山那天，正赶上个难得的好天，万里长空，云彩丝儿[3]都不见。素常烟雾腾腾的山头，显得眉目分明。同伴们都欣喜地说："明天早晨准可以看见日出了。"我也是抱着这种想头[4]，爬上山去。

一路从山脚往上爬，细看山景，我觉得挂在眼前的不是五岳独尊的泰山，却像一幅[5]规模惊人的青绿山水画，从下面倒展开来。在画卷中最先露出[6]的是山根[7]底那座明朝建筑岱宗坊[8]，慢慢地便现出王母池、斗母宫[9]、经石峪[10]。山是一层比一层深，一叠比一叠奇，层层叠叠，不知还会有多深多奇，万山丛中，时而点染着极其工细的人物。王母池旁的吕祖殿[11]里有不少尊明塑，塑着吕洞宾等一些人，姿态神情是那样有生气，你看了，不禁[12]会脱口赞叹说："活啦。"

画卷继续展开，绿阴森森[13]的柏洞[14]露面[15]不太久，便来到对松山。两面奇峰对峙[16]着，满山峰都是奇形怪状的老松，年纪怕都有上千岁了，颜色竟那么浓，浓得好像要流下来似的。来到这儿，你不妨权当[17]一次画里的写意人物，坐在路旁的对松亭里，看看山色，听听流//水和松涛。

一时间，我又觉得自己不仅是在看画卷，却又像是在零零乱乱翻着一卷历史稿本。

节选自杨朔《泰山极顶》

示范音频

语音提示

1. 味儿　wèir
2. 有点　yǒudiǎnr
3. 云彩丝儿　yúncǎisīr
4. 想头　xiǎngtou
5. 一幅　yīfú
6. 露出　lùchū
7. 山根　shāngēnr
8. 岱宗坊　Dàizōngfāng
9. 斗母宫　Dǒumǔgōng
10. 经石峪　Jīngshíyù
11. 吕祖殿　Lǚzǔdiàn
12. 不禁　bùjīn
13. 绿阴森森　lǜyīn sēnsēn
14. 柏洞　Bǎidòng
15. 露面　lòumiàn
16. 对峙　duìzhì
17. 权当　quán dàng

作品 33 号

在太空的黑幕上，地球就像站在宇宙舞台中央那位最美的大明星，浑身散发出夺人心魄的、彩色的、明亮的光芒，她披着浅蓝色的纱裙和白色的飘带，如同天上的仙女缓缓飞行。

地理知识告诉我，地球上大部分地区覆盖着海洋，我果然看到了大片蔚蓝色的海水，浩瀚[1]的海洋骄傲地披露[2]着广阔壮观的全貌，我还看到了黄绿相间[3]的陆地，连绵[4]的山脉纵横其间[5]；我看到我们平时所说的天空，大气层中飘浮[6]着片片雪白的云彩[7]，那么轻柔，那么曼妙，在阳光普照下，仿佛[8]贴在地面上一样。海洋、陆地、白云，它们呈现在飞船下面，缓缓驶来，又缓缓离去。

我知道自己还是在轨道上飞行，并没有完全脱离地球的怀抱，冲向宇宙的深处[9]，然而这也足以让我震撼了，我并不能看清宇宙中众多的星球[10]，因为[11]实际上它们离我们的距离非常遥远，很多都是以光年[12]计算。正因为如此，我觉得宇宙的广袤[13]真实地摆在我的眼前，即便[14]作为中华民族第一个飞天的人我已经跑到离地球表面四百公里的空间，可以称为太空人了，但是实际上在浩瀚的宇宙面前，我仅像一粒尘埃。

虽然独自在太空飞行，但我想到了此刻千万//中国人翘首以待，我不是一个人在飞，我是代表所有中国人，甚至人类来到了太空。我看到的一切证明了中国航天技术的成功，我认为我的心情一定要表达一下，就拿出太空笔，在工作日志背面写了一句话："为了人类的和平与进步，中国人来到太空了。"以此来表达一个中国人的骄傲和自豪。

节选自杨利伟《天地九重》

示范音频

语音提示

1. 浩瀚　hàohàn
2. 披露　pīlù
3. 黄绿相间　huáng-lǜ xiāngjiàn
4. 连绵　liánmián
5. 纵横其间　zònghéng qíjiān
6. 飘浮　piāofú
7. 云彩　yúncai
8. 仿佛　fǎngfú
9. 深处　shēnchù
10. 星球　xīngqiú
11. 因为　yīn·wèi
12. 光年　guāngnián
13. 广袤　guǎngmào
14. 即便　jíbiàn

作品 34 号

最使我难忘的，是我小学时候的女教师蔡芸芝[1]先生[2]。

现在回想起来，她那时有十八九岁。右嘴角边有榆钱大小一块[3]黑痣[4]。在我的记忆里，她是一个温柔和美丽的人。

她从来不打骂我们。仅仅有一次，她的教鞭好像要落下来，我用石板一迎，教鞭轻轻地敲在石板边上，大伙[5]笑了，她也笑了。我用儿童的狡猾的眼光察觉，她爱我们，并没有存心要打的意思。孩子们是多么善于观察这一点啊。

在课外的时候，她教我们跳舞，我现在还记得她把我扮成女孩子表演跳舞的情景。

在假日里，她把我们带到她的家里和女朋友的家里。在她的女朋友的园子里，她还让我们观察蜜蜂；也是在那时候，我认识了蜂王，并且平生第一次吃了蜂蜜。

她爱诗，并且爱用歌唱的音调教我们读诗。直到现在我还记得她读诗的音调，还能背诵她教我们的诗：

圆天盖着大海，
黑水托着孤舟，
远看不见山，
那天边只有云头，
也看不见树，
那水上只有海鸥……

今天想来，她对我的接近文学和爱好文学，是有着多么有益的影响！

像这样的教师，我们怎么会不喜欢她，怎么会不愿意和她亲近呢？我们见了她不由得就围上去。即使[6]她写字的时候，我//们也默默地看着她，连她握铅笔的姿势都急于模仿。

节选自魏巍《我的老师》

示范音频

语音提示

1. 蔡芸芝　Cài Yúnzhī
2. 先生　xiānsheng
3. 一块　yīkuàir
4. 黑痣　hēizhì
5. 大伙　dàhuǒr
6. 即使　jíshǐ

作品 35 号

我喜欢出发。

凡是到达了的地方，都属于昨天。哪怕那山再青，那水再秀，那风再温柔。太深的流连[1]便成了一种羁绊[2]，绊住的不仅有双脚，还有未来。

怎么能不喜欢出发呢？没见过大山的巍峨[3]，真是遗憾；见了大山的巍峨没见过大海的浩瀚[4]，仍然[5]遗憾；见了大海的浩瀚没见过大漠的广袤[6]，依旧遗憾；见了大漠的广袤没见过森林的神秘，还是遗憾。世界上有不绝的风景，我有不老的心情。

我自然知道，大山有坎坷[7]，大海有浪涛，大漠有风沙，森林有猛兽。即便[8]这样，我依然喜欢。

打破生活的平静便是另一番景致，一种属于年轻的景致。真庆幸[9]，我还没有老。即便真老了又怎么样，不是有句话叫老当益壮吗？

于是，我还想从大山那里学习深刻，我还想从大海那里学习勇敢，我还想从大漠那里学习沉着[10]，我还想从森林那里学习机敏。我想学着品味一种缤纷[11]的人生。

人能走多远？这话不是要问两脚而是要问志向。人能攀多高？这事不是要问双手而是要问意志。于是，我想用青春的热血[12]给自己树起一个高远的目标。不仅是为了争取一种光荣，更是为了追求一种境界。目标实现了，便是光荣；目标实现不了，人生也会因//这一路风雨跋涉变得丰富而充实；在我看来，这就是不虚此生。

是的，我喜欢出发，愿你也喜欢。

节选自汪国真《我喜欢出发》

示范音频

语音提示

1. 流连　liúlián
2. 羁绊　jībàn
3. 巍峨　wēi'é
4. 浩瀚　hàohàn
5. 仍然　réngrán
6. 广袤　guǎngmào
7. 坎坷　kǎnkě
8. 即便　jíbiàn
9. 庆幸　qìngxìng
10. 沉着　chénzhuó
11. 缤纷　bīnfēn
12. 热血　rèxuè

作品 36 号

乡下人家[1]总爱在屋前搭一瓜架，或种南瓜，或种丝瓜，让那些瓜藤[2]攀上棚架[3]，爬上屋檐[4]。当花儿落了的时候，藤上便结出了青的、红的瓜，它们一个个挂在房前，衬着那长长的藤，绿绿的叶。青、红的瓜，碧绿的藤和叶，构成了一道别有风趣的装饰[5]，比那高楼门前蹲着一对石狮子或是竖着两根大旗杆，可爱多了。

有些人家，还在门前的场地上种几株花，芍药[6]，凤仙，鸡冠花，大丽菊，它们依着时令，顺序开放，朴素中带着几分华丽，显出一派独特的农家风光。还有些人家，在屋后种几十枝竹，绿的叶，青的竿，投下一片浓浓的绿荫[7]。几场春雨过后，到那里走走，你常常会看见许多鲜嫩[8]的笋，成群地从土里探出头来。

鸡，乡下人家照例总要养几只的。从他们的房前屋后走过，你肯定会瞧见一只母鸡，率领一群小鸡，在竹林中觅食[9]；或是瞧见耸着尾巴[10]的雄鸡[11]，在场地上大踏步地走来走去。

他们的屋后倘若[12]有一条小河，那么在石桥旁边，在绿树荫下，你会见到一群鸭子游戏水中，不时地把头扎到水下去觅食。即使附近的石头上有妇女在捣衣[13]，它们也从不吃惊。

若是在夏天的傍晚出去散步，你常常会瞧见乡下人家吃晚饭//的情景。他们把桌椅饭菜搬到门前，天高地阔地吃起来。天边的红霞，向晚的微风，头上飞过的归巢的鸟儿，都是他们的好友。它们和乡下人家一起，绘成了一幅自然、和谐的田园风景画。

节选自陈醉云《乡下人家》

示范音频

语音提示

1. 人家 rénjiā
2. 瓜藤 guāténg
3. 棚架 péngjià
4. 屋檐 wūyán
5. 装饰 zhuāngshì
6. 芍药 sháoyao
7. 绿荫 lǜyīn
8. 鲜嫩 xiānnèn
9. 觅食 mìshí
10. 尾巴 wěiba
11. 雄鸡 xióngjī
12. 倘若 tǎngruò
13. 捣衣 dǎoyī

作品 37 号

我们的船渐渐地逼近[1]榕树了。我有机会看清它的真面目:是一棵大树,有数不清的丫枝[2],枝上又生根,有许多根一直垂到地上,伸进泥土里。一部分树枝垂到水面,从远处看,就像一棵大树斜躺在水面上一样。

现在正是枝繁叶茂的时节。这棵榕树好像在把它的全部生命力展示给我们看。那么多的绿叶,一簇堆在另一簇的上面,不留一点儿缝隙[3]。翠绿[4]的颜色明亮地在我们的眼前闪耀[5],似乎每一片树叶上都有一个新的生命在颤动[6],这美丽的南国的树!

船在树下泊[7]了片刻,岸上很湿,我们没有上去。朋友说这里是“鸟的天堂”,有许多鸟在这棵树上做窝,农民不许人去捉它们。我仿佛听见几只鸟扑翅[8]的声音,但是等到我的眼睛[9]注意地看那里时,我却看不见一只鸟的影子,只有无数的树根立在地上,像许多根木桩。地是湿的,大概涨潮[10]时河水常常冲上岸去。“鸟的天堂”里没有一只鸟,我这样想到。船开了,一个朋友拨着船[11],缓缓地流到河中间去。

第二天,我们划着船到一个朋友的家乡去,就是那个有山有塔的地方。从学校出发,我们又经过那“鸟的天堂”。

这一次是在早晨,阳光照在水面上,也照在树梢[12]上。一切都//显得非常光明。我们的船也在树下泊了片刻。

起初四周围非常清静。后来忽然起了一声鸟叫。我们把手一拍,便看见一只大鸟飞了起来,接着又看见第二只,第三只。我们继续拍掌,很快地这个树林就变得很热闹了。到处都是鸟声,到处都是鸟影。大的,小的,花的,黑的,有的站在枝上叫,有的飞起来,在扑翅膀。

节选自巴金《鸟的天堂》

示范音频

语音提示

1. 逼近　bījìn
2. 丫枝　yāzhī
3. 缝隙　fèngxì
4. 翠绿　cuìlǜ
5. 闪耀　shǎnyào
6. 颤动　chàndòng
7. 泊　bó
8. 扑翅　pū chì
9. 眼睛　yǎnjing
10. 涨潮　zhǎngcháo
11. 拨着船　bōzhe chuán
12. 树梢　shùshāo

作品 38 号

两百多年前，科学家做了一次实验。他们在一间屋子里横七竖八[1]地拉了许多绳子[2]，绳子上系着许多铃铛[3]，然后把蝙蝠[4]的眼睛[5]蒙上[6]，让它在屋子里飞。蝙蝠飞了几个钟头，铃铛一个也没响，那么多的绳子，它一根也没碰着。

科学家又做了两次实验：一次把蝙蝠的耳朵塞上[7]，一次把蝙蝠的嘴封住，让它在屋子里飞。蝙蝠就像没头苍蝇[8]似的到处乱撞，挂在绳子上的铃铛响个不停。

三次实验的结果证明，蝙蝠夜里飞行，靠的不是眼睛，而是靠嘴和耳朵配合起来探路的。

后来，科学家经过反复研究，终于揭开了蝙蝠能在夜里飞行的秘密[9]。它一边飞，一边从嘴里发出超声波[10]。而这种声音，人的耳朵是听不见的，蝙蝠的耳朵却能听见。超声波向前传播[11]时，遇到障碍物[12]就反射回来，传到蝙蝠的耳朵里，它就立刻改变飞行的方向。

知道蝙蝠在夜里如何飞行，你猜到飞机夜间飞行的秘密了吗？现代飞机上安装了雷达[13]，雷达的工作原理与蝙蝠探路类似。雷达通过天线发出无线电波，无线电波遇到障碍物就反射回来，被雷达接收到，显示在荧光屏[14]上。从雷达的荧光屏上，驾驶员能够清楚地看到前方有没有障碍物，所//以飞机飞行就更安全了。

节选自《夜间飞行的秘密》

示范音频

语音提示

1. 横七竖八　héngqī-shùbā
2. 绳子　shéngzi
3. 铃铛　língdang
4. 蝙蝠　biānfú
5. 眼睛　yǎnjing
6. 蒙上　méng·shàng
7. 塞上　sāi·shàng
8. 苍蝇　cāngying
9. 秘密　mìmì
10. 超声波　chāoshēngbō
11. 传播　chuánbō
12. 障碍物　zhàng'àiwù
13. 雷达　léidá
14. 荧光屏　yíngguāngpíng

作品 39 号

北宋时候，有位画家叫张择端。他画了一幅[1]名扬中外的画《清明上河图》。这幅画长五百二十八厘米，高二十四点八厘米，画的是北宋都城汴梁[2]热闹[3]的场面。这幅画已经有八百多年的历史了，现在还完整地保存在北京的故宫博物院里。

张择端画这幅画的时候，下了很大的功夫[4]。光是画上的人物，就有五百多个：有从乡下[5]来的农民，有撑船的船工，有做各种买卖[6]的生意人，有留着长胡子的道士[7]，有走江湖的医生，有摆小摊[8]的摊贩，有官吏[9]和读书人，三百六十行，哪一行的人都画在上面了。

画上的街市可热闹了。街上有挂着各种招牌[10]的店铺、作坊[11]、酒楼、茶馆[12]，走在街上的，是来来往往、形态各异的人：有的骑着马，有的挑着担，有的赶着毛驴，有的推着独轮车，有的悠闲地在街上溜达[13]。画面上的这些人，有的不到一寸，有的甚至只有黄豆那么大。别看画上的人小，每个人在干什么，都能看得清清楚楚。

最有意思的是桥北头[14]的情景：一个人骑着马，正往桥下走。因为[15]人太多，眼看就要碰上对面来的一乘轿子[16]。就在这个紧急时刻，那个牧马人一下子拽住[17]了马笼头[18]，这才没碰上那乘轿子。不过，这么一来，倒把马右边的//两头小毛驴吓得又踢又跳。站在桥栏杆边欣赏风景的人，被小毛驴惊扰了，连忙回过头来赶小毛驴。你看，张择端画的画，是多么传神啊！

《清明上河图》使我们看到了八百年以前的古都风貌，看到了当时普通老百姓的生活场景。

节选自滕明道《一幅名扬中外的画》

示范音频

语音提示

1. 一幅　yī fú
2. 汴梁　Biànliáng
3. 热闹　rènao
4. 功夫　gōngfu
5. 乡下　xiāngxia
6. 买卖　mǎimai
7. 道士　dàoshi
8. 小摊　xiǎotānr
9. 官吏　guānlì
10. 招牌　zhāopai
11. 作坊　zuōfang
12. 茶馆　cháguǎnr
13. 溜达　liūda
14. 桥北头　qiáo běitou
15. 因为　yīn·wèi
16. 一乘轿子　yī shèng jiàozi
17. 拽住　zhuàizhù
18. 马笼头　mǎlóngtou

作品 40 号

二〇〇〇年，中国第一个以科学家名字命名的股票“隆平[1]高科”上市。八年后，名誉董事长袁隆平所持有的股份以市值计算已经过亿。从此，袁隆平又多了个“首富科学家”的名号。而他身边的学生和工作人员，却很难把这位老人和“富翁”联系起来。

“他哪里有富人的样子。”袁隆平的学生们笑着议论。在学生们的印象里，袁老师永远黑黑瘦瘦，穿一件软塌塌的衬衣。在一次会议上，袁隆平坦言[2]：“不错，我身价二〇〇八年就一千零八亿了，可我真的有那么多钱吗？没有。我现在就是靠每个月六千多元的工资生活，已经很满足了。我今天穿的衣服就五十块钱，但我喜欢的还是昨天穿的那件十五块钱的衬衫，穿着很精神[3]。”袁隆平认为“一个人的时间和精力是有限的，如果老想着享受，哪有心思[4]搞科研？搞科学研究就是要淡泊[5]名利，踏实[6]做人”。

在工作人员眼中，袁隆平其实就是一位身板[7]硬朗[8]的“人民农学家”，“老人下田从不要人搀扶[9]，拿起套鞋，脚一蹬就走”。袁隆平说：“我有八十岁的年龄[10]，五十多岁的身体，三十多岁的心态，二十多岁的肌肉弹性。”袁隆平的业余生活非常丰富，钓鱼、打排球、听音乐……他说，就是喜欢这些//不花钱的平民项目。

二〇一〇年九月，袁隆平度过了他的八十岁生日。当时，他许了个愿：到九十岁时，要实现亩产一千公斤！如果全球百分之五十的稻田种植杂交水稻，每年可增产一点五亿吨粮食，可多养活四亿到五亿人口。

节选自刘畅《一粒种子造福世界》

示范音频

语音提示

1. 隆平　Lóngpíng
2. 坦言　tǎnyán
3. 精神　jīngshen
4. 心思　xīnsi
5. 淡泊　dànbó
6. 踏实　tāshi
7. 身板　shēnbǎnr
8. 硬朗　yìnglang
9. 搀扶　chānfú
10. 年龄　niánlíng

作品 41 号

北京的颐和园[1]是个美丽的大公园。

进了颐和园的大门，绕过大殿，就来到有名的长廊[2]。绿漆的柱子，红漆的栏杆，一眼望不到头。这条长廊有七百多米长，分成二百七十三间。每一间的横槛[3]上都有五彩的画，画着人物、花草、风景，几千幅画没有哪两幅[4]是相同的。长廊两旁栽满了花木，这一种花还没谢，那一种花又开了。微风从左边的昆明湖上吹来，使人神清气爽。

走完长廊，就来到了万寿山脚下。抬头一看，一座八角宝塔形的三层建筑耸立[5]在半山腰上，黄色的琉璃瓦闪闪发光。那就是佛香阁[6]。下面的一排排金碧辉煌[7]的宫殿[8]，就是排云殿[9]。

登上万寿山，站在佛香阁的前面向下望，颐和园的景色大半收在眼底。葱郁的树丛，掩映[10]着黄的绿的琉璃瓦[11]屋顶和朱红的宫墙。正前面，昆明湖静得像一面镜子，绿得像一块碧玉。游船、画舫[12]在湖面慢慢地滑过，几乎不留一点儿痕迹[13]。向东远眺，隐隐约约可以望见几座古老的城楼和城里的白塔。

从万寿山下来，就是昆明湖。昆明湖围着长长的堤岸[14]，堤上有好几座式样不同的石桥，两岸栽着数不清的垂柳。湖中心有个小岛，远远望去，岛上一片葱绿，树丛中露出[15]宫殿的一角。//游人走过长长的石桥，就可以去小岛上玩。这座石桥有十七个桥洞，叫十七孔桥。桥栏杆上有上百根石柱，柱子上都雕刻着小狮子。这么多的狮子，姿态不一，没有哪两只是相同的。

颐和园到处有美丽的景色，说也说不尽，希望你有机会去细细游赏。

节选自袁鹰《颐和园》

示范音频

语音提示

1. 颐和园　Yíhéyuán
2. 长廊　chángláng
3. 横槛　héngjiàn
4. 哪两幅　nǎ liǎng fú
5. 耸立　sǒnglì
6. 佛香阁　Fóxiānggé
7. 金碧辉煌　jīnbì-huīhuáng
8. 宫殿　gōngdiàn
9. 排云殿　Páiyúndiàn
10. 掩映　yǎnyìng
11. 琉璃瓦　liú·líwǎ
12. 画舫　huàfǎng
13. 痕迹　hénjì
14. 堤岸　dī'àn

15 露出　lòuchū

作品 42 号

一谈到读书，我的话就多了！

我自从会认字后不到几年，就开始读书。倒不是四岁时读母亲给我的商务印书馆出版的国文教科书第一册的“天、地、日、月、山、水、土、木”以后的那几册，而是七岁时开始自己读的“话说天下大势，分久必合，合久必分……”的《三国演义》。

那时，我的舅父杨子敬[1]先生[2]每天晚饭后必给我们几个表兄妹讲一段《三国演义》，我听得津津有味[3]，什么“宴桃园豪杰三结义，斩黄巾英雄[4]首立功”，真是[5]好听极了。但是他讲了半个钟头，就停下去干他的公事了。我只好带着对于故事[6]下文的无限悬念[7]，在母亲的催促[8]下，含泪上床。

此后，我决定咬了牙，拿起一本《三国演义》来，自己一知半解地读了下去，居然越看越懂，虽然字音都读得不对，比如把“凯”念作“岂”，把“诸[9]”念作“者”之类，因为[10]我只学过那个字一半部分。

谈到《三国演义》，我第一次读到关羽死了，哭了一场[11]，把书丢下了。第二次再读到诸葛亮死了，又哭了一场，又把书丢下了，最后忘了是什么时候才把全书读到“分久必合”的结局。

这时我同时还看了母亲针线笸箩[12]里常放着的那几本《聊斋志异》，聊斋故事是短篇的，可以随时拿起放下，又是文言的，这对于我的//作文课很有帮助，因为老师曾在我的作文本上批着“柳州风骨，长吉清才”的句子，其实我那时还没有读过柳宗元和李贺的文章，只因那时的作文，都是用文言写的。

书看多了，从中也得到一个体会，物怕比，人怕比，书也怕比，“不比不知道，一比吓一跳”。

因此，某年的六一国际儿童节，有个儿童刊物要我给儿童写几句指导读书的话，我只写了九个字，就是：

读书好，多读书，读好书。

节选自冰心《忆读书》

示范音频

语音提示

1. 杨子敬　Yáng Zǐjìng
2. 先生　xiānsheng
3. 津津有味　jīnjīn-yǒuwèi
4. 英雄　yīngxióng
5. 真是　zhēnshi
6. 故事　gùshi
7. 悬念　xuánniàn
8. 催促　cuīcù
9. 诸　zhū
10. 因为　yīn·wèi
11. 哭了一场　kūle yīcháng
12. 笸箩　pǒluo

作品 43 号

徐霞客是明朝末年的一位奇人。他用双脚，一步一步地走遍了半个中国大陆，游览过许多名山大川，经历过许多奇人异事。他把游历的观察和研究记录下来，写成了《徐霞客游记》这本千古奇书。

当时的读书人，都忙着追求科举功名，抱着“十年寒窗无人问，一举成名天下知”的观念，埋头于经书之中。徐霞客却卓尔不群[1]，醉心[2]于古今史籍及地志、山海图经的收集和研读。他发现此类书籍很少，记述简略且多有相互矛盾之处，于是他立下雄心壮志[3]，要走遍天下，亲自考察。

此后三十多年，他与长风为伍，云雾为伴，行程九万里，历尽千辛万苦，获得了大量第一手考察资料。徐霞客日间攀险峰[4]，涉危涧[5]，晚上就是再疲劳，也一定录下当日[6]见闻。即使[7]荒野露宿[8]，栖身[9]洞穴[10]，也要“燃松拾穗[11]，走笔为记”。

徐霞客的时代，没有火车，没有汽车，没有飞机，他所去的许多地方[12]连道路都没有，加上明朝末年治安不好，盗匪横行[13]，长途旅行是非常艰苦又非常危险的事。

有一次，他和三个同伴到西南地区，沿路考察石灰岩地形和长江源流。走了二十天，一个同伴难耐[14]旅途劳顿，不辞而别。到了衡阳附近[15]又遭遇土匪抢劫[16]，财物尽失，还险//些被杀害。好不容易到了南宁，另一个同伴不幸病死，徐霞客忍痛继续西行。到了大理，最后一个同伴也因为吃不了苦，偷偷地走了，还带走了他仅存的行囊。但是，他还是坚持目标，继续他的研究工作，最后找到了答案，推翻历史上的错误，证明长江的源流不是岷江而是金沙江。

节选自《阅读大地的徐霞客》

示范音频

语音提示

1. 卓尔不群　zhuó'ěr-bùqún
2. 醉心　zuìxīn
3. 雄心壮志　xióngxīn-zhuàngzhì
4. 攀险峰　pān xiǎnfēng
5. 危涧　wēijiàn
6. 当日　dàngrì
7. 即使　jíshǐ
8. 露宿　lùsù
9. 栖身　qīshēn
10. 洞穴　dòngxué
11. 燃松拾穗　rán sōng shí suì
12. 地方　dìfang
13. 横行　héngxíng
14. 难耐　nán nài
15. 附近　fùjìn
16. 抢劫　qiǎngjié

作品 44 号

造纸术[1]的发明，是中国对世界文明的伟大贡献之一。

早在几千年前，我们的祖先就创造了文字。可那时候还没有纸，要记录一件事情，就用刀把文字刻在龟甲和兽骨上，或者把文字铸刻[2]在青铜器[3]上。后来，人们又把文字写在竹片和木片上。这些竹片、木片用绳子[4]穿起来，就成了一册书。但是，这种书很笨重，阅读、携带、保存都很不方便。古时候用“学富五车”形容一个人学问[5]高，是因为[6]书多的时候需要用车来拉。再后来，有了蚕丝[7]织成的帛[8]，就可以在帛上写字了。帛比竹片、木片轻便，但是价钱太贵，只有少数人能用，不能普及。

人们用蚕茧[9]制作丝绵时发现，盛放蚕茧的篾席[10]上，会留下一层薄片[11]，可用于书写。考古学家发现，在两千多年前的西汉时代，人们已经懂得了用麻来造纸。但麻纸比较[12]粗糙[13]，不便书写。

大约在一千九百年前的东汉时代，有个叫蔡伦的人，吸收了人们长期积累的经验，改进了造纸术。他把树皮、麻头、稻草、破布等原料剪碎或切断，浸在水里捣烂成浆；再把浆捞出来晒干，就成了一种既轻便又好用的纸。用这种方法造的纸，原料容易得到，可以大量制造，价格又便宜[14]，能满足多数人的需要，所//以这种造纸方法就传承下来了。

我国的造纸术首先传到邻近的朝鲜半岛和日本，后来又传到阿拉伯世界和欧洲，极大地促进了人类社会的进步和文化的发展，影响了全世界。

节选自《纸的发明》

示范音频

语音提示

1. 造纸术 zàozhǐshù
2. 铸刻 zhùkè
3. 青铜器 qīngtóngqì
4. 绳子 shéngzi
5. 学问 xuéwen
6. 因为 yīn·wèi
7. 蚕丝 cánsī
8. 帛 bó
9. 蚕茧 cánjiǎn
10. 篾席 mièxí
11. 薄片 báopiàn
12. 比较 bǐjiào
13. 粗糙 cūcāo
14. 便宜 piányi

作品 45 号

中国的第一大岛、台湾省的主岛台湾，位于中国大陆架的东南方，地处[1]东海和南海之间，隔着台湾海峡和大陆相望。天气晴朗的时候，站在福建沿海较高的地方，就可以隐隐约约[2]地望见岛上的高山和云朵。

台湾岛形状狭长[3]，从东到西，最宽处只有一百四十多公里；由南至北，最长的地方约有三百九十多公里。地形像一个纺织用的梭子[4]。

台湾岛上的山脉纵贯[5]南北，中间的中央山脉犹如全岛的脊梁[6]。西部为海拔近四千米的玉山山脉，是中国东部的最高峰。全岛约有三分之一的地方是平地，其余为山地。岛内有缎带般的瀑布，蓝宝石似的[7]湖泊[8]，四季常青的森林和果园，自然景色十分优美。西南部的阿里山和日月潭，台北市郊的大屯山风景区，都是闻名世界的游览胜地。

台湾岛地处热带和温带之间，四面环海[9]，雨水充足[10]，气温受到海洋的调剂[11]，冬暖夏凉[12]，四季如春，这给水稻和果木生长提供[13]了优越的条件。水稻、甘蔗[14]、樟脑是台湾的“三宝”。岛上还盛产鲜果和鱼虾。

台湾岛还是一个闻名世界的“蝴蝶王国”。岛上的蝴蝶共有四百多个品种，其中有不少是世界稀有的珍贵品种。岛上还有不少鸟语花香的蝴//蝶谷，岛上居民利用蝴蝶制作的标本和艺术品，远销许多国家。

节选自《中国的宝岛——台湾》

示范音频

语音提示

1. 地处　dìchǔ
2. 隐隐约约　yǐnyǐnyuēyuē
3. 狭长　xiácháng
4. 梭子　suōzi
5. 纵贯　zòngguàn
6. 脊梁　jǐ·liáng
7. 似的　shìde
8. 湖泊　húpō
9. 环海　huán hǎi
10. 充足　chōngzú
11. 调剂　tiáojì
12. 冬暖夏凉　dōng nuǎn xià liáng
13. 提供　tígōng
14. 甘蔗　gānzhe

作品 46 号

对于中国的牛，我有着一种特别尊敬的感情。

留给我印象最深的，要算在田垄[1]上的一次“相遇”。

一群朋友郊游，我领头在狭窄[2]的阡陌[3]上走，怎料迎面来了几头耕牛，狭道容不下人和牛，终有一方要让路。它们还没有走近，我们已经预计斗不过畜牲[4]，恐怕难免踩到田地泥水里. 弄得鞋袜又泥又湿了。正踟蹰[5]的时候，带头的一头牛，在离我们不远的地方停下来，抬起头看看，稍迟疑一下，就自动走下田去。一队耕牛，全跟着它离开阡陌，从我们身边经过。

我们都呆了，回过头来，看着深褐色[6]的牛队，在路的尽头消失，忽然觉得自己受了很大的恩惠。

中国的牛，永远沉默地为人做着沉重的工作。在大地上，在晨光或烈日下，它拖着沉重的犁[7]，低头一步又一步，拖出了身后一列又一列松土，好让人们下种[8]。等到满地金黄或农闲时候，它可能还得担当[9]搬运负重的工作；或终日绕着石磨，朝同一方向，走不计程的路。

在它沉默的劳动中，人便得到应得的收成[10]。

那时候，也许，它可以松一肩重担，站在树下，吃几口嫩草。偶尔摇摇尾巴[11]，摆摆耳朵[12]，赶走飞附[13]身上的苍蝇[14]，已经算是它最闲适的生活了。

中国的牛，没有成群奔跑的习//惯，永远沉沉实实的，默默地工作，平心静气。这就是中国的牛！

节选自（香港）小思《中国的牛》

示范音频

语音提示

1. 田垄　tiánlǒng
2. 狭窄　xiázhǎi
3. 阡陌　qiānmò
4. 畜生　chùsheng
5. 踟蹰　chíchú
6. 深褐色　shēnhèsè
7. 犁　lí
8. 下种　xià zhǒng
9. 担当　dāndāng
10. 收成　shōucheng
11. 摇摇尾巴　yáoyao wěiba
12. 摆摆耳朵　bǎibai ěrduo
13. 飞附　fēifù
14. 苍蝇　cāngying

作品 47 号

石拱桥[1]的桥洞成弧形[2]，就像虹。古代神话里说，雨后彩虹是“人间天上的桥”，通过彩虹就能上天。我国的诗人爱把拱桥比作虹，说拱桥是“卧虹”“飞虹”，把水上拱桥形容为“长虹卧波[3]”。

我国的石拱桥有悠久[4]的历史。《水经注》里提到的“旅人桥[5]”，大约建成于公元二八二年，可能是有记载[6]的最早的石拱桥了。我国的石拱桥几乎到处都有。这些桥大小不一，形式多样，有许多是惊人的杰作。其中最著名的当推河北省赵县的赵州桥。

赵州桥非常雄伟，全长五十点八二米。桥的设计完全合乎科学原理，施工技术更是巧妙绝伦。全桥只有一个大拱，长达三十七点四米，在当时可算是世界上最长的石拱。桥洞不是普通半圆形，而是像一张弓，因而大拱上面的道路没有陡坡[7]，便于车马上下。大拱的两肩上，各有两个小拱。这个创造性的设计，不但节约了石料，减轻了桥身的重量，而且在河水暴涨[8]的时候，还可以增加桥洞的过水量，减轻洪水对桥身的冲击。同时，拱上加拱，桥身也更美观。大拱由二十八道拱圈[9]拼成，就像这么多同样形状的弓合拢[10]在一起，做成一个弧形的桥洞。每道拱圈都能独立支撑上面的重量，一道坏了，其//他各道不致受到影响。全桥结构匀称，和四周景色配合得十分和谐；桥上的石栏石板也雕刻得古朴美观。赵州桥高度的技术水平和不朽的艺术价值，充分显示了我国劳动人民的智慧和力量。

节选自茅以升《中国石拱桥》

示范音频

语音提示

1. 石拱桥　shígǒngqiáo
2. 弧形　húxíng
3. 长虹卧波　chánghóng-wòbō
4. 悠久　yōujiǔ
5. 旅人桥　Lǚrénqiáo
6. 记载　jìzǎi
7. 陡坡　dǒupō
8. 暴涨　bàozhǎng
9. 拱圈　gǒngquān
10. 合拢　hélǒng

作品 48 号

不管我的梦想能否成为事实，说出来总是好玩儿的：

春天，我将要住在杭州。二十年前，旧历的二月初，在西湖我看见了嫩柳[1]与菜花，碧浪与翠竹。由我看到的那点儿春光，已经可以断定，杭州的春天必定会教人[2]整天生活在诗与图画之中。所以，春天我的家应当是在杭州。

夏天，我想青城山[3]应当算作[4]最理想的地方。在那里，我虽然只住过十天，可是它的幽静已拴住了我的心灵[5]。在我所看见过的山水中，只有这里没有使我失望。到处都是绿，目之所及，那片淡而光润[6]的绿色都在轻轻地颤动，仿佛[7]要流入空中与心中似的。这个绿色会像音乐，涤清[8]了心中的万虑。

秋天一定要住北平。天堂是什么样子，我不知道，但是从我的生活经验去判断，北平之秋便是天堂。论天气，不冷不热。论吃的，苹果、梨、柿子[9]、枣儿[10]、葡萄，每样都有若干种。论花草，菊花种类之多，花式之奇，可以甲天下。西山有红叶可见，北海可以划船——虽然荷花已残，荷叶可还有一片清香。衣食住行，在北平的秋天，是没有一项不使人满意的。

冬天，我还没有打好主意[11]，成都或者相当的合适，虽然并不怎样和暖，可是为了水仙，素心腊梅，各色的茶花，仿佛就受一点儿[12]寒//冷，也颇值得去了。昆明的花也多，而且天气比成都好，可是旧书铺与精美而便宜的小吃远不及成都那么多。好吧，就暂这么规定：冬天不住成都便住昆明吧。

节选自老舍《住的梦》

示范音频

语音提示

1. 嫩柳　nènliǔ
2. 教人　jiào rén
3. 青城山　Qīngchéng Shān
4. 算作　suànzuò
5. 心灵　xīnlíng
6. 光润　guāngrùn
7. 仿佛　fǎngfú
8. 涤清　díqīng
9. 柿子　shìzi
10. 枣儿　zǎor
11. 主意　zhǔyi
12. 一点儿　yīdiǎnr

作品 49 号

在北京市东城区著名的天坛公园东侧，有一片占地面积近二十万平方米的建筑区域，大大小小的十余栋训练馆坐落其间。这里就是国家体育总局训练局。许多我们耳熟能详[1]的中国体育明星都曾在这里挥汗如雨[2]，刻苦练习。

中国女排的一天就是在这里开始的。

清晨八点钟，女排队员们早已集合完毕，准备开始一天的训练。主教练郎平坐在场外长椅上，目不转睛[3]地注视着跟随助理教练们做热身运动的队员们，她身边的座位上则横七竖八地堆放着女排姑娘们的各式用品：水、护具、背包，以及各种外行人[4]叫不出名字的东西。不远的墙上悬挂着一面鲜艳的国旗，国旗两侧是“顽强拼搏”和“为国争光”两条红底黄字的横幅[5]，格外醒目。

“走下领奖台，一切从零开始”十一个大字，和国旗遥遥相望，姑娘们训练之余偶尔一瞥[6]就能看到。只要进入这个训练馆，过去的鲜花、掌声与荣耀皆成为历史，所有人都只是最普通的女排队员。曾经的辉煌、骄傲、胜利，在踏入这间场馆的瞬间[7]全部归零。

踢球跑、垫球跑、夹球[9]跑……这些对普通人而言和杂技差不多的项目是女排队员们必须熟练掌握的基本技能。接下来//的任务是小比赛。郎平将队员们分为几组，每一组由一名教练监督，最快完成任务的小组会得到一面小红旗。

看着这些年轻的姑娘们在自己的眼前来来去去，郎平的思绪常飘回到三十多年前。那时风华正茂的她是中国女排的主攻手，她和队友们也曾在这间训练馆里夜以继日地并肩备战。三十多年来，这间训练馆从内到外都发生了很大的变化：原本粗糙的地面变成了光滑的地板，训练用的仪器越来越先进，中国女排的团队中甚至还出现了几张陌生的外国面孔……但时光荏苒，不变的是这支队伍对排球的热爱和“顽强拼搏，为国争光”的初心。

节选自宋元明《走下领奖台，一切从零开始》

示范音频

语音提示

1. 耳熟能详　ěrshú-néngxiáng
2. 挥汗如雨　huīhàn-rúyǔ
3. 目不转睛　mùbùzhuǎnjīng
4. 外行人　wàihángrén
5. 横幅　héngfú
6. 一瞥　yīpiē
7. 瞬间　shùnjiān
8. 夹球　jiá qiú

作品 50 号

在一次名人访问中，被问及上个世纪最重要的发明是什么时，有人说是电脑，有人说是汽车，等等。但新加坡的一位知名人士却说是冷气机。他解释，如果没有冷气，热带地区如东南亚[1]国家，就不可能有很高的生产力，就不可能达到今天的生活水准。他的回答实事求是，有理有据。

看了上述报道，我突发奇想：为什么没有记者问："二十世纪最糟糕的发明是什么？"其实二〇〇二年十月中旬，英国的一家报纸就评出了"人类最糟糕的发明"。获此"殊荣"的，就是人们每天大量使用的塑料袋[2]。

诞生于上个世纪三十年代的塑料袋，其家族包括用塑料制成的快餐饭盒[3]、包装纸、餐用杯盘、饮料瓶、酸奶杯、雪糕杯等。这些废弃物形成的垃圾，数量多、体积大、重量轻、不降解，给治理工作带来很多技术难题和社会问题。

比如，散落[4]在田间、路边及草丛中的塑料餐盒，一旦被牲畜[5]吞食，就会危及健康甚至导致死亡。填埋废弃塑料袋、塑料餐盒的土地，不能生长庄稼[6]和树木，造成土地板结，而焚烧[7]处理[8]这些塑料垃圾，则会释放出多种化学有毒气体，其中一种称为二噁英[9]的化合物[10]，毒性极大。

此外，在生产塑料袋、塑料餐盒的过//程中使用的氟利昂，对人体免疫系统和生态环境造成的破坏也极为严重。

节选自林光如《最糟糕的发明》

示范音频

语音提示

1. 东南亚　Dōngnán Yà
2. 塑料袋　sùliàodài
3. 饭盒　fànhé
4. 散落　sǎnluò
5. 牲畜　shēngchù
6. 庄稼　zhuāngjia
7. 焚烧　fénshāo
8. 处理　chǔlǐ
9. 二噁英　èr'èyīng
10. 化合物　huàhéwù

参考文献

[1] 国家语委普通话与文字应用培训测试中心. 普通话水平测试应试指导[M]. 北京:语文出版社,2023.

[2] 国家语委普通话与文字应用培训测试中心. 普通话水平测试实施纲要(2021年版)[M]. 北京:语文出版社,2022.

[3] 李俊文,王雪玉洁. 朗诵[M]. 成都:四川文艺出版社,2021.

[4] 李波. 普通话口语训练[M]. 上海:上海交通大学出版社,2020.

[5] 彭戴娜. 普通话水平测试与口语训练[M]北京:现代教育出版社,2019.

[6] 陈怡莺. 幼师口语沟通技巧[M].2版. 北京:高等教育出版社,2019.

[7] 湖南省语言文字工作者协会. 普通话训练与测试[M]. 海口:南方出版社,2018.

[8] 廖广莉. 普通话训练与测试[M]. 天津:天津大学出版社,2018.

[9] 苏濛,张珺. 普通话水平测试实用教程[M]. 南京:南京大学出版社,2016.

[10] 曾致. 朗诵艺术指要[M]. 北京:中国传媒大学出版社,2013.

[11] 宋祖荣,谭晖. 幼师口语[M]. 长沙:湖南大学出版社,2012.

[12] 张颂. 朗诵学[M]. 北京:中国传媒大学出版社,2010.

[13] 张颂. 诗歌朗诵[M]. 北京:中国传媒大学出版社,2008.

[14] 林岩,雷淑君. 新编口语交际教程[M]. 北京:北京出版社,2008.

[15] 蒋同林. 普通话口语交际[M]. 北京:人民教育出版社,2006.

[16] 李珉. 普通话口语交际[M]. 北京:高等教育出版社,2003.